普通高等教育"十二五"规划教材

当代信息检索技术

（第二版）

魏　晟　吴晓川　主编

科学出版社

北京

内 容 简 介

  本书是一部信息检索与利用的综合性教材,内容包括总论、网络开放信息资源检索、国内综合信息检索平台、国外综合信息检索平台、专类信息检索平台、社会科学和自然科学专业信息检索、信息分析研究与利用。本书具有以下特色:文理兼容、古今贯通、中外结合,便于教师组织不同专业学生的教学,便于扩大学生的视野,提高学生信息素养与信息检索的能力。本书能将学生的情报意识、信息素养和信息分析与利用的能力有机结合、融会贯通,有利于学生对信息检索与利用知识的系统掌握和运用。

  本书可作为普通高校本专科学生、研究生的信息检索课教材,也可作为高等职业院校本专科学生信息检索课教材。

图书在版编目(CIP)数据

当代信息检索技术/魏晟,吴晓川主编 . —2 版 . —北京:科学出版社,2014

  普通高等教育"十二五"规划教材
  ISBN 978-7-03-041598-1

  Ⅰ.①当⋯　Ⅱ.①魏⋯ ②吴⋯　Ⅲ.①情报检索-高等学校-教材
Ⅳ.①G252.7

  中国版本图书馆 CIP 数据核字(2014)第 183922 号

责任编辑:石　悦　高慧元/责任校对:钟　洋
责任印制:赵　博/封面设计:华路天然工作室

科 学 出 版 社 出版
北京东黄城根北街 16 号
邮政编码:100717
http://www.sciencep.com

北京市文林印务有限公司 印刷
科学出版社发行　各地新华书店经销
*

2010 年 8 月第　一　　版　开本:720×1000 1/16
2014 年 8 月第　二　　版　印张:17 1/2
2016 年 7 月第十三次印刷　字数:352 000

定价:**38.00** 元
(如有印装质量问题,我社负责调换)

本书编委会

主　编　魏　晟　吴晓川

副主编　黄浩耘　郭黎康　黄　楠　王心良
　　　　李学宁

参　编　（按姓氏笔画排序）

王心良　　王昆鹏　　李学宁　　李海蓉

吴晓川　　张红艳　　郎　筠　　胡　晓

高晋蜀　　郭黎康　　黄　楠　　黄浩耘

董　屹　　韩　亮　　魏　晟　　魏海霞

第二版前言

随着当代科技大数据时代的来临，当代信息检索技术正向两个方面快速发展：一方面是由传统的信息检索向全书文本、多媒体、多载体、多原理等新型信息检索技术方向发展；另一方面是信息资源的网络化和分布化发展。如何在多功能化、智能化的信息检索技术发展的大环境下，让高等院校的学生跟上信息时代发展的步伐，使当代信息检索技术成为获取信息和利用信息的必备技能。目前，大多数高等院校已将信息检索技术列为公共基础必修课程，旨在帮助大学生形成信息检索的素养，熟悉和掌握相关的信息检索工具及技能。

本书是在《当代信息检索技术》（《当代信息检索技术》编写组，科学出版社，2010 年）的基础上，根据当代信息检索技术的发展趋势，并广泛学习和参考了本学科相关的最新研究成果编写而成的。本书系统阐述信息检索的基本理论与方法，并根据大学生的实际需求把信息检索领域最新知识和成果充实进来。内容包括总论、网络开放信息资源检索、国内综合信息检索平台、国外综合信息检索平台、专类信息检索平台、社会科学专业信息检索、自然科学专业信息检索、信息分析研究与利用等。

本书的特点如下：文理兼容；当代检索技术与传统检索方法兼容；方便文科、理科、工科等专业的教学与自学使用；重视大学生信息素养、检索技术、研究能力的多方面培养。

参加本书编写工作的有魏晟、吴晓川、黄浩耘、郭黎康、黄楠、王心良、李学宁、韩亮、张红艳、王昆鹏、胡晓、魏海霞、郎筠、高晋蜀、李海蓉、董屹等。

各章节撰写的具体分工情况如下：大纲由黄浩耘起草，并经过编写组集体讨论决定；第 1、2、8 章由黄浩耘编写；3.1 节、3.7 节、6.13 节由韩亮编写；3.2 节、6.8 节由张红艳编写；3.3 节、4.1 节、6.2 节由王昆鹏编写；3.4 节、6.3 节、6.4 节由胡晓编写；3.5 节、6.11 节、6.12 节、7.2 节由魏海霞编写；3.6 节、6.1 节、7.1 节由郎筠编写；4.2 节、5.2 节、5.3 节、5.4 节、7.6 节由高晋蜀编写；4.3 节、5.5 节、5.6 节、5.7 节、5.8 节、5.9 节、6.6 节由李海蓉编写；4.4 节、5.1 节由董屹编写；6.9 节、6.10 节、7.5 节由黄楠编写；7.3 节、7.4 节由郭黎康编写；黄浩耘负责第 1、2、8 章的统稿；李学宁负责第 3 章的统稿；王心良负责第 4 章的统稿；魏晟负责第 5 章的统稿；黄楠负责第 6 章的统稿；郭黎康负责第 7 章的统稿。另外，魏晟、吴晓川、黄浩耘共同承担了全书的统稿和修订工作。

　　限于编者的水平和统稿者的眼界，书中难免存在不足之处，恳请各位专家和读者批评指正。

编　者

2014 年 5 月

第一版前言

　　胡锦涛总书记在 2010 年 5 月 25 日召开的全国人才工作会议上指出："人才资源是第一资源，人才问题是关系党和国家事业发展的关键问题，人才工作在党和国家工作全局中具有十分重要的地位。"温家宝总理在该会上也指出："当今世界，国际竞争日趋激烈，突出表现为科技、教育和人才竞争。科技是关键，教育是基础，人才是根本。"多出人才、快出人才、出高级人才是高校的首要任务。"信息检索与利用"课程教学是完成高校教育任务的关键环节，是贯彻落实《国家中长期教育改革和发展规划纲要（2010—2020 年）》中"强化信息技术应用。提高教师应用信息技术水平，更新教学观念，改进教学方法，提高教学效果。鼓励学生利用信息手段主动学习、自主学习，增强运用信息技术分析解决问题能力。加快全民信息技术普及和应用。"精神的具体措施，是增强学生情报意识、提高学生吸收利用世界知识信息能力、使其学习与研究始终建立在世界优秀研究成果基础之上的一种重要教学手段。因此，深化、优化"信息检索与利用"课程教学，是历史赋予本课教师的光荣使命。顺应新的形势，我们编写了此书。

　　本书为适应"信息检索"课程发展的需要，系统阐述信息检索的基本理论和方法，并适时地把信息检索领域的最新知识和成果充实进来，内容包括总论、计算机信息检索、综合性参考工具与综合性检索工具、社会科学专业信息检索、自然科学专业信息检索、信息分析研究与利用。

　　全书体系如下：前 6 章先总后分，先综合后专业；第 7 章"信息分析研究与利用"把前 6 章的信息组织、检索技能用于信息收集、评价、重组、分析研究与成果撰写，将信息检索的理论方法引向一个更深入、更广阔、更实用的层次，以结束全书的内容。

　　本书特点如下：①文理兼容，古今贯通，分合统一，详简适度；将现代检索技术和传统检索方法有机融合，既有传统特色，又具时代特点；②便于文科、理科和工科等专业通用，既便于教师组织单学科教学，又便于教师组织多学科教学，也便于扩大学生的检索视野、提高文理综合信息检索能力；③本书特别注重将情报意识、情报能力、信息组织、信息检索与信息分析研究有机融合，有利于学生信息素质的培养与提高。

　　本书适于高等师范院校、综合性大学文理工各科学生及其他人员学习使用。

　　参加本书编写工作的有黄浩耘、郭黎康、黄楠、郑慧珍、高晋蜀、胡晓、李海蓉、张怀绥、郎筠等。其中，黄浩耘承担了全书大纲，前言，第 1 章，4.1 节，5.2 节、5.8 节、5.11 节、5.12 节，6.1 节、6.2 节、6.6 节，第 7 章的编写工作；郭黎康承担了 2.1 节、2.2 节、2.3 节，6.3 节、6.4 节的编写工作；黄楠承担了 3.1.2 节、3.1.3 节、3.3 节，5.9 节、5.10 节，6.5 节的编写工作；郑慧珍承担了 3.1.1 节，5.1 节、5.7 节、5.13 节的编写工作；高晋蜀承担了 4.2 节、4.3 节、4.4 节的编写工作；胡晓承担了 5.3 节、5.4 节、5.5 节的编写工作；李海蓉承担了 4.5 节、4.6 节、4.7 节、4.8 节，5.6 节的编写工作；张怀绥承担了 3.2 节、3.4 节，5.3 节中的"政书"、5.13 节中的"年表"，6.5 节中的"地名录"的编写工作；郎筠承担了 2.3 节、2.4 节的编写工作。另外，黄浩耘、郭黎康、黄楠共同承担了全书的统稿和修订工作。本书的编写得到了西华师范大学图书馆杨和平馆长、陈国勇馆长的大力支持，陈国勇馆长审阅了部分初稿，并提出了宝贵意见，在此，编写者向他们表示诚挚的谢意。

限于编写者的水平和统稿者的眼界，书中难免存在不足之处，恳请各位专家和读者批评指正，不胜感激。

《当代信息检索技术》编写组

2010 年 5 月 31 日

目　　录

第1章　总论 ··· 1
　1.1　情报意识与情报能力 ··· 1
　1.2　信息源 ··· 4
　1.3　信息组织 ·· 6
　1.4　信息检索与知识创新 ·· 22
第2章　网络开放信息资源检索 ·· 31
　2.1　汉语字、词、成语信息检索 ································· 31
　2.2　英语单词、词组、短语信息检索 ·························· 36
　2.3　人物及评价信息检索 ·· 37
　2.4　事件及评论信息检索 ·· 39
　2.5　免费中文图书、期刊信息检索 ······························ 39
　2.6　免费学术论文检索 ··· 41
　2.7　各类考试信息检索 ··· 44
　2.8　教学资源信息检索 ··· 45
　2.9　其他信息检索 ··· 45
第3章　国内综合信息检索平台 ·· 47
　3.1　CNKI ·· 47
　3.2　万方数据 ··· 54
　3.3　读秀学术搜索 ··· 55
　3.4　CALIS 联合目录 ·· 57
　3.5　国家科技图书文献中心 ··· 59
　3.6　中国国家数字图书馆 ·· 60
　3.7　移动图书馆 ·· 61
第4章　国外综合信息检索平台 ·· 67
　4.1　EBSCOhost ·· 67
　4.2　Ei Village ··· 69
　4.3　ISI Web of Knowledge ··· 71
　4.4　ScienceDirect ··· 73
第5章　专类信息检索平台 ·· 75
　5.1　图书信息检索 ··· 75
　5.2　期刊信息检索 ··· 77

5.3 会议信息检索 ································· 81

5.4 研究报告信息检索 ························· 84

5.5 专利信息检索 ····························· 88

5.6 标准信息检索 ····························· 90

5.7 政府出版物信息检索 ····················· 92

5.8 档案信息检索 ····························· 94

5.9 学位论文信息检索 ························· 95

第6章 社会科学专业信息检索 ················· 99

6.1 心理学专业信息检索 ····················· 99

6.2 管理专业信息检索 ······················· 100

6.3 政治专业信息检索 ······················· 102

6.4 法律专业信息检索 ······················· 110

6.5 经济专业信息检索 ······················· 120

6.6 新闻传播学专业信息检索 ················· 129

6.7 教育学专业信息检索 ····················· 131

6.8 体育专业信息检索 ······················· 135

6.9 语言学专业信息检索 ····················· 141

6.10 文学专业信息检索 ······················ 156

6.11 音乐专业信息检索 ······················ 165

6.12 美术专业信息检索 ······················ 170

6.13 历史专业信息检索 ······················ 175

第7章 自然科学专业信息检索 ················· 201

7.1 数学专业信息检索 ······················· 201

7.2 物理与电子专业信息检索 ················· 203

7.3 化学专业信息检索 ······················· 211

7.4 生物学专业信息检索 ····················· 225

7.5 地理专业信息检索 ······················· 236

7.6 计算机专业信息检索 ····················· 249

第8章 信息分析研究与利用 ··················· 255

8.1 概论 ··································· 255

8.2 信息分析研究立题与破题 ················· 256

8.3 信息搜集、评价与重组 ··················· 258

8.4 信息分析研究的一般方法 ················· 261

8.5 信息分析研究成果的撰写 ················· 264

参考文献 ····································· 269

第1章 总 论

1.1 情报意识与情报能力

情报意识与情报能力是信息时代评价人的素质的两个重要概念，要弄清这两个概念，首先必须弄清信息、知识、情报、文献、资料、数据的关系；信息与物质、能量的关系以及信息的特性。

1.1.1 信息、知识、情报、文献、资料、数据的关系

信息，是事物运动时发出的信号所带来的消息，是事物存在方式和运动规律的一种表现形式。信息普遍存在于自然、社会以及人的思维之中，是客观事物本质特征千差万别的反映。

信息分为两大类：自然信息与社会信息。自然信息，由自然界的物质运动产生，通过声波、电磁波和物质的相互作用表现出来。社会信息，由人类社会活动产生，通过人的语言、文字、图像、符号、手势以及记录有上述内容的各种载体等形式表现出来。

信息，是人们认识事物、了解事物、研究事物的媒介。人们通过感官摄取信息，再利用大脑处理信息，从而获得对事物运动规律的认识。

知识，可以定义为人们对客观事物运动规律的认识。它是经过人脑加工处理过的系统化的信息。知识是人类经验和智慧的总结，是人们科学地认识世界、改造世界的力量。知识一经产生出来，就以声像信息、实物信息、文献信息的形式加以传播。人们通过信息获得对事物新的认识，从而产生新的知识。人类知识的完善和丰富的过程，实际上是人类不断获取和利用信息的过程。

情报，是人们为了解决某个具体问题所需的新的知识信息。它是知识海洋中变化的、流动的、富有生气的一部分，有很强的针对性，在人们的意志、决策和行动的思考中起着参考借鉴作用。

文献，是记录有知识信息的物质载体，是传播信息、知识、情报的重要手段。记录知识信息的物质载体最早有甲骨、陶瓷、青铜、木板、竹简、绢帛。造纸术发明后，纸张成为记录和传播信息、知识与情报的主要载体。到近现代，知识、信息的载体的形式趋向多元化，除了纸张，主要还有感光材料和磁性材料。

随着声像技术和计算机技术的发展，文献的载体形式越来越多样化，文献的生产速度达到了前所未有的程度，大大促进了知识、信息的传播和利用。

资料，从广义上讲，是对人有帮助的物质材料，包括生产资料和生活资料的全部对象。狭义的资料是指解决生产、科研、教学、管理决策中具体问题有参考借鉴作用的文献，即含有所需知识信息的那部分文献。

数据，是描述事物特征的符号序列。信息的内容靠数据来体现。数据类型有数字、图像和文字三种形式。

综上所述，信息与知识、情报、文献、资料、数据关系密切。其中，信息与知识、情报的关系是信息包含知识、知识包含情报；信息、知识、情报与文献、资料的关系是上车的乘客与列车的关系，然而文献包含资料；信息、知识、情报与数据的关系是内容与形式的关系，信息、知识、情报是内容，数据是它们的某种表现形式；因此，数据与文献、资料的关系，也是上车的乘客与列车的关系。

1.1.2　信息与物质、能量的关系

信息的获取、传递和处理离不开物质，也离不开能量。但信息不是物质，也不是能量。它是物质与能量系统运动状态及运动变化方向性的表征，是物质与能量系统差异性的表征，是物质与能量系统组织程度、有序化程度的标志。宇宙间的一切物质都在不停地运动、变化，因而不断地产生各种信息。人们通过信息媒介认识物质与能量系统的运动状态和运动变化的形式和规律，从而更好地控制和利用物质与能量系统，为人类的生存和发展服务。

1.1.3　信息的特性

（1）客观性。信息是事物变化和状态的客观反映，不仅其本质内容具有客观性，而且一旦用某种物质载体记录，这种记录了信息内容的物质载体其本身也具有客观实在性。正是信息具有客观性这个特性，人们才将信息作为认识事物、分析研究事物的依据。

（2）时效性。信息的时效性是指信息从发出、接收，到利用的时间间隔及其效率，也包括信息本身更新的速度。时效性是信息的重要特性。如果传递和利用不及时，那么再有用的信息也会失去其应有的价值。

（3）传递性。信息可以通过多种渠道、多种方式传递，信息传递要借助一定的物质载体。信息传递分为有控传递和无控传递两类，人类活动的绝大多数信息传递活动都是有控传递。

（4）可扩充性。信息可以搜集、整理和积累。

（5）可替代性。信息的载体形态和内容的表现形式可以变换。

（6）共享性。信息的内容可以利用技术手段复制和传递，同一种信息可以同

时被多个人接收和利用。

1.1.4　情报意识

所谓情报意识，即一个人对与自己有关的新事物、新情况、新知识、新技术所具有的敏感性，是一个人生存意识、竞争意识、求知创新意识的一种体现。

情报意识的强弱，决定人对情报所采取的态度和处理方式，直接影响着生存能力、竞争能力和求知创新能力的培养和提高。

那么，怎样增强我们的情报意识呢？

（1）要具有一定的情报学知识，培养自己对情报的欲望与兴趣。情报学知识除了载于情报学专著，还载于众多的信息检索课教材。通过信息检索技术的学习，我们不但能培养查找所需情报的技能方法，而且能激发我们对新知识、新技术的敏感性。

（2）既要深钻，又要博学。不仅要加强专业基础训练，还要广泛吸收相关学科知识，增强自己观察问题的深度与广度。

（3）要正确认识生活和生存中的压力，主动承担生活和工作中的重担。压力必然隐藏众多问题和矛盾，迫使我们去寻找解决问题和矛盾的方法与技能，这就会主动去检索情报、利用情报。

情报意识的增强是一个长期过程。我们要应对复杂多变的客观环境，必须锻炼出敏锐的感知能力和应变能力。我们要树立信心，有意地培养、锻炼自己的情报意识，使它在实践中由弱到强，逐渐变得敏锐起来。

1.1.5　情报能力

所谓情报能力就是人从事情报活动所必备的技能和素养。它包括情报的获取能力、处理能力、传递能力和运用能力。它是构成现代人类各种职业能力的基础，是人的创造力结构中最基本的要素。在知识更新速度非常快的今天，解决现实问题的有用知识主要来自两个方面：一是个人原有知识的积累、储备；二是从外界选择、吸收新的知识，并在此基础上对这两方面知识进行重组。

情报能力的强弱，除了与情报意识和专业知识基础有关，还与下列因素有关：

（1）外语基础。在科学领域中，大量的科技情报是从国外引进的，其中只有一部分被译成汉语。这就要求科研人员掌握好外语这门工具，及时直接地从外文文献中获取所需的情报。显然，外语阅读能力就是获取情报的一种能力。

（2）信息检索技能。信息检索技能是一种重要的情报能力。它采用科学的方式方法，以最佳的途径和手段，迅速、准确、全面地从信息检索系统中，查找所需的情报。200多年前，一位叫约翰逊的学者说："知识有两种，一种是我们所知道的某主题的知识，另外一种则是我们应该到什么地方去获得的知识。"信息检索技能就是后一种知识。

1.2　信息源

1.2.1　信息源的定义

信息源也称信息资源或信息来源，是某类信息的集合。与信息相对应，信息源有自然信息源和社会信息源之分。人们通过自然信息源的利用认识自然世界；自然信息源被人们用语言、文字、图像、符号记录，就转化为社会信息源；因此，社会信息源成为信息检索研究的主要对象，人们的信息检索活动实际上全是在社会信息源中进行的。

1.2.2　社会信息源

社会信息源是社会信息的集合，是经过人们多次信息加工后形成的信息产品。社会信息源以传播方式划分，可分为三种类型：口头信息源、实物信息源和文献信息源。

1. 口头信息源

口头信息源是指人们口头传播的信息资源。它的传播形式是人类最基本最原始的信息交流形式。它在利用上具有以下优势：①获取信息费时少、速度快，交流传递及时，这是其他信息源所不能具备的；②具有高度的选择性和针对性；③反馈迅速、准确，如人们通过会晤，对任何问题都可以直接交换意见与探讨；④根据人们接触时的气氛、语气、手势、暗示等，能领悟文献信息所不能包含的信息内容，从而易于进行信息利用评价；⑤可以提供其他信息不包含的许多细节，而这些细节往往更具有启发和借鉴作用。

口头信息源有上述优点，但是，口头信息源是有限的，人们接触的机会分布也不均衡，同时对口头信息源的利用难以实行有效的社会监督，不易检验其可靠程度，也不便进行加工和积累，因而口头信息源会随着时间的推移而失真和失效。所以在索取、传递和利用口头信息时，人们又常常将它转换为文献型信息（如笔记、录音、录像等）。

2. 实物信息源

实物信息源是指固化在人类劳动产品和科学实验采集的标本实物中的信息来源。它与自然物质信息源的区别在于，它加入了人的劳动成分。实物信息源具有内隐性，其内涵为加工工艺、化学成分、物质参数、设计指标、外观状态等。对这类信息源的利用，只有通过分析研究才能解析出来，从而获取相关工艺或其他信息。实物信息的类型复杂，产品样品及人工创造的所有物质都属于这类信息源。实物信息源的主要优势表现在：①真实可靠，通过实物，人们可以直观而生动地掌握其内涵；②信息浓度大，内容丰富，人们可以从中了解生产实物的一系列活动；③易于开发利用，通过实物，人们可以充分利用其信息，进行仿制、改进或创新。

实物信息源也有其劣势，主要表现在传递不方便，流通渠道不如口头信息源和文献信息源广泛，同时，实物信息源不易于存储。人们为了开发利用实物信息源，往往会利用语言、文字、图像、符号在某种物质载体上记录下来，形成文献信息源。

3. 文献信息源

凡以文献作为载体形式的信息源统称为文献信息源，它是人类社会发展到一定阶段的产物。文献信息源是一种主要的社会信息源，具有如下特殊优势：①受到社会监督，便于人们评价；②便于传递、存储、加工、管理和利用；③是记录和确认人类活动，进行社会规范的有效工具。

文献信息源也有其缺点，不如口头信息源和实物信息源生动。

上述三种形式的信息源是可以相互转化的，转化的基本依据是社会需要。口头信息源和实物信息源中的信息如果具有长期开发利用价值，往往会转化成文献形式，而文献信息源中的信息也可用口头形式进行传递，同时文献信息源中的信息细节还可以以实物模拟。

1.2.3　文献信息源的类型

文献信息源因传统习惯，又称为文献源。其分类具有如下一些方式。

（1）按文献流通范围划分，文献信息源可分为公开文献源、内部文献源和各种密级文献源等。

（2）按文献内容性质划分，文献信息源可分为资料性、研究性、消息性、法规性、娱乐性和其他特殊性质的文献源。

（3）按文献内容的学科属性划分，文献信息源可分为社会科学、自然科学和工程技术的文献源，在此基础上还可进一步划分。

（4）按文献信息的出版形式划分，文献信息源分为图书、报刊和其他连续出版物、会议论文、研究报告、学位论文、政府出版物、档案、标准、产品样本、广告等。

（5）按文献信息的加工层次划分，文献信息源分为一次文献信息源、二次文献信息源和三次文献信息源。一次文献又称为原始文献或信息原件，二次文献又称为检索工具，三次文献是在信息分析研究基础上产生的一类文献（如综述、述评和参考工具书等）。

（6）按知识信息记录的方式划分，文献信息源分为印刷型文献信息源和非印刷型文献信息源（手抄型、缩微型、传统声像型和电子阅读型）。

（7）按文献信息的语种划分，文献信息源可分为中文文献信息源和外文文献信息源（英文、俄文、日文、德文、法文等文献信息源）。

（8）按文献拥有者划分，文献信息源可分为个人文献信息源和社会文献信息源（企业、事业、各级政府、社会团体等单位所拥有的文献信息源）。

将文献信息源从不同角度划分为不同类型的目的，在于方便人们有效地开发、管理和利用人类宝贵的文献信息资源。

1.2.4　现代文献信息源的特点

（1）数量激增；

（2）寿命缩短；

（3）内容交叉重复；

（4）载体多样并存；

（5）出版分散；

（6）内容真伪难辨；

（7）信息密度不匀；

（8）质量不稳；

（9）语种增多。

1.3　信息组织

1.3.1　信息组织的定义和流程

1. 信息组织的定义

信息组织就是根据信息本身的特点，运用适宜的工具和方法，依据一定的标准或规则，对其进行加工整理、排列组合，使之有序化、系统化、规律化、高级化，增强信息对象的表现效能和运用效能，以满足人们信息需求的过程和活动。信息组织的结果促进了信息的存储、传播、检索和使用，方便、满足了用户的信息需求。从层次上看，信息组织包括了序化和优化两个层次，序化是基础，优化是延伸。

2. 信息组织的流程

信息组织活动按照时间先后依次为信息的筛选和鉴别、信息的分类和排序、信息的著录和标引、信息的编目和组织、信息的分析和研究。

（1）信息的筛选和鉴别。收集的信息一般是没有经过加工的原始信息，其中难免有不需要的信息，这就需要对收集来的信息进行筛选和鉴别。

（2）信息的分类和排序。信息的分类是根据选定的分类表，对杂乱无章的原始信息进行分门别类；信息的排序是指在信息分类的基础上，按照一定的规律将信息前后排列成序。经过信息的分类排序，可以将混乱的信息组织成有系统层次的信息体系。

（3）信息的著录和标引。信息的著录是按照一定的标准和格式，对原始信息的外表特征（名称、来源、加工者等）和物质特征（载体形式、形态等）加以描述并记录下来的活动；信息的标引是指在著录后的载体上按一定规律加注标识符号的活动。原始信息（一次信息）经过著录和标引，就正式成为二次信息。

（4）信息的编目和组织。信息的编目和组织是指按照一定的规则将著录和标引的结果另外编制成简明的目录，提供给信息需求者作为查找信息的工具的活动。

（5）信息的分析和研究。信息的分析和研究是指对初步整理的信息进行计算、分析、比较研究，以便创造出更为系统、更能揭示信息本质内容的活动。通过分析和研究，原始分散的信息变为更具有使用价值和实践指导意义的知识信息。这是信息组织的高级阶段。

1.3.2　信息组织的方式

信息组织的方式目前有六类：字序法、分类法、主题法、时序法、地序法、网络信息组织法。下面分别加以介绍。

1. 字序法

字序法包括汉字检字法和外文检字法两类。

1）汉字检字法

它是按汉字的书写结构和发音结构来排列汉字的方法，中文字典、词典和索引等大都采用这种排检法。它分为形序法和音序法两种。

（1）形序法。它是按汉字形体差异排检汉字的方法。它具体又分为部首法、笔画法、笔形法和号码法四种。

①部首法。部首法是依据汉字形体结构的特点，按偏旁归类的方法。汉字除少数是"独体字"（如大、人、火），大多数是由几部分构成的"合体字"（如花、

江、邻）。"艹、氵、阝"就分别是合体字"花、江、邻"等字的偏旁。把偏旁相同的字归为一部，偏旁就是这一部字的部首。例如，"江、河、湖、海"等字的偏旁是"氵"，那么这些字就属"氵（水）部"，"氵（水）"就是部首。部首法始于《说文解字》一书，为东汉许慎所创。自古以来，许多字典、辞典均采用部首检字法。其中，《康熙字典》代表旧部首法，《辞海》（1979）代表新部首法。

②笔画法。笔画法是根据汉字笔画多少来排列汉字次序的方法。笔画少的字排前，笔画多的字排后。同笔画的字，再按部首或起笔笔形区分。例如，"托、刚、传、刘、防"等字，同属六画。若按部首区分，则归入"扌、刂、亻、阝"四个部首中；若按起笔笔形区分，则归入"一、丨、丿、丶、乛"五种笔形中。《十通索引》的"单字笔画检字表"，就是按笔画部首法编排的。《辞海》（1979）的《笔画查字表》，就是按笔画笔形法编排的。

笔画法虽然简单易学，但也存在不足，如繁简字体的差异和各人书写的习惯不同，都给确定汉字笔画多少和起笔笔形造成了一定的困难。

③笔形法。笔形法是根据汉字起笔笔形的同一性来确定汉字顺序的方法。关于汉字起笔笔形究竟有多少种，说法不一。一般认为，汉字起笔笔形主要有"丶（点）、一（横）、丨（竖）、丿（撇）、乛（折）"五种。将汉字按起笔笔形进行排列的方法有："元亨利贞（一、丶、丿、丨）"法，"江山千古（丶、丨、丿、一）"法，"寒来暑往（丶、一、丨、丿）"法。上述方法均采用四字成语的各字首笔来排列汉字。

笔形法虽笔形位置固定，方法简单，但终是因人而异，起笔无严格的规范，查检不便。所以用此法来编排的工具书很少。多数工具书仅用它作为其他编排方法的补充。例如，《现代汉语词典》的"部首目录"，先按笔画多少排列部首，同笔画的部首，再按起笔笔形"丶、一、丨、丿、乛"顺序排列。

④号码法。号码法是把汉字分解成若干种笔形，用若干个固定数字（代码）表示出来，将这些数字按照一定规则连接成为号码，然后根据号码的大小来确定所代表的汉字的次序。号码法主要有四角号码法和中国字庋撷法。其中，现在信息组织基本不用中国字庋撷法。新中国成立以前，哈佛燕京学社引得编纂处，利用此法编撰的20多种引得，现在再版时，大多附有《笔画检字表》。因此，本书只介绍目前流行较广的四角号码法。

四角号码法是根据汉字方块字形的特点，将汉字的四角笔形各取号码，按四角号码大小顺序来排列汉字的方法。此法由商务印书馆1926年创立，以后又在此基础上产生了新四角号码法。新法与旧法略有不同，因为目前大多数工具书均采用新法，所以这里主要介绍新法。

新四角号码法把汉字笔形归纳为十种，用0、1、2、3、4、5、6、7、8、9十个数字来表示。它按一定规则给汉字的四角笔形取号码，顺序为左上角、右上角、左下角、右下角。例如：

左上角　　0　　　2　　右上角

\　　/

端

/　　\

左下角　　1　　　2　　右下角

在上例中，"端"字的四角号码为 0212。

四角号码取号口诀是"横 1 垂 2 点捺 3，叉 4 插 5 方框 6，7 角 8 八 9 是小，点下有横变 0 头"。熟记口诀便于快速应用四角号码法。

在以上取号顺序和取号规则基础上，就按照汉字所代表的四角号码大小次序排列，号码小的排前，号码大的排后。例如，"彭""郑"两字的四角号码分别是 4212 和 8782，"彭"字排前，"郑"字排后。此外，还有一些比较特殊的取号规则：

A. 缺角取号为 0，如"弓"字取号为 1702；

B. 一笔可以分角取号，如"乙"字取号为 1771；

C. 一种笔形在一角取号后，在另一角上看是同一种笔形就取号为 0，如"一"字取号为 1000；

D. 一笔的上下两段和别笔构成两种笔形的，分两角取号，如"木"字取号为 4090；

E. 外围是"口、门"形的，左上角、右上角取外面的笔形，左右两下角取里面的笔形，如"园"字取号为 6021，闭字取号为 3724；

F. 为了区别四角同码字，再取靠近右下角（第四角）上方一个笔形作"附号"，如"固"字取号为 6060$_4$。使用四角号码编排的工具书，要参考书后附的《新旧号码对照表》。在取号上，新法和旧法有些差异（如"大"，旧号码为 4003，新号码为 4080），不留神容易出错。

（2）音序法。音序法是根据汉字读音的语言符号顺序来排列汉字的方法。它分为汉语拼音字母法、注音字母法和声部韵部法三种。

①汉语拼音字母法。汉语拼音字母法是根据 1958 年公布的《汉语拼音方案》的字母表顺序来排列汉字的方法。这是一种比较科学而又流行的编排方法，已被应用到绝大多数工具书中。例如，《中国大百科全书》《新华字典》《现代汉语词典》等，均按照汉语拼音字母顺序编排。

采用该法编排工具书的条目，首先按汉语拼音的第一个字母排，第一个字母相同时，再按该条目的第二个字母排，依次类推。当读音相同时，则按声调阴平、阳平、上声、去声次序排列。例如：低 dī、敌 dí、底 dǐ、帝 dì。

汉语拼音字母法不受汉字繁简字体的影响，检索率较高，并且符合国际上工具书的编排规则，同时也适用于计算机检索，所以日益受到重视。《辞海》等工具书虽然采用了部首检字法，但同时又附有汉语拼音索引作参考。其不足是，对于不认识或读不准普通话音的字，查检很不方便。

②注音字母法。注音字母法是《汉语拼音方案》公布之前所采用的以注音符号排列汉字的方法。新中国成立前及初期出版的一些工具书，大多按此法编排。查检按此法编排的工具书时，先查声母，后查韵母，同声同韵的则按阴阳上去四声次序查找。自从汉语拼音方案问世，这套注音字母被逐渐淘汰。除港台地区出版的一些工具书仍然采用外，大陆的工具书均不采用。一些原来使用这种方法编排的工具书再版时，也另附有汉语拼音索引。

③声部韵部法。声部韵部法是我国古代按照古声母、古韵母的分类来编排汉字的方法。它分为以下两种。

ⓐ声部法。声部法是将汉字按古声母分类后进行排列的方法。所谓古声母，是指中世纪人们分析汉语语言构成所产生的用汉字代表的中古时期声母。唐代人根据唇齿舌喉各个发音部位的不同发声方法，归纳出 30 个字母。宋代人增订为 36 个字母。这 36 个字母如下：

见	溪	群	疑	端	透	定	泥	知	彻	澄	娘
帮	滂	并	明	非	敷	奉	微	精	清	从	心
邪	照	空	床	审	禅	影	晓	匣	喻	来	日

按古声部法编排的词典性著作有清代王引之编著的《经传释词》等。

ⓑ韵部法。韵部法是将汉字按其读音的古韵母分类后进行排列的方法。古代将汉字按韵母归类，称为韵部，按韵部编排的字典称为韵书。各个朝代采用的韵部多少不等，其中，以"平水韵"最为流行。"平水韵"是南宋末年金人王文郁编的《平水新刊礼部韵略》中所列的韵部。因该书刊行于平水（原平阳府城，今山西临汾市），故名。"平水韵"把汉字按声调上平声、下平声、上声、去声、入声分为五类，每类下按韵目分部。其中，上平声 15 韵，下平声 15 韵，上声 29 韵，去声 30 韵，入声 17 韵，共计 106 韵。每一韵部下再按同音字分类排列。按韵部编排的工具书，有《佩文韵府》《经籍纂诂》《辞通》等。由于现代大多数人不熟悉这种编排法，查检比较困难，所以再版这类韵书，均附有按笔画或四角号码编排的辅助索引。

2）外文检字法

（1）"Word by Word"法，实词逐个比较。排检标目中，以各个独立实词为排检单位，逐词相比，第一个实词相同，比第二个实词，第二个实词相同，再比第三个实词，依次类推。此种排列法的优点在于：能将某主题相关联的信息集中在一起。外语书名目录排列采用此法。

（2）"Letter by Letter"法，字母逐个比较。排检标目中，以字母为实际排检单位，逐个相比，第一个字母相同，比第二个字母，第二个字母相同，再比第三个字母，依次类推。外语词典词目排列大多采用此法。

2. 分类法

分类法是按照一定的规则，把形式、体裁和内容不同的文献资料，分门别类地组织成科学系统的、便于人们查找利用的文献信息排检方法。它是文献信息管理工作部门常用的传统方法。它的优点是系统性强，便于从学科的角度存储和查找文献；它的缺点是范围很细小的问题，不能在类目上反映出来；因此，它满足族性检索，而不能较好地满足特性检索。

分类法按其性质，可分为两类：一类是按学科系统分类；一类是按事物性质分类。

1）按学科系统分类法

（1）六分法。西汉末年（公元前 6 年），刘向、刘歆父子编撰的《七略》是我国第一部图书分类目录。它所创立的分类体系，是我国最早的图书分类法。它分为辑略、六艺略、诸子略、诗赋略、兵书略、数术略、方技略。辑略是概论，不是一类。其余六略则是六个大类。各略下又分小类，共计 38 个小类。这就是我国古代图书分类法中的"六分法"。《七略》在唐代佚失。现只能在班固著的《汉书·艺文志》中看其概貌。

（2）四分法。四分法为西晋荀勖所创，后经东晋李充修订。将文献类分成"经、史、子、集"四部。

经部：收录的书为五经、四书、春秋、小学等十四类。

史部：收录的书为各种体裁的史书、地理及典章制度、书目等十五类。

子部：收录的书为先秦以来诸子百家的著作，以及历代编辑的类书、丛书等十四类。

集部：收录的书为历代作家一人或多人著作的诗文集、楚辞、词曲文学评论等五类。

四分法一直为后世沿用。清乾隆时期编撰的《四库全书总目》是四分法达到极其完善的重要标志。如果要检索和利用古人为我们留下的文化遗产，就必须熟悉四分法，了解"经、史、子、集"所收的古籍范围。

（3）《中图法》。《中国图书馆分类法》（原名《中国图书馆图书分类法》，简称《中图法》）是我国图书馆和书目编撰单位普遍使用的一部综合性的分类法。它主要供大型图书馆图书分类使用。另外，为适应不同文献信息机构及不同类型文献分类的需要，它还有几个配套版本：《中国图书资料分类法》《中国图书馆图书分类法（简本）》和《〈中国图书馆图书分类法〉期刊分类表》等。

《中图法》将图书资料分为 5 大部类 22 个基本大类，设置类目 4 万多条。其部类序列如下：

马克思主义、列宁主义、毛泽东思想、邓小平理论……………………	A	马克思主义、列宁主义、毛泽东思想、邓小平理论
哲学、宗教…………………………	B	哲学、宗教
社会科学……………………………	C	社会科学总论
	D	政治、法律
	E	军事
	F	经济
	G	文化、科学、教育、体育
	H	语言、文字
	I	文学
	J	艺术
	K	历史、地理
自然科学……………………………	N	自然科学总论
	O	数理科学和化学
	P	天文学、地球科学
	Q	生物科学
	R	医药、卫生
	S	农业科学
	T	工业技术
	U	交通运输
	V	航空、航天
	X	环境科学、安全科学
综合性图书 ………………………	Z	综合性图书

《中图法》的标记符号采用汉语拼音字母与阿拉伯数字相结合的混合制号码。以字母顺序反映大类序列。字母后面的阿拉伯数字表示大类下类目的划分。数字部分基本采用层累制。为了照顾类目的发展和标记符号的完整性，补充数字号码为类号的不足，还采用了一些辅助符号来满足需要，构成组配类号。例如，"a"推荐符号，"－"总论复分号，"0"专论复分号，"/"起止符号，"［　］"交替符号，"＋"联合符号，":"组配符号，"（　）"国家区号，"＝"时代区分号等。

《中图法》的详情请参见"中国图书馆分类法详表"网站和"百度百科"网站中的条目"《中国图书馆分类法》"。在这两个条目中可以逐级查出某学科的各级类目、类号。

在我国图书馆界影响较大的还有另外两部分类法，一部是《中国人民大学图

书馆图书分类法》（简称《人大法》），详情请参见"百度百科"网站中的条目
"《人大法》"和"知识百科"网站中的条目"《中国人民大学图书馆图书分类
法》"；另一部是《中国科学院图书馆图书分类法》（简称《科图法》），详情请
参见"中文维基百科"网站中的"《中国科学院图书馆图书分类法》"条目。这
些网站条目详细介绍了《人大法》《科图法》的详表类目及其使用方法。

　　（4）《杜威十进分类法》。《杜威十进分类法》（简称 DC 或 DDC）是国际上出
现最早、流行最广、影响最大的图书分类法。由美国图书馆学家麦威尔·杜威
（1851～1931）创制。该法把全部学科知识分为 9 类，以 1～9 序号代表。属于综
合性的图书不便归类，则另立一类，即总类，以 0 代表，所以形成 10 大类。其
序列如下：

000　　　总论

100　　　哲学

200　　　宗教

300　　　社会科学

400　　　语言学

500　　　纯粹科学

600　　　技术科学

700　　　美术

800　　　文学

900　　　历史

　　每一个大类下又分 9 个小类，这样就形成 DDC 的分类表。以下再按前法分
小类，依次分下去，有的分到十几级，形成层层展开的学科体系。

　　《杜威十进分类法》对近代中国图书分类法的创制有重要影响。1910 年，孙
毓修将其介绍到中国。在此基础上，一大批具有变革性质的仿杜、补杜、改杜式
分类法在中国相继出现。例如，杜定友的《世界图书分类法》、王云五的《中外
图书统一分类法》、刘国钧的《中国图书分类法》、皮高品的《中国十进分类法》
等，均代表了我国图书分类变革的新潮流，具有一定的进步性。其详细介绍请参
见"百度百科"中的《杜威十进分类法》条目。

　　2）按事物性质分类法

　　我国古代类书、政书，以及现代的部分手册、指南、年鉴等常采用这种方法
编制。《尔雅》是我国最早的一部按事物性质分类解释各种词语的著作。《尔雅》
之后，我国古代编撰的具有百科全书性质的大型资料汇编——类书和政书，大都
沿用了这种分类体系。

　　类书的最大特点是"据物标目""以类相从"。例如，《艺文类聚》分 46 部，
下列子目 727 个；《太平御览》分 55 部，下列类和附类 5426 个；《古今图书集

成》分为历象、方舆、明伦、博物、理学、经济 6 个汇编，汇编下分为"典"，共 32 典，各典下又分子目若干部，共 6109 部。政书在编排体例上，与类书相似。例如，《通典》《文献通考》等"十通"及历代的"会要""会典"等书。

尽管这种按事物性质分类的方法能够集中大量的、性质相同或相近的文献数据，但是，各种事物本身的复杂性以及各个编排者主观意识所存在的差异，都给按类检索造成一定困难。例如，古代有关桥梁方面的资料，在《艺文类聚》中列入"水部"，在《古今图书集成》中则列入"考工典"。所以查类书、政书时，先要注意相关类目，再决定查哪一部、哪一类。

现代也有些年鉴和手册，是按事物性质来类分资料的。例如，《中国统计年鉴》分为综合、人口和劳力、农业、工业、运输和邮电、固定资产投资、商业、外贸和旅游、财政金融、物价、人民生活、科学教育文化、体育卫生 13 个大类。各大类下又分为若干个专题小类。又例如，《青年知识手册》也是按事物性质分为 16 个大类。

3. 主题法

各种文献资料都要表达一定的内容，而内容所论述的核心问题和主要对象就称为主题。能够表达主题概念的、经过规范化的、具有检索意义和组配性能的词语，就称为主题词。采用主题词作为文献主题标识和查找依据的文献编排检索方法，就称为主题法。

主题法是近代产生的文献检索方法，它具有直指、专指、灵活的特点。利用它查找文献，可以既不考虑学科体系，又不通过分类号码，而是直接通过表述文献主题概念的主题词或标题词，从专题的角度去检索所需的文献资料。

按编排程序（组配方式）分，可分为先组式和后组式两种。先组式是指文献检索词汇表中，预先（进行标引前）规定好表达复杂概念的词组及语句形式的组配方式。这种方式多用于手工检索。后组式是指在标引文献以及按检索提问编写检索工具时，赋予文献检索的词汇单元之间以逻辑关系组配起来的一种组配方式。这种方式多用于机械检索。

按不同词的用途和结构标准分，又可分为标题法、元词法、键词法、叙词法等。

（1）标题法。它是主题法最早的类型，又称为传统式主题法。它以"标题"作为文献内容的标识和查找目录索引的依据。其标题不是书名或篇名，而是事物"定型"的名称。例如，哲学、客观世界、火车、飞机、轮船等皆是。无论文献是从哪个角度或哪一学科来论述事物的，其标题均以规范的自然语言（词或词组）作为标识，直接表达文献所论述的事物主题。这些标识均按字顺排列，作为标引和查找文献的工具。标题法中，表示事物本身概念的词称为"主标题"，表示事物各个方面的词称为"子标题"。例如，"价格—指数"，"价格"就是主标题，"指数"是子标题。标题法的标题词表组配固定、专指性强，检索效率较高，但灵活性较差。

（2）元词法。它又称为单元词法，是以单元词作为文献内容的标识和查找目录索引的依据。所谓单元词，是指从文献中抽出的最基本的、在字面上不能再分的、具有独立概念的名词术语。例如，"货币"和"价值"都是单元词，因为它们不能再分。而"货币价值"则不是单元词，因为它可以再分为"货币"和"价值"两个基本概念，所以它是双元词。元词表由表示基本概念的单元词组成，具有篇幅较小、使用灵活的优点，但有因组配不当而造成误检的缺点。

（3）键词法。它又称为关键词法。它是以关键词作为文献内容的标识和查找目录索引的依据。所谓关键词是指从文献主题内容（篇名、章节名）中抽出来的、带有关键性的重要词语。例如，《浅析信息教育与知识经济的关系》一文中，"信息教育"和"知识经济"这二词描绘了这篇文章的主题，并能作为检索入口的重要词语，它们就是关键词。由于键词法的关键词可以不经过规范而按字顺排列，所以不需要编制专门的键词表也能标引和检索文献。因此用它加工处理信息速度快、报导及时，国内外均有许多按键词法编制的检索工具。

（4）叙词法。它又称为叙词标引法。它是在前面几种检索方法的基础上，与分类法相结合所产生的一种新型检索方法。它以叙词作为文献内容的标识和查找目录索引的依据。所谓叙词，是指从图书文献内容（主要是图书的书名或者文献的篇名）中抽出来的、能够表达文献基本概念的、并经过规范化处理的名词术语。叙词法保留了单元词法单元词组配的基本原则；采用了组配分类法的概念组配来代替单元词法的字面组配；采用了标题法对语词与概念的互相对应，完善了标题法的参照系统；采用了体系分类法的基本原理编制叙词分类索引（范畴索引）和等级索引（词族索引）。叙词法与单元词法相比，其组配原则更加严格；与标题法相比，又具有叙词表体积小于标题词表、标引能力强等优点，因而检索率较高，极适用于信息检索计算机化。叙词法的功能体现在叙词表中。叙词表不但揭示了语词概念的同一关系、并列关系、上下位关系和相关关系，而且介绍了使用方法。著名的叙词表有中国的《汉语主题词表》、英国《科学文摘》的《INSPEC叙词表》。

4. 时序法

时序法是按照时间顺序来编排事物、事件的发生发展或人物的生平事迹及其生卒年月的一种方法。它具有线索清晰、检索方便的优点。

按这种方法编排的工具书，主要有各种年表、历表、大事记和专门性表谱。例如，查检和换算不同历法的年代、月份、日期的年表和历表有《中国历史纪年表》《中国近代史历表》《两千年中西历对照表》《中西回史日历》等。

5. 地序法

地序法是按照一定时期的行政区划次序来编排文献资料的方法。用这种方法编排的工具书，大多用于检索地理资料以及一些地方性文献。

6. 网络信息组织法

1）网络信息的组织法的概念

网络信息的组织法是将超媒体技术与传统的分类法、主题法高度融合而形成的一种信息组织方法。它采用网状连接。具体表现在计算机屏幕上的窗口与数据库中的目标——信息节点是相连的，并且这些目标之间用键（link）相接。这种键在屏幕上表现为图标，在数据库中用作链指针。用户用鼠标单击屏幕上某一图标，计算机系统立即将本机或与本机相连的其他计算机系统中的有关信息按一定层次调出来显示给用户。用户可根据自己的意愿，在不同层次的接口上单击适合自己需求的图标，直到显示的信息完全满足自己的意愿为止。

超媒体系统一般有四种类型：问题求解系统、联机浏览系统、图书-文献系统、多目标系统。联网的超媒体系统必须遵守同一个通信协议，在同一协议下，网络信息才能被有效地控制，做到顺利传输。目前通行的是 Internet 网络系统的 ICP/IP。

2）网络信息组织的模式

从网络信息组织对象的范围看，网络信息组织的模式可以划分为四个层次。

（1）微观的组织模式。对具体的信息内容以文件、超媒体、数据库网站方式进行组织，这种模式在下面几个层次中都得到了广泛的应用。

（2）中观的组织模式。针对特定用户，按照一定的著录格式和整序方式对网络信息进行筛选和重组，对网络信息资源的控制与整序有一定深度，目前高校图书馆和科研机构图书馆针对师生与科研人员所做的学科信息门户和学科信息资源导航便属于这种模式。

（3）对网络信息进行分布式组织。对全省、全国乃至全球相关数字图书馆的知识信息建立索引，建立统一资源检索平台，便于同行同类用户查找和使用。

（4）宏观的组织模式。广泛地汇集网络资源，力图对整个网络的资源进行控制，建立整个网络资源的索引，这就是常见的网络资源指南与搜索引擎。

3）常用的搜索引擎

搜索引擎是指根据一定的策略、运用特定的计算机程序从互联网上搜集信息，在对信息进行组织和处理后，为用户提供检索服务，将用户检索相关的信息展示给用户的系统。搜索引擎的搜索范围很广，大型搜索引擎能查找知识单元、文献的篇目、全文、人物生平、图片、地名、机构、音频、视频、博客、微信等信息，免费链接各类信息。既可以单独用单字、词组、人名、地名、图名、刊名、文献篇名搜索，也可以用概念进行逻辑组配搜索。百度和谷歌等是搜索引擎的代表。

(1) 百度搜索引擎。百度搜索引擎是全球最大的中文综合搜索引擎，2000 年 1 月创立于北京中关村，致力于向人们提供简单、可依赖的信息获取方式。其搜索信息范围包括文字、图片、音频、视频等信息载体，人们学习、工作、生活的多数信息都可搜索出来，速度快。另有语言翻译等多种功能，其中，"百度百科"对学术研究用户有较大的使用价值。

(2) 360 搜索引擎。360 综合搜索，属于元搜索引擎，是搜索引擎的一种，是通过一个统一的用户界面帮助用户在多个搜索引擎中选择和利用合适的（甚至是同时利用若干个）搜索引擎来实现检索操作，是对分布于网络的多种检索工具的全局控制机制。而 360 搜索引擎，属于全文搜索引擎，是奇虎 360 公司开发的基于机器学习技术的第三代搜索引擎，具备自学习、自进化能力和发现用户最需要的搜索结果，搜索范围有新闻、网页、问答、视频、图片、音乐、地图、百科、良医、购物、手机、软件等。

(3) 搜狗搜索引擎。搜狗是搜狐公司的旗下子公司，于 2004 年 8 月 3 日推出，目的是增强搜狐网的搜索技能，主要经营搜狐公司的搜索业务。搜索范围有新闻、网页、音乐、图片、视频、地图、知识、论坛、问问、购物、百科等。搜狗在经营搜索业务的同时，也推出搜狗输入法、免费邮箱、企业邮箱等业务。

(4) 谷歌（Google）搜索引擎。谷歌是搜索引擎名称，也是一家美国上市公司名称。总部 Googleplex 位于美国加利福尼亚山景城，于 1998 年 9 月 7 日创立。谷歌是全球最大的并且最受欢迎的搜索引擎，主要服务有网页、图片、视频、地图、新闻、购物、博客、论坛、学术、财经等搜索。其学术信息搜索功能和翻译功能优于其他搜索引擎。由于谷歌（中国部分）总部迁到香港，大陆用户感觉查找速度不理想，因而降低了其在搜索引擎中排名的位置。

(5) Bing 搜索引擎。必应（Bing，台湾译为缤纷）是微软公司于 2009 年 5 月 28 日推出的用以取代 Live Search 的搜索引擎，而 2009 年 5 月 29 日，微软正式宣布全球同步推出搜索品牌 "Bing"，中文名称定为 "必应"，与微软全球搜索品牌 Bing 同步。搜索范围有网页、图片、资讯、视频、地图等。另外还有词典释义、在线翻译等功能。

(6) 雅虎（Yahoo）搜索引擎。雅虎（Yahoo!，NASDAQ：YHOO）是美国著名的互联网门户网站，20 世纪末互联网奇迹的创造者之一。其服务包括搜索引擎、电邮、新闻等，用户提供多元化的网络服务。同时，雅虎也是一家全球性的因特网通信、商贸及媒体公司。早先搜索界面简洁，分类独特，搜索功能强，很受用户欢迎。后来界面改版，影响了用户的使用率。不过用英文雅虎搜索（可输入汉字），效果仍然好。

（7）有道搜索引擎。有道搜索是网易公司的搜索服务，在网易结束与谷歌的合作后，网易公司自行研发的有道搜索成为其搜索服务的内核。其搜索范围有网页、文本、资讯、视频、地图等。另有有道词典、有道翻译、惠惠购物、有道云笔记等服务。

1.3.3　检索工具

（1）检索工具。报道、存储、查找信息线索的工具。

（2）检索系统。存储和检索信息的系统。由标引人员、检索人员、检索工具和其他检索设备组成。其中，检索工具是检索系统的核心，是检索系统区别于其他系统的重要标志。

1. 检索工具的职能

（1）存储信息。检索工具按一定方式把信息特征记录下来，加以标引，构成信息线索，并进行系统排列，组成检索工具，供用户检索使用。

（2）报道信息。及时报道某一领域公开发表的科学文献的信息内容，使科技人员用较少的时间就能了解某学科的研究动态。

（3）检索信息。对信息用户的提问进行分析处理，找出提问特征，然后利用检索工具，按照一定方法找出所需信息的线索，检索的本质是信息用户的需求和检索工具中信息集合的比较与选择，即逻辑匹配过程。

2. 检索工具的类型

检索工具的类型比较多，一般按检索手段、出版形式、著录方式和报道文献类型的数量来划分。

（1）按检索手段分，可以分为手工检索工具和机械检索工具。

（2）按出版形式分，可以分为印刷型和非印刷型两大类。具体地讲，又分为期刊式、单卷式、附录式、磁带式、光盘式、缩微品式等多种。

（3）按著录方式分，可分为以下几类。①目录。目录是对书刊及其他单独成册出版的单位出版物外部特征的揭示和报道。其特点是按种类（如图书）为单位进行记录与报道。目录对文献的描述比较简单，只记述文献的外部特征（如书名、著者、出版事项等），并按一定方法组织排列。目录的种类很多：按文献的类型划分，有图书目录、报刊目录、标准目录等；按载体形式划分，有卡片式目录、书本式目录、机读式目录等；按检索途径划分，有书名目录、著者目录、分类目录、主题目录等；按其作用划分，有出版发行目录、馆藏目录等。②题录。

题录是单篇文献外部特征的揭示和报道。它以单篇文献为著录单位，如期刊中的一篇文章，图书中的一部分，这是它与目录的主要区别。题录报道文献的速度比文摘快，收录范围较广，是查找最新文献线索较好的工具。题录的著录项目包括文献篇名、著者姓名、文献出处（出版物名称、卷、期、页码、出版年份）等。③文摘。文摘是通过描述文献的外部特征和简要地摘录文献内容要点来报道文献的一种检索工具。其特点是增加了内容摘要。文摘一般可分为报道性文摘和指示性文摘两种。报道性文摘向读者提供原文中的定量信息（如数据、公式等）和定性信息（如发现、论点、方法、设备、结论等）。它是原文内容的浓缩。即使不读原文，也可知其较细的情况。报道性文摘字数一般为 200～300 字，长者可达 10000 字左右。指示性文摘把原文的主题范围、目的和方法简要地指示给读者，不直接摘录原文的论点和数据，字数一般在 100 字左右，有时只有一句话，只起解题作用，所以又称简介。此外，还有一种评论性文摘，这种文摘插入了文摘员个人的看法或分析，其文摘质量往往取决于文摘员的专业水平。一般文摘刊物都不用这种文摘，只在我国《新华文摘》，美国《数学评论》《应用力学评论》和苏联《力学文摘杂志》等检索刊物中采用。文摘性检索工具是检索工具的主体，是科研工作者最常用的检索工具。④索引。索引也称引得，是将文献中的各种信息单元以一定的原则和方法排列起来的一种辅助性检索工具。这些信息单元可以是论文题目、人名、地名、名词术语，也可以是分子式、结构式，各种号码（分类号、报告号、专利号、索取号等）、各种缩写字等。索引由检索标识和信息地址组成。文摘性检索工具一般都附有辅助索引，可以从不同角度查找所需信息的线索。

（4）按报道文献类型的数量划分。①多类型文献的检索工具。这种检索工具收录和报道图书、期刊、专利、科研报告、会议文献等两种以上类型的文献。②单类型文献的检索工具。这种检索工具只收录报道一种类型的文献，但收录较全，利用它查找特定类型文献，比利用多类型文献的检索工具效果好。

3. 检索工具的一般结构

1）手工检索工具的一般结构

（1）使用说明。包括编制目的、适用范围，收录文献年限、文献记录或索引著录格式、检索例述、注意事项等。这些内容体现在编辑说明、前言和后记中。

（2）目次。全书内容的类目，一般按类排列。

（3）正文。由描述文献特征的记录（题录、目录或文摘款目）排列组织而成，一般分类组织。

（4）索引。由检索标识和信息地址组成。常见的有分类、主题、分子式、书名或篇名、作者、序号等索引，用来检索正文中的信息内容。

（5）附录。检索工具中的辅助内容，如《引用期刊表》《缩写字查全称表》《不同语种的字母转换表》等。

2）检索数据库的一般结构

数据库是相关数据的集合，其结构由表（信息记录的集合）、索引（按某种顺序排列记录的表）等构成。

（1）数据表（table）。数据库中的数据是以表为单位进行组织的。每个数据库由一个或一组数据表组成，以文件的形式存放在磁盘上，每个表就是一个物理文件。

数据表，简称表。它由一组数据记录组成。一个表是一组按行排列相关数据的二维表格；每个表中都含有相同类型的信息。

表中的每一行称为一个记录（record），它由若干个字段组成。例如，一个班所有学生的考试成绩，可以存放在一个表中，表中的每一行对应一个学生，这一行包括学生的学号、姓名及各门课程成绩。

记录是按信息存储要求对某个具体事物特征的完整描述。信息检索的中间结果是以记录的形式先显示给信息用户，然后由用户决定对信息的取舍。

而记录又由若干字段（field）组成，字段也称域，表中的每一列称为一个字段。每个字段都有相应的描述信息，如数据类型、数据宽度等。字段是信息检索的关键字，也是编制索引的关键码。

（2）索引（index）。索引实际上是一种特殊类型的表，其中含有关键字段的值（由用户定义）和指向实际记录位置的指针（一般为信息记录编号），这些值和指针按照特定的顺序（也由用户定义）存储，从而可以以较快的速度查找到所需要的数据记录。

（3）查询（query）。查询是用一条 SQL（结构化查询语言）命令，用来从一个或多个表中获取一组指定的记录，或者对某个表执行指定的操作。当从数据库中读取数据时，往往希望读出的数据符合某些条件，并且能按某个字段排序。使用 SQL，可以使这一操作容易实现而且更加有效，在查找指定的记录时，只需指出做什么，不必说明如何做。每个语句可以看做一个查询，根据这个查询，可以得到需要的查询结果。

（4）过滤器（filter）。过滤器是数据库的一个组成部分，它把索引和排序结合起来，用来设置条件，然后根据给定的条件输出所需要的数据。

（5）视图（view）。数据的视图指的是查找到（或者处理）的记录数和显示（或者进行处理）这些记录的顺序。在一般情况下，视图由过滤器和索引控制。

1.3.4　参考工具书

参考工具书是将一定问题的必要资料经过高度浓缩，按某种次序排列，便于人们查考的书籍。

1. 参考工具书的功用

参考工具书的功用表现在：①指点读书门径；②解决疑难问题；③提供数据线索。具体地讲可以回答六个 W：what（是什么、有什么）、who（什么人）、when（什么时候）、where（什么地方）、why（为什么）、how（如何做）。

2. 参考工具书的类型

参考工具书的类型从不同的角度可以划分为不同类型。按信息内容分，可分为综合性参考工具书和专业性参考工具书两类；若按语种划分，参考工具书可分为中文参考工具书、英文参考工具书等；按出版规模划分，参考工具书可分为大型、中型、小型参考工具书。比较常见的划分是按功能划分。按功能划分，参考工具书可分为字典、词典、手册、年鉴、百科全书、名录等。

3. 参考工具书的编排结构

参考工具书的编排结构一般分为以下几个部分。

（1）序。主要叙述工具书的编辑目的、读者对象、版本和内容演变等。

（2）凡例说明。叙述工具书内容的收录范围、编辑方式、条目著录格式以及使用方法。

（3）目次。工具书的目录，有的大型的工具书为了方便读者使用，既有简目，又有详目。

（4）正文。正文的编排方式包括字序式、分类方式、时空方式等形式。

（5）辅助索引。工具书常见的索引有主题索引、分类索引、人名索引、序号索引等，用以查找正文中的知识内容。

（6）附录。凡是不便于列入或来不及列入正文的数据均可列入附录，以弥补正文内容的不足。

4. 参考工具书的选择

参考工具书的选择包括两个含义：一是用哪类参考工具书；二是同类参考工具书中选哪个品种。

（1）针对问题按功能选择。这是一种较为合理的选择方式，如需查找科学家的生平，可选用《科学家传记辞典》；查找国民经济总产值的资料，最好选用《中国统计年鉴》。

（2）按编辑质量选择。判断参考工具书质量的标准如下：①收录内容是否完整、系统、新颖；②编排结构是否简单明了，有无完备的索引和附录；③ 编辑出版者的名望和专家的评价如何。

1.4　信息检索与知识创新

1.4.1　信息检索的步骤与方法

1. 传统手工检索的步骤与方法

1）分析研究课题

分析研究课题，是信息检索中关键的一步，这一步做好了，以后其他步骤才可顺利进行。这一步需弄清课题涉及的学科范围、主题词、文献信息类型、语种、出版年代、机构人物以及课题产生的时代背景等。

2）选择检索工具

选择检索工具，不管是手工检索工具还是机械检索工具，都要学科专业对口、信息类型对口、语种熟悉，并看其信息收录是否系统完整、报道是否及时、查找是否方便等。这可参考《国外科技文献检索工具书简介》《中文工具书简介》《常用因特网名址手册》以及各类信息检索教材。

3）确定检索途径

检索途径应由课题涉及的内容和所选择的检索工具的编排结构来确定。

（1）分类途径。用分类目录、分类索引、分类表、目次表查找。

（2）主题途径。用主题索引、关键词索引、主题目录查找。

（3）著者途径。用著者索引、团体著者索引、著者目录查找。

（4）书名途径。用篇名索引、书名目录查找。

（5）号码途径。用登记号索引、报告号索引、专利号索引查找。

（6）分子式途径。用分子式索引查找。

若选择的是数据库检索系统，检索途径根据数据库的提示确定。

4）选择检索方法

检索方法要根据具体要求来确定，常用的检索方法有直接查找法、间接查找法、追溯查找法和循环查找法。

（1）直接查找法。直接查找是直接在信息原件集合中查找所需信息的方法。其优点是能直接获得针对性很强的信息原件，缺点是费时费力。

（2）间接查找法。间接查找即通过检索工具查到所需信息的线索，再由信息线索找到信息原件的一种方法。该方法省时省力，能在短期内获得大量信息原件。根据实际需要，还可采取顺查、倒查和抽查三种形式。顺查即从早期向近期查找，倒查是从近期向早期查找，抽查是专查课题研究最热烈的时期。

（3）追溯查找法。追溯查找法是通过文章后面所附参考文献目录的线索查找所需信息的一种方法。为了节省时间，可用引文检索工具查找。

（4）循环查找法。循环查找法是间接查找法与追溯查找法相结合的一种方法。检索时，先利用检索工具查出一批文献，再利用文献末尾的参考文献查找。由于研究者写文章一般参考最近五年发表的新文献，因此跳过五年再利用检索工具查找一批文献，然后利用每篇文献末尾的参考文献查找，如此循环，直到满意。

5）查找信息线索

信息线索又称信息出处或信息来源。查找信息线索就是查找所需信息的来源或出处。例如，所需的信息出自某书的某章某节或某段，那么该书的书名、作者、出版地、出版者、出版时间、书号以及所需内容的起止页便是该信息的线索或来源。通过查找检索工具，主要是找到所需信息的线索。在不同的检索工具中，信息线索的表达方式不同，这在每种检索工具的使用说明中有介绍。

在网上运行的文献数据库，其文献信息线索一般以机读目录、题录、文摘的形式展示给读者。

6）索取信息原件

在中文检索工具中查得的信息线索可直接在各种馆藏目录中找到该信息原件的收藏单位，然后去借阅。由于外文检索工具为了节省篇幅，常常将期刊信息的刊名缩写，这就需要用《国际期刊名称缩写手册》或检索期刊后面所附的期刊目录将其补全。补全后再利用馆藏信息的目录了解信息原件收藏单位，以便借阅。

以上六个步骤在实际操作时，可以数个步骤结合在一起进行，如步骤 3）～5），在网络检索中可从步骤 1）直接做到步骤 6）。

2. 现代检索的步骤与方法

现代检索的步骤与方法主要针对计算机信息检索，其步骤与方法和传统检索有类似之处，但操作方式不同。

1）检索需求分析

计算机信息检索与传统检索一样，先需明确检索要求，其具体内容包括如下。

（1）信息形式需求。①明确检索目的。②明确所需的文献量。③明确所需文献的语种、年代范围、类型、作者或其他外表特征，以便限定检索范围。

（2）信息内容需求。①明确检索课题内容涉及的主要学科范围，以便选择合适的数据库。②分析检索课题的主题内容，用自然语言或数据库词表与类表中的规范词来表达这些内容要求，确定其概念单元和检索标识。检索标识的表示应符合两方面的要求：切题性和匹配性。

2）选择检索平台（包括确定搜索引擎和具体的数据库）

选择检索平台必须注意下列事项：

（1）数据库收录信息所涉及的学科领域；

（2）收录的文献类型，并了解文献的主要来源；

（3）收录的时间和范围；

（4）数据库的基本索引和辅助索引，以及提供的检索途径和检索标识的特点；

（5）数据库的检索费用。

3）合理使用检索技术

（1）逻辑组配检索（逻辑运算符号与词间空格的使用方法）。逻辑组配检索是计算机信息检索的基本形式。它运用逻辑与、逻辑或和逻辑非三种运算符将检索词或检索代码组配起来，形成表达信息用户检索需求的检索表达式，在检索系统中查找，检索系统将检索表达式中概念与代码跟检索系统中数据库中的文件记录的检索标识比较，再将相对一致或比较一致的记录经过逻辑运算输出，供信息用户取舍，这便是计算机信息检索的方式和原理。

逻辑组配通常有以下三种形式。①逻辑与，用"and"或"＊"号连接检索标识，在检索中起着限定检索范围的作用。一般来说，用逻辑与运算符连接的检索标识应同时出现在检索结果中。例如，检索物理学中的科学美研究的文献信息，其检索式为物理学＊科学美，若检索字段是文献标题，那么检索出来的文献的标题应全都有"物理学"和"科学美"这两个概念。②逻辑或，用"or"或"＋"号连接检索标识，在检索中起着扩大检索范围的作用。一般来说，用逻辑或运算符连接的检索标识不一定同时出现在检索结果中，有一个出现就符合检索要求。例如，检索动量守恒或角动量守恒研究的文献信息，其检索表达式为（动量＋角动量）＊守恒，检索出来的信息记录不管是动量守恒或者是角动量守恒，只要有一种都符合检索要求。③逻辑非，用"not"或"－"号连接检索标识，在检索中也是起着限定检索范围的作用。一般来说，用逻辑非运算符连接的检索标识，是将运算符后面检索标识的信息从运算符前面检索标识的信息集合中挖去，这种逻辑组配检索是专限定某类信息集合中特定信息。例如，能源－核能，检索除核能以外的全部信息。注意：有些数据库要求"－"号前有一个空格，要按照其使用说明处理。

目前，国内外一些大型数据库为了方便用户检索，既使用"＊"和"＋"构建检索式检索，也可用空格代替逻辑运算符的方式构建检索式检索。例如，检索情报交流中参照系和坐标系研究的文献的信息，其检索式可这样输入：情报交流

参照系 坐标系，检索出来的信息记录按"情报交流＊参照系＊坐标系""情报交流＊（参照系＋坐标系）""情报交流＋参照系＋坐标系"顺序输出。

（2）截词检索。截词检索就是用截断的词的一个局部进行的检索，并认为凡满足这个词局部中的所有字符（串）的文献，都为命中的文献。按截断的位置来分，截词可有后截词、前截词、中截词三种类型。

不同的系统所用的截词符也不同，常用的有?、$、＊等。分为有限截词（即一个截词符只代表一个字符）和无限截词（一个截词符可代表多个字符）。下面举例说明。①后截词，前方一致，后面词形有变化。这又分两种截法：有限后截词和无限后截词。ⓐ有限后截词：主要用于词的单、复数，动词的词尾变化等。如 acid?? 可检索出含有 acid、acidic 和 acids 的记录。ⓑ无限后截词：comput? 表示 computer、computers、computing 等。②中截词，中截词也称屏蔽词。一般来说，中截词仅允许有限截词，主要用于英、美拼写不同的词和单复数拼写不同的词。如 organi?ation 可检索出含有 organisation 和 organization 的记录。③前截词，后方一致。如? computer 表示 minicomputer，microcomputers 等。

截词检索也是一种常用的检索技术，是防止漏检的有效工具，尤其在西文检索中，更是广泛应用。截断技术可以作为扩大检索范围的手段，具有方便用户、增强检索效果的特点，但一定要合理使用，否则会造成误检。

（3）简单检索、高级检索、二次检索。①简单检索，直接利用逻辑运算符（也包括空格）连接的检索式在数据库文件中检索，可以是某个具体字段检索，也可以在任意字段中检索，使用方便自然。②高级检索，在设置有"高级检索"的数据库中，单击检索界面上的"高级检索"图标，出现"高级检索"界面，预设信息用户的检索途径和检索逻辑组配形式，让用户直接填入相关检索数据，选择适当的组配方式，最后单击"检索"图标。这种检索形式，能比较客观地反映用户的检索要求。③二次检索，是在第一次信息检索输出信息记录的基础上进行检索。它视其情况调整原先的检索方案，再次进行检索。它要么调整逻辑运算方式，要么更换检索词语，一切视具体情况决定。

（4）模糊检索、精确检索。模糊检索和精确检索是两种检索策略。一般情况下，利用检索课题直接相关的词语，并严格按照检索要求的逻辑关系检索称为精确检索。但是，各个数据库中文献记录标引和检索程序设计与检索用户的检索设想不完全一致，用户完全照自己的要求检索可能达不到理想的检索效果，这时需要利用课题中关键词的同义词、近义词、上位概念、下位概念、或相关概念进行适当的逻辑组配检索，这叫模糊检索。有些数据库设计了模糊或精确两种检索，当用精确检索得到的记录为 0 时，将"精确"图标换成"模糊"图标检索，可能会得到与检索要求相关的文献记录。

上机检索遇到下列情况要及时调整检索策略。①检索结果信息量过多。产生检索结果信息量过多的原因可能有以下两点：一是主题词本身的多义性导致误检；二是对所选的检索词的截词截得太短。在这种情况下，就要考虑缩小检索范围，提高检索结果的查准率。调整检索策略的方法如下：ⓐ减少同义词与同族相关词；ⓑ增加限制概念，采用逻辑"与"连接检索词；ⓒ使用字段限定，将检索词限定在某个或某些字段范围；ⓓ使用逻辑"非"算符，排除无关概念；ⓔ调整位置算符，由松变严。②检索结果信息量过少。造成检索结果信息量过少的原因有以下几点：其一，选用了不规范的主题词或某些产品的俗称、商品名称作为检索词；其二，同义词、相关词、近义词没有运用全；其三，上位概念或下位概念没有完整运用。针对这种情况，就要考虑扩大检索范围，提高检索结果的查全率。调整检索策略的方法如下：ⓐ选全同义词与相关词并用逻辑"或"将它们连接起来，增加网罗度；ⓑ减少逻辑"与"的运算，丢掉一些次要的或者太专指的概念；ⓒ去除某些字段限制；ⓓ调整位置算符，由严变松。

4）索取信息原件

在检索结果的信息记录中选取完全符合检索要求的记录，将这些记录下载存储，传递给用户审阅。若用户需要记录的原始文献，则再单击这些记录链接的原文库，将原文输出提供给用户，需要付款的按照相应的手续付款。

5）检索结果分析

（1）确定检准率，用完全符合用户需求的信息记录除以检索出来的信息记录，所得的商再乘以百分之百称为检准率。一般情况下，检准率在80％以上者，检索比较成功。

（2）确定检全率，用该次检索出来的相关记录除以检索系统中与课题检索要求相关的全部记录，所得的商再乘以百分之百称为检全率。一般情况下，检全率在70％以上者，检索比较成功。

3. 检索示例

例1.1　检索司马懿研究的文献信息。

分析：该课题涉及司马懿的生平、历史和历史评价等问题，因此检索用的关键词有"司马懿""生平""家谱""历史""评介""评价""历史评价"等。

此课题最关键的概念是"司马懿"，用这个概念在综合搜索引擎和相关数据库都能全面的查到相关文献，但会误检，将游戏名、商店名、博客名和现代个人取的名有"司马懿"三字的全查出来，不过误检的文献可通过二次检索去掉。

（1）在"百度"搜索框中输入"司马懿"，单击"百度一下"，出现司马懿介绍与研究的相关网站。其中，"司马懿 百度百科"对司马懿的生平、贡献、评价、家庭成员、影视形象作了详细介绍。如要查找有关司马懿的艺术形象的资料，可在百度搜索框中输入"司马懿"，再单击搜索框上边的"图片"，会出现司马懿的历代艺术形象的图片；若单击搜索框上边的"视频"，则出现司马懿的各种影视剧相关网站；单击搜索框上边的"文库"，出现司马懿的研究的各类文献。

（2）在"谷歌"搜索框中输入"司马懿＊评价"，单击"Google 搜索"，共搜索出 21100000 条结果，不少网站提供的文献是免费的。

（3）从"主题"途径在"中国知网"的检索框中输入"司马懿"，单击"检索"，找到 1070 条记录。从"全文"途径用"司马懿＊评价"检索，找到 591 条记录。从"主题"途径用"司马懿＊评价"检索，找到 8 条记录。从"篇名"途径用"司马懿＊评价"检索，找到 1 条记录。单击每条记录的篇名可下载原始全文。

（4）在"万方数据"检索框中输入"司马懿＊（生平＋传＋家谱＋评介＋评价＋历史评价）"，单击检索，共查出 39 篇学术论文；而只输入"司马懿"，检索出来 86 篇学术论文；都可下载全文。

（5）在西华师范大学图书馆的"资源统一检索平台"检索框中输入"司马懿"，单击"中文搜索"，共查出 4279 种相关文献，其中，图书 2471 种、期刊论文 1420 篇、学位论文 5 篇、会议论文 3 篇、报纸论文 262 篇、视频资料 117 种、专利 1 件。单击文献名，可通过"资源获取"介绍的途径找到原文。注意：目前可能是技术上的原因，在"资源统一检索平台"检索框中只输入最为关键的关键词，效果较好；输入逻辑组配的检索式，不易检索。

（6）在"中国基本古籍库"中，利用"全文检索"，在"检索字词"右边的框中输入"司马懿"，单击"开始检索"，共查出 3525 条记录，单击任一条记录都可看到原文和出处。

例 1.2 检索"先秦'五至'论与帝道、王道、霸道研究"的文献。

从"主题"途径在"中国知网"的搜索框中输入"先秦＊'五至'论＊（帝道＋王道＋霸道）"，单击"检索"，找到 2 条记录。单击每条记录的篇名可下载原文。

此课题还可用"'五至'论""帝道""王道""霸道"在"读秀学术搜索"中查找。

例 1.3 检索"中国远程教育发展战略研究"的文献。

从"主题"途径在"中国知网"的搜索框中输入"中国＊远程教育＊发展＊战略"，单击"检索"，找到 232 条记录。单击每条记录的篇名可下载原始全文。

例 1.4 检索"生物大分子体系量子化学计算方法新进展"的文献。

（1）在"百度"搜索框中输入"生物＊大分子＊体系＊量子化学＊计算方法＊新进展"，单击"百度一下"，找到相关结果约 177000 个，相当多的网站内容一样，单击相关网站可见免费原文。

（2）从"篇名"途径在"中国知网"的搜索框中输入"生物＊大分子＊体系＊量子化学＊计算方法＊新进展"，单击"检索"，找到 2 条记录。单击每条记录的篇名可下载原始全文。

例 1.5　检索"超弦大统一理论"研究的文献。

分析：该课题是理论物理研究中的一个问题，是超弦理论与物质四种相互作用统一模型的结合研究，关键词为"超弦""超弦理论""大统一理论"，对应的关键词为"superstring""grand unified theories""GUT"。

（1）在"谷歌"搜索框中输入"超弦＊大统一理论"，单击"Google 搜索"，找到约 16000000 条结果，单击相关网站，可弄清超弦大统一理论的内涵和研究进展。

（2）从"主题"途径在"中国知网"的搜索框中输入"超弦 大统一理论"（"超弦"与"大统一理论"之间有一空格），单击"检索"，找到 48 条记录。单击每条记录的篇名可下载原始全文。

（3）打开"EBSCO 数据库（英文）"，单击"EBSCO 学术检索大全（全学科）"，打开后，在框中输入"superstring＊（grand unified theories＋GUT）"，单击"搜索"，查出 1154 条记录，单击记录后面的"PDF 全文"或"HTML 全文"，可看到原文。

1.4.2　知识创新

1. 知识创新定义

知识创新是指通过科学研究，包括基础研究和应用研究，获得新的基础科学、技术科学和管理科学知识的过程。知识创新的目的是追求新发现、探索新规律、创立新学说、创造新方法、积累新知识。知识创新是技术创新和管理创新的基础，是新技术、新发明和新理念的源泉，是促进科技进步和经济增长的革命性力量。知识创新为人类认识世界、改造世界提供新理论和新方法，为人类文明进步和社会发展提供不竭动力。

2. 信息检索与知识创新的关系

信息检索是知识创新的必要手段和工具，知识创新是信息检索的目的和归宿。

信息检索在整个知识创新活动中，起着耳目、尖兵和评判的作用。具体表现如下。

（1）在知识创新的选题中，摸清所拟课题项目目前国内外研究的概况和动向，使所选项目、所制定的研究路线和研究方法不陈旧。

（2）在知识创新的攻关中，摸清目前国内外与本项目相关的最新研究技术和手段，以便加以借鉴。

（3）在知识创新成果的评价中，摸清目前国内外相关成果的实际水平，将这些成果的各项技术指标与本项目成果的技术指标相比较，以便对本项目成果作出恰如其分的评价。

信息检索与知识创新相互促进。信息检索打开了知识创新的通道，反过来，知识创新的成果又推动和发展了信息检索技术，丰富了信息检索系统的知识信息内容。

第2章   网络开放信息资源检索

广义的网络开放信息资源指面向全社会所有信息用户都能自由利用（包括交费可以使用和不交费也能使用）的一切信息资源。狭义的网络开放信息资源是指面向全社会所有信息用户都能免费利用的信息资源。按照收费与不收费的方式划分，网络开放信息资源又大致分为三种类型：第一种是信息线索检索和信息原件索取全是免费的；第二种是信息线索检索免费，而信息原件获取须收费；第三种是信息线索检索和信息原件获取全收费。本章主要讲授第一种类型的网络信息资源的检索与利用。

网络免费信息资源几乎涵盖了人类生活的一切领域，人们可以无偿地拿来帮助自己的学习、工作和生活。人们遇到的一般问题可以方便地通过此类信息检索解决。其检索方式主要利用大型综合搜索引擎检索。下面各节以提升人的知识素养为线索分别叙述其检索方式与方法。

2.1   汉语字、词、成语信息检索

要提高汉语阅读与写作能力，必须弄清汉语字、词、句的意义。因此，应该熟练地掌握汉语字、词、成语的信息检索方法。

2.1.1   直接利用百度或谷歌检索

谷歌、百度是两种大型网络综合搜索引擎，它们几乎都能搜索到中文和大语种的外文的开放信息资源的线索。检索功能两者都很完备。在检索汉语的字、词、成语的信息方面，它们相当于汉语的字典、词典。

例 2.1   检索"黉"字的读音、字义及相关词组。

（1）打开百度，在其搜索框中输入"黉"字，单击"百度一下"。

（2）单击"黉 百度百科"，对"黉"字的音、义、词组作了如下介绍：黉（hóng），汉字，名词，指古代的学校。农事既毕，乃令弟子群居，还就黉学。——《后汉书·仇览传》。又例如，黉序（古代的学校。序：学校）；黉门（学校）；黉宫（学校）；黉校（学校）。

从检索的信息可知，"黉"字读音为"hóng"，最早见于《后汉书·仇览传》，

指古代的学校。黉序、黉门、黉宫……均有学校之意。

例2.2　检索"宵衣旰食"的读音、释义、出处、例证、同义词、反义词。

在谷歌搜索框中输入"宵衣旰食",单击"手气不错",获得下列信息:

$$[\text{xiāo yī gàn shí}]$$

宵　衣　旰　食

出自南朝陈·徐陵《陈文帝哀册文》:"勤民听政,旰衣宵食。"形容为处理国事而辛勤地工作。多用以称颂帝王勤于政事。

（1）发音。宵衣旰食:xiāo yī gàn shí。

（2）释义。宵:夜间;衣:穿衣;旰:天已晚。天不亮就穿衣起来,时间晚了才吃饭。

（3）近义词。夙夜不懈、握发吐哺、日理万机。

（4）反义词。醉生梦死、游手好闲、得过且过。

（5）英文翻译。get up early and take one's meal late。

（6）成语资料。①成语解释。宵:夜间;衣:穿衣;旰:天已晚。天不亮就穿起衣来,时间晚了才吃饭。形容为处理国事而辛勤地工作。②成语举例。若夫任贤惕厉,宵衣旰食,宜黜左右之纤佞,进股肱之大臣。(《旧唐书·刘蕡传》)

唐陆贽《论两河及淮西利害状》:"今师兴三年,可谓久矣;税及百物,可谓繁矣,陛下为之宵衣旰食,可谓忧勤矣。"

宋司马光《论横山疏》:"虏骑大至,覆军杀将,边城昼闭,朝廷乃为之宵衣旰食,焦心劳思,兴兵运财,以救其急。"

（7）常用程度。常用。

（8）感情色彩。褒义词。

（9）语法用法。作主语、谓语、定语;含褒义,用于书面语。

（10）成语结构。联合式。

（11）产生年代。古代。

（12）成语正音。旰,不能读为"hàn"。

（13）成语辨形。宵,不能写为"肖"。

从以上信息可看出,谷歌对成语的检索,若单击"手气不错",可直接得到人们欲求的信息内容。对字、词的检索也可依法炮制。记住:在谷歌的搜索框中输入想查找的信息的符号代码,再单击"手气不错",谷歌都能找到理想的信息内容,这是谷歌优于其他搜索引擎的地方。

2.1.2　利用在线词典

1. 在线新华字典（http://xh.5156edu.com/）

在线新华字典是在互联网中运行的免费电子词典,现已经收录 21998 个汉字

（比印刷版的《新华字典》收的汉字多一倍）、52 万个词语（比印刷版的《汉语大词典》所收的 37 万个词汇还多十几万），是阅读和写作参考的重要工具。查找方法简单，在搜索框内输入条件，单击检索，就可以找到相应汉字的拼音、部首、笔画、注解、出处以及与该汉字有关的词组（包括成语录和典故）及其解释。该词典也可以通过笔画、部首去检索。一些淘汰不用、计算机输不出的汉字，可通过"在线康熙字典"查找。该词典还列出了《现代汉语语法简表》《中国古代历法的算法》等多个附录，单击它们可以获得汉语和中华文化的很多知识。

例 2.3　检索"蜀"字的音、义、词组、成语的解释。

在任何一个综合搜索引擎的搜索框中输入"在线新华字典"进行搜索，再单击"在线新华字典"的网站名，出现"在线新华字典"网站界面。在检索框内输入"蜀"字，单击"检索"，就得到"蜀"字的汉语拼音注音、基本解释、详细解释，含"蜀"字的某种意义的古代主要文献语句及出处，含"蜀"字的词汇、成语，单击这些词汇和成语名字，立即出现其释义。另外，单击"汉字演变"，出现"蜀"字的金文、金文大篆、小篆、繁体隶书的书写形式；单击"蜀的英语"，出现与"蜀"字相关的词汇、短语的英文名称；单击"说文解字"，出现"蜀"字在《说文解字》中的解释和"蜀"字现在的基本字义。单击"康熙字典"，出现"蜀"字在《康熙字典》的释义。

2. 在线康熙字典（http：//tool. httpcn. com/KangXi/）

在线康熙字典是印刷版《康熙字典》在互联网中运行的电子字典，共收录汉字 47035 个，可以检索出一个汉字的音、义、各种书写形式、相关的词语、成语的释义、英语的译文，以及有该字的诗词原文及作者。它是汉字研究的主要参考工具。查字的输入法有拼音、五笔、笔顺编号、四角号码等，其"四角号码"输入对不认识的字的检索有很大的实用价值。现举例说明其检索方式：检索"黄"字的音、义和其他相关信息：

（1）在百度搜索引擎输入"在线康熙字典"，单击"百度一下"；

（2）单击"康熙字典_在线康熙字典_康熙字典查字_康熙字典笔画"网站；

（3）在出现的界面的"查字"的菜单中单击"四角号码"，再在右边的框中输入"4480"字，单击"查询字典"，在出现的字表中找到"黄"字并单击它，立即出现《康熙字典》对"黄"字的释义；若先单击"查字"框上边的"新华字典"，再在"查字"右边的框中输入"黄"字，单击"在线查字"，立即出现"在线新华字典"的"基本解释"的释义；若先单击"查字"框上边的"说文解字"，再在"查字"右边的框中输入"黄"字，单击"说文解字"，立即出现《说文解字》对"黄"字的释义；若先单击"查字"框上边的"词语字典"，再在"精确查询"右边的框中输入"黄"字，单击"词语字典"，立即出现有"黄"字的词语的释义；若先单击"查字"框上边的"成语词典"，再在"精确查询"右边的框中输入"黄"字，单击"成语词典"，立即出现有"黄"字的成语的释义；若在"查字"右边的框中输入"黄"字，再单击框上边的"诗词大全"，立即出现有"黄"字的诗词名或有"黄"字的诗词句子的历朝历代的诗词原文和作者姓名。

"在线康熙字典"网站还有其他功能，这里不再一一细述。

3. 查字典 (http：//www.chazidian.com/)

查字典是网络词典，以收录字词、百科知识以及各种人物等信息。它类似于百科全书的网上查询工具。和普通的字典相比，它涉及的范围更广泛，不受行业等因素的限制。信息内容涉及历史、人物、文化、地理、互联网等各类行业。最为重要的是它把中小学教育和幼儿教育中的各科教学作为网站的重点内容。对中小学师生和幼儿教师教学、备课和学习很有帮助，例如，单击网站界面上的"物理"，立即出现初中、高中各年级的教案、课件、试题、实验方法，中考、高考复习教学等免费资源。同样单击"语文""数学""化学""生物""政治""历史""英语""地理""美术"等，立即出现这些学科的免费教学资源。单击"大学"，立即出现大学生英语四六级考试、考研、毕业论文、就业指导等免费资源。

以查找字义、词义论，其查找方式有三种。①部首检字：根据所查汉字的部首的笔画数，在"部首检索"的表中找到所查汉字的部首，单击该部首，出现该部首所有汉字，这些汉字按笔画数目从少到多排列，根据所查汉字笔画数找到该汉字，得到字义解释。②拼音检字：在"拼音检索"的表中按字母顺序找到所查汉字的拼音并单击它，再在出现的汉字中找到所查汉字，得到字义解释。③手写输入检字：单击"手写输入"，用鼠标移动光标写出所查汉字，再在出现的汉字表中找到所查汉字，单击该汉字，再单击"搜索"，得到字义解释。字义有"基本解释"和"详细解释"，"详细解释"给出字义的典故和出处，很有参考价值。解释中的蓝色字或词，一单击又出现该字或词的解释。若要查找某个词义，可直接输入词语（不管是词组或成语），单击"搜索"，得到该词的详细解释。

单击该网站的"作文"，可获得小学、初中、高中、中考、高考、单元等作文指导信息。单击"范文"，可获得各类范文，帮助人们写作。单击"诗词"，可获得许多古代诗词信息。

该网站，还有"英语词典"和"在线翻译"，可获得许多英语学习的信息。

"查字典"因其方便实用快捷从而使其成为网友使用最多的工具字典。

4. 汉典（http：//www. zdic. net/）

汉典是网络词典网站。该网站建于 2004 年，2005 年 9 月第一次改版，2006 年 8 月第二次改版，2010 年 12 月第三次改版，2013 年 6 月第四次改版，至今仍在不断完善之中。建站的宗旨是为了弘扬中华文化，继承优良传统，推广汉语学习，规范汉字使用，为广大网民提供便利。信息内容包括汉语字典、汉语词典、成语词典、汉语诗词、实用附录等栏目。检索方式：按部首、笔顺和汉语拼音、四角号码等方式查询，在打开的界面的横条框中输入单个的汉字，单击"搜索"，立即得到该字的基本解释，单击"详细解释"，得到该字字义的典故和出处，单击"说文解字"，得到该字在《说文解字》中的释义，单击"康熙字典"，得到该字在《康熙字典》中的释义。输入汉语词汇，立即得到词语的释义和典故与出处。《汉典》的古籍信息丰富，经、史、子、集四部主要典籍都有，可以免费阅读和复制。《汉典》的诗词信息也较丰富，历代主要诗人的主要诗词都可以查到。《汉典》的书法信息有历代书法家部分作品。

5. 汉字大典——在线汉语大字典（http：//zd. eywedu. com/）

在线汉语大字典检索单字的字义可从拼音和部首两种途径检索，也可以用不同输入法直接在搜索框中输入汉字进行检索，字义先出现基本解释的字义，单击"详细解释"，出现字义的典故和出处。单击"康熙字典"，出现《康熙字典》中的释义。单击"说文解字"，出现《说文解字》中的释义。检索词组或成语，单击"汉语词典"，出现其检索界面后，在"查询"框中输入所检索的词汇或成语，再单击"查询"，得到其简洁的释义。在首页的界面上单击"语文工具"，链接到"语文工具书大全"网站，有"在线辞海""歇后语词典"等多种网络词典和手册，用户根据需求选择利用。

6. 在线汉语大字典（教学版）（http：//ch. eywedu. com/xhzd/Index. asp）

在线汉语大字典（教学版）是一个网络词典网站，内容有三大部分：①"在线新华字典"；②"在线成语词典"；③"名人名言词典"。

"在线新华字典"汉字字典查询系统，共计收录 7215 个汉字，可以根据拼音、笔画、部首等条件查到相应汉字内容。在网站界面的搜索框内输入条件，单击查询，就可以找到相应汉字的拼音、部首、笔画、注解和出处。注解相当详细，有字义的典故和出处。

"在线成语词典"共计 30294 条记录，提供成语的汉语拼音、释义、出处、示例的在线查询。检索方式特别：可直接在"词目"左边的框中输入要查的成语，单击"查询"得到释义。若查的成语文字记不全，用字母 Z 代替，也可以找出相关的成语，例如，输入"ZZ百Z"，单击"查询"，出现第三个字是"百"的所有的四字成语。可以用拼音首字母分类。A、B、C、D、E、F、G、H、I、J、K、L、M、N、O、P、Q、R、S、T、U、V、W、X、Y、Z的次序查询，也可以用"高级搜索"：第一个字与最后一个字相同（ABCA型）的成语、或"ABAC"型、或"AABC"型、或"AABB"型、或"ABCC"型、或"ABBC"型、或"ABCB"型的成语，单击某种类型，就列出这种类型的成语，单击这些成语的名字，立即得到成语的释义。欲查某生肖的成语，单击生肖名立即得到该生肖的众多成语。单击颜色名，得到该颜色的成语。欲查三个字的成语·五个字的成语·六个字的成语·七个字的成语·有上下句的成语·带有数字的成语，分别单击它们，立即得到。

　　"名人名言词典"，收录了总共26040则名言名句。在"名言查询"框中输入作者或词句均可查到相应信息。

　　单击网站界面上的"在线汉语大辞典"，链接到"语文工具书大全"网，可选择所需的工具书检索所需的信息。单击网站界面顶端的右上角的"小学站""初中站""高中站"，分别链接到"小学语文资源网""初中语文资源网""高中语文资源网"，可得到语文教育和学习的丰富信息。

2.2　英语单词、词组、短语信息检索

　　本节主要介绍网络工具检索英语单词、词组、短语的释义以及汉语词组、短语译成英语的方法。就目前情况看，网络翻译离人们的理想要求还有一定距离，译文和释义仅供参考。下面介绍大学生实用的工具。

2.2.1　直接利用谷歌翻译

　　总体而言，谷歌翻译的社科信息比翻译的科技信息质量好些，科技信息的单词和短语的翻译又比短文翻译的质量好些。

　　其方法如下：①打开谷歌网站；②单击"语言工具"；③在左边的框中输入需翻译的信息（可以是单词、短语或短文）、并选择框上方的语种；④在框的右边上方选择翻译结果的语种，立即出现译文或释义。

2.2.2　在线英语词典

1. iCIBA爱词霸（http：//www. iciba. com/）

　　爱词霸提供在线翻译、英语学习，属于金山公司，相当于网络版金山词霸，使用方便、速度快。其检索方法为：①在百度搜索"iCIBA爱词霸"；②单击

"在线翻译 _ 在线词典 _ 金山词霸 _ 爱词霸英语"网站；③先单击"词典"，然后输入英语单词或短语，再单击"查一下"，得到译文或释义，单击"句库"，出现相关信息的句子；④若要翻译短文，单击"翻译"，在框中输入需翻译的信息，单击从一语种到另一语种的形式，便可得到相应的翻译信息。

在百度里搜索"iCIBA 汉语站"，再单击"新华字典、汉语词典、汉语字典、成语词典、金山词霸汉语站"，出现"iCIBA 汉语站"界面，输入汉语的字、词、成语，单击"查一下"，可得其释义。

该网站还有学习外语的功能，在此不再一一细述。

2. Dict. cn 海词（http：//dict. cn/）

海词由美国印第安纳大学的博士范剑森创建。正式启用于 2003 年 11 月 27 日。海词是词汇学习的首选词典，它帮助用户更快捷地查询单词、更准确地理解单词、更轻松地记住单词。海词独有的精细讲解、优质例句、清晰发音，为不同学习人群（初高中、四六级、考研、工作等）制定个性化词典内容，以及提供管家式每日学习服务等，广受用户称赞与好评。它的检索方式相当简单，在网站界面的框中输入英文或中文，单击"查词"，就得到译文和众多相关例句，单击发音图标，可得到英国英语和美国英语发音。

海词提供的词典涵盖英汉、汉英、缩略语、汉语、方言等词典，同时韩语、日语、德语、法语、西班牙语和意大利语词典也即将推出。此外，海词还提供围绕词汇学习的相关学习工具，如海词生词本、海词单词管家、海词单词测试等。海词服务除可以使用在线网站——海词网访问，还可通过 Windows 桌面客户端、Mac 桌面客户端、Android 客户端、iOS 客户端、Windows Phone 客户端、黑莓、塞班、Java 等全系列多终端便捷查词学词。

2.3　人物及评价信息检索

人物及评价信息检索在前面的"网络信息组织法"中介绍的七个综合搜索引擎都可以利用。就目前而论，百度、谷歌、维基百科全书、互动百科全书独有特色。

2.3.1　利用百度和谷歌检索

1. 百度

百度检索著名人士的生平和评价信息，较为系统完整，其方法简捷。

例 2.4　检索钱学森的生平和评价。

（1）在百度搜索框中输入"钱学森"，单击"百度一下"。

（2）单击"钱学森　百度百科"，得到钱学森生平的完整信息，该网页先对钱学森作了简介，然后对人物经历、个人生活、个人作品、社会贡献、个人荣誉、人物评价、人物纪念等七个部分作了系统介绍。

（3）单击"钱学森　百度图片"，出现钱学森一生中的有关照片。

（4）单击"钱学森 _ 高清视频在线观看 _ 百度视频"，看到介绍钱学森的电影。

（5）单击百度搜索框上方的"文库"，找到相关文档约 1327992 篇（许多是重复的）。

2. 谷歌

谷歌检索人物信息，优在它的准确性。在其搜索框中输入人名，单击"手气不错"，立即得到所查找人物生平的权威信息；单击"Google 搜索"，出现全部与人物直接相关的所有网站，最权威的放在前面；在已检索出来的网页上，单击搜索框上方的"图片""视频""新闻""图书"，分别得到所查人物最有价值的信息。

2.3.2　利用网络维基百科全书和互动百科全书检索

1. 维基百科全书

维基百科（Wikipedia）是一个自由、免费、内容开放的网络百科全书，参与者来自世界各地。这个站点使用维基，这意味着任何人都可以编辑维基百科中的任何文章及条目，其目标及宗旨是为全人类提供自由的百科全书——用它们所选择的语言来书写条目。因此，它是一个动态的、可自由访问和编辑的全球知识体。

检索方法：在百度中搜索"维基百科"，并打开"维基百科"网站，直接在右上角输入要检索的人名，按回车键，便得到人物相关信息。输入其他术语，得到术语释义。

2. 互动百科全书

互动百科，原称互动维客，是由潘海东博士在 2005 年创建的商业中文百科网站，隶属于互动在线（北京）科技有限公司。互动百科号称是全球最大中文百科。愿景是致力于建设全球最好、最全的全人工中文百科，与亿万网民共享百万在线百科知识库，成为最中立的知识载体是互动百科的始终追求。2013 年 1 月，互动百科词条超过 800 万条、5 万个分类、68 亿文字、721 万张图片。

　　检索方法：在百度中搜索"互动百科"，并打开"互动百科"网站，直接在上方的检索框中输入要检索的人名，单击"进入词条"，便得到人物相关信息；若单击搜索图标，便出现相关网站，再单击这些网站，得到更多的相关信息。输入其他术语，得到术语释义。

2.4　事件及评论信息检索

2.4.1　利用谷歌检索

　　在谷歌搜索框中输入事件名，单击"Google"，便得到"维基百科""百度百科""互动百科"和其他权威网站对事件的介绍和评论的相关网站，再分别单击相关网站，获得有关事件信息。也可以在已经搜索出来的网页中，分别单击搜索框下"图片""视频""图书"，再浏览相关的网站，获取事件的信息。

2.4.2　利用百度检索

　　在百度搜索框中输入事件名，单击"百度一下"，浏览相关网站获得事件信息；也可以在已经搜索出来的网页中，分别单击搜索框上方的"图片""视频""文库"，再浏览相关的网站，获得事件的相关信息。

2.5　免费中文图书、期刊信息检索

2.5.1　利用主题词直接在谷歌和百度中检索

　　（1）在谷歌和百度中，输入已知的书名、刊名进行搜索，可以获得这些图书、期刊的在版信息。
　　（2）在谷歌和百度中，输入各级学科名进行搜索，可以获得许多教材、专著的在版发行信息和免费阅读信息。例如，输入"体育美学"进行搜索，不但可以得到许多"体育美学"的在版发行图书的信息，还能得到许多期刊论文免费阅读的信息。

2.5.2　网络免费书库

1. 在线读书（http：//ds.eywedu.com/）

　　这是一个为中小学教育提供免费信息服务的网站，资源相当丰富。中小学师生和其他任何读者都应该认真利用它。
　　检索方法如下。从百度中搜索"在线阅读"（此网站还有一个名字"主题阅读"），并打开它。分别单击"语文""数学""英语""物理""化学"，链接到中

小学各科教学的资源网站，获得丰富的学科教育的信息，有全国各种教材各个年级的完整教案，有各种试题及答案，这对中小学教师备课和师范院校学生教育实习很有帮助。单击"作文"，链接到"好作文网"，得到中小学各个年级各类作文写作指导的丰富信息。单击"名校"，链接到"中学试卷大师"网，在各科试题库中获得应试指导的丰富信息。单击"美文"，链接到"天天美文网"，能读到当代中外名家的美文。网页的引导信息的分类详细合理，古今中外名家各种名著和阅读用的工具书全都免费提供给读者，培养学生成才的各类信息几乎应有尽有。

2. 天涯书库-天涯在线书库-免费阅读小说网（http：//www.tianyabook.org/）

这是一个免费的小说网站。在百度搜索"天涯书库-天涯在线书库-免费阅读小说网"，单击"天涯书库-天涯在线书库-免费小说阅读网"，便进入该网站。该网站分"华人文学""世界文学""校园小说""网络小说""恐怖""推理""科幻""玄幻""武侠""言情""作家"数大块。读者也可以从单击"华人作家""世界作家""校园作家""网络写手""恐怖作家""推理作家""科幻作家""玄幻作家""武侠作家""言情作家"途径查找与阅读。还可以从网页界面的"推荐作家""封面推荐""最近更新""推荐小说""本月热点"等处寻找自己喜欢阅读的小说信息。

3. 国学经典书库（http：//202.101.244.103/guoxue/）

这是一个免费的古籍图书资源网站，收录经、史、子、集四库中的原著和注释图书以及解读的现代名著，资源丰富，可从书名途径查找，复制下载方便。

4. 劝学网（http：//www.quanxue.cn/）

这是一个弘扬传统文化的免费阅读网站。在百度中搜索"劝学网"，并打开它。网页上方的图标如下：

主页	儒家	道家	佛经	法家	百家	兵法	中医	南怀瑾	正史	毛泽东	共和人物	共和历史	民国
抗日	清朝帝王	清朝历史	清朝人物	明朝	元朝	宋朝	五代十国	唐朝	隋朝	南北朝	晋朝		
三国	秦汉朝	春秋战国	周朝以前	WebPage	Oracle	C语言	Java	算命	民歌	论坛	新论坛		

单击"儒家"，获得儒家全部经典著作。单击其他图标获得相应的其他信息。网页还有许多引导读者学习传统文化的信息。

5. 古诗文网（http：//www.gushiwen.org/）

古诗文网作为一个公益性质的网站成立于 2011 年，古诗文网专注于古诗文服务、致力于让古诗文爱好者更便捷地获取古诗文相关资料。有历朝历代著名作家诗、词、曲、文言文、辞赋，可从人名、作品名检索；有经、史、子、集中的名著，有小学、初中、高中语文中文言文注释与鉴赏。读者还可以从"写景""咏物""励志""爱国""爱情""哲理"等处找到相关诗词信息。读者还可以在网页左边的"诗词名句目录"中为自己的诗词创作找到参考资料。

6. 全部图书-在线读书-当当网（http：//read. dangdang. com/list＿）

这是一个既卖书，又让读者免费阅读的网站。读者从百度中搜索"全部图书-在线读书-当当网"，并打开它。然后在"在线阅读分类"中选择阅读的图书类型，并单击它；在出现的图书中，选择自己喜欢阅读的图书，单击书名，出现书的目录，选择章节阅读。这些图书，读者也可以从网上购买。

7. 在线阅读-中国台湾网（http：//www. taiwan. cn/tsh/zxyd/）

这是一个给读者免费阅读的网站。读者可从"图书纵横"的类下，选择相关的图书阅读。从网页上读者还可获得两岸关系的众多信息。

2.6　免费学术论文检索

2.6.1　在谷歌和百度中检索

利用谷歌和百度检索某课题的免费学术论文非常方便，用逻辑组配的检索式，直接搜索就行，下面举例说明。

例 2.5　检索"人情社会与司法公正研究"的免费论文。

（1）在百度的搜索框中输入"人情社会＊司法公正"，单击"百度一下"，找到相关结果约 160 万个。

（2）单击"人情社会 如何维护司法公正-中国青年报"，获得全文。单击"人情社会 如何维护司法公正＿时政频道＿新华网"，又得到一篇全文。单击其他相关网站还可以得到免费全文。

例 2.6　检索"物理学中的美学和物理教育中的美学教育方法方法研究"的论文。

（1）在谷歌的搜索框中输入"（物理学＋物理教育）＊美学"，单击"Google 搜索"，找到约 128 万条信息记录。

（2）单击前面几个网页中的任一条记录，都可以获得与检索课题相关的全文。

2.6.2　中国科技论文在线（http：//www. paper. edu. cn/）

中国科技论文在线是经教育部批准，由教育部科技发展中心主办，针对科研人员普遍反映的论文发表困难，学术交流渠道窄，不利于科研成果快速、高效地转化为现实生产力而创建的科技论文网站。中国科技论文在线利用现代信息技术手段，打破传统出版物的概念，免去传统的评审、修改、编辑、印刷等程序，给科研人员提供一个方便、快捷的交流平台，提供及时发表成果和新观点的有效渠道，从而使新成果得到及时推广，科研创新思想得到及时交流。

检索方法：在谷歌的搜索框中输入"中国科技论文在线"，单击"手气不错"，进入"中国科技论文在线"网站，在"论文快搜"的框中输入课题的检索式，单击"搜索"，得到检索结果，单击论文篇名，便可下载全文。

例 2.7　检索"大熊猫保护与繁殖研究"的论文。

在"中国科技论文在线"的搜索框中输入"大熊猫 ＊（保护＋繁殖）"，单击"搜索"，得到 13151 条论文记录，单击论文题名，便可下载阅读论文全文。

2.6.3　国外免费科技论文网站

国外科技论文网站检索方式基本相同：在网页出现的搜索框中输入由关键词组配的检索式，单击搜索图标，便可获得结果信息。

（1）DOAJ（Directory of Open Access Journals）（http：//doaj. org/）。免费的全文科技学术期刊。现有 2752 种期刊，其中，830 种可以全文搜索。目前有140307 篇文章。

（2）ArXiv（http：//arxiv. org/）。ArXiv 是属于 科内尔大学的非营利教育机构，面向物理学、数学、非线性科学、计算机科学和定量生物学等学科提供16 种免费电子期刊的访问。

（3）加利福尼亚大学国际和区域数字馆藏（http：//repositories. cdlib. org/escholarship/）。加利福尼亚大学国际和区域数字馆藏研究项目。eScholarship Repository 主要提供已出版的期刊论文、未出版的研究手稿、会议文献以及其他链接出版物上的文章 1 万多篇，均可免费阅读。

（4）剑桥大学机构知识库（http：//www. dspace. cam. ac. uk/）。由Cambridge University Library 和 University Computing Service 维护，提供剑桥大学相关的期刊、学术论文、学位论文等电子资源。

（5）发展中国家联合期刊库（http：//www. bioline. org. br/）。非营利的电子出版物服务机构，提供来自发展中国家（如巴西、古巴、印度、印度尼西亚、肯尼亚、南非、乌干达、津巴布韦等）的开放获取的多种期刊的全文。

（6）CERN Document Server（http：//cdsweb. cern. ch/）。主要覆盖物理学

(particle physics) 及相关学科，提供 360000 多篇全文文献，包括预印文献、期刊论文、图书、图片、学位论文等。

（7）NASA Technical Reports Server（http：//ntrs. nasa. gov/？ method＝browse）。主要是关于航空航天领域研究的科技报告和会议论文。

（8）National Service Center for Environmental Publications（http：//www. epa. gov/ncepihom/）。National Service Center for Environmental Publications 提供的是美国环境保护局（EPA）出版物。可以通过 EPA 出版号或题名检索 EPA National Publications Catalog。

（9）Energy Citations Database（http：//www. osti. gov/energycitations/）。提供美国能源部的科技信息摘要。学科范围包括材料科学、环境科学、计算机、能源和物理。文献类型包括期刊论文、学位论文、研究报告和专利。

（10）PMC（PubMed Central）（http://www. pubmedcentral. org/）。美国 NCBI（美国国家生物技术信息中心）建立的数字化生命科学期刊文献集，现提供 50 多种生物医学期刊免费全文。

（11）Science. gov 美国"科学"网站（http：//www. science. gov/）。美国"科学"网站收录内容以研究与开发报告为主，所有的信息均免费使用，也不必注册，但是通过这些站点链接的有些信息是限制使用或有条件使用的。

（12）ERIC 教育资源信息中心（http：//www. eric. ed. gov/）。美国教育部资助的网站系列和世界上最大的教育资源数据库，其中包括各种文档以及教育研究与实践方面的论文摘要，这些摘要超过了 100 万篇，收录 980 多种教育及和教育相关的期刊文献的题录和文摘。部分资源可查找到全文。

（13）PLoS 公共科学图书馆（http：//www. plos. org/）。PLoS 是一家由众多诺贝尔奖得主和慈善机构支持的非营利性学术组织，旨在推广世界各地的科学和医学领域的最新研究成果，使其成为一种公众资源，科学家、医生、患者和学生可以通过这样一个不受限制的平台来了解最新的科研动态。PLoS 出版了八种生命科学与医学领域的期刊，可以免费获取全文。

（14）Journal of Statistical Software（http：//www. jstatsoft. org/）。由美国统计协会出版的《统计软件杂志》，提供 1996 年至今 20 卷的内容。可以免费获取全文。

（15）Social Science Research Network（http：//www. ssrn. com/）。社会科学（经济类）研究论文数据库，部分提供全文。

（16）Blackwell 电子期刊（http：//www. blackwell-synergy. com/）。Blackwell 出版公司是全球最大的学协会出版商，与世界上 550 多个学术和专业学会合作，出版国际性期刊 800 多种（包含很多非英美地区出版的英文期刊），其中，理科类期刊占 54％ 左右。它所出版的学术期刊在科学技术、医学、社会科学以及人文科学等学科领域享有盛誉。学科范围包括农业、动物学、经济学、金融学、数学、统计学、工程、计算机科学、保健学、人文学、法学、生命和自然科学、医学、社会科学及行为科学等。部分期刊提供全文。

（17）Max Planck Society（http：//www. livingreviews. org/）。德国马普学会，该学会创办了三种开放存取杂志：①*Living Reviews in Relativity ISSN 1433-8351*（http：//relativity. livingreviews. org/）；②*Living Reviews in Solar Physics ISSN 1614-4961*（http：//solarphysics. livingreviews. org/）；③*Living Reviews in European Governance ISSN*：*1813-856X*（http：//europeangovernance. livingreviews. org/）。

（18）Networked Computer Science Technical Reference Library（NCSTRL）（http：//www. ncstrl. org/）。网络计算机参考图书馆是 Internet 上开放式的计算机科学研究报告和论文库。提供高级检索和简单检索，原文格式需根据要求，下载相应的阅读器软件。

（19）世界银行报告（http：//www-wds. worldbank. org/）。汇集了 27000 篇银行报告。

2.7 各类考试信息检索

2.7.1 无忧考网（http：//www. 51test. net/）

无忧考网是中国最大的教育考试门户网站，提供学历、资格、英语、计算机、财经、医药、建筑等考试报名、成绩查询、试题真题、培训课程权威资讯，是现代中国人必须熟悉的网站，其信息资源既多又实用。例如，单击"考研"，获得报名、复习辅导、大纲、近年真题及答案、成绩查询等信息。中考、高考、评职称各类资格考试的辅导资料应有尽有，对求学、求职、提职极有帮助。检索方法：分类浏览检索。

2.7.2 考试在线官方网站（http：//www. kaoshi110. net/）

考试在线频道提供学历、资格、英语、计算机、财经、医药、建筑、公务员、司法等考试的报名时间、考试时间、成绩查询等权威资讯；拥有中国最大、功能最全的在线考试信息资源。它是全国最大网上教育考试视频图书馆，拥有超过 10000 小时各类考试辅导节目，任人们收看。每天 1 小时现场直播，各路精英聚焦考试热点，与用户实现实时全面互动，为读者解惑。每天实时在线视频答疑，天南地北的各科优秀老师随时为读者服务。"看""听"不收费，"问"才收费。检索方法：分类浏览检索。

2.8　教学资源信息检索

2.8.1　检索中小学各科教学的信息

利用"查字典"（http：//www. chazidian. com/）和"在线读书"（http：//ds. eywedu. com/）查找，也可以直接利用课程名称或课程中的教学主题与课件组配在谷歌和百度中搜索。

2.8.2　检索大学课程的教学资源信息

直接利用课程名称或课程中的教学主题与课件组配在谷歌和百度中检索。

例 2.8　检索量子力学课件。

用"量子力学＊课件"在谷歌和百度中检索，可获得量子力学课件。

例 2.9　检索量子力学表象变换教学研究的课件和论文。

用"量子力学＊表象变换"在谷歌和百度中检索，可获得量子力学表象变换教学的课件和论文。

同样用"高等数学＊课件"在谷歌和百度中检索，可获得高等数学课件。用"物理＊（微分＋积分）"在谷歌和百度中检索，可获得微分与积分在物理中应用的教学课件和论文。

2.9　其他信息检索

2.9.1　生活日用信息检索

直接利用生活日用中的事物名在综合搜索引擎中搜索就行。

例 2.10　检索黄瓜的凉拌方法的信息。

用"黄瓜＊凉拌"在百度搜索，便可得到很多实用信息。

例 2.11　检索洗涤白色棉质衬衣黄斑的方法的信息。

用"白色＊棉质＊衬衣＊黄斑＊洗涤"在百度中搜索，可获得有用信息。

例 2.12　网上购物。

用货物名称直接在百度搜索，比较质量、价格和商店的信誉度。

2.9.2　卫生保健信息检索

直接利用事物名称在综合搜索引擎中搜索，就可获得相关信息。

例 2.13　幼儿发烧如何防治？

用"幼儿＊发烧＊防治"在百度中搜索，可获得相关信息。

例 2.14　如何预防老年痴呆？

在谷歌搜索框中输入"老年 * 痴呆 * 预防"，单击"手气不错"，快速获得参考信息。

2.9.3　旅游信息检索

出门旅游要考虑出发地的天气、目的地的天气、景点、两地之间的出行方式。

例 2.15　最近一个星期准备从南充到张家界旅游，询问两地的天气状况、张家界的景点和最佳的出行方式。

（1）在百度中分别搜索"南充天气""张家界天气"，获得两地一个星期的天气情况。

（2）在百度中分别搜索"张家界景点"，获得张家界旅游景点信息。

（3）南充没有开通去张家界的飞机航班，只能乘汽车和火车去张家界，乘汽车的票价比乘火车的票价贵，最终选择乘火车去张家界旅游。在百度中搜索"火车站 123"，并打开它，在"智能式火车查询"的框中输入"南充到张家界"，单击"开始查询"，获得九种南充到张家界列车中转方案，其中，南充到襄樊再到张家界的路程最短，选择这种行车路线。

至此，课题所需信息检索完毕。

第 3 章　国内综合信息检索平台

本章主要介绍多个学科都可以利用的信息检索平台，其信息范围涵盖多学科。这些信息检索平台，有些是单个数据库，有些是多个数据库合成的数据系统。检索方式方法与第 1 章介绍的方式方法相同。

3.1　CNKI

中国知网（China National Knowledge Infrastructure，CNKI），即中国知识基础设施工程，是由清华大学、清华同方于 1999 年 6 月发起创建的数字资源平台。经过十多年的发展，CNKI 已经逐渐由单一的期刊数据库演变为目前国内最具权威、资源收录最全、文献信息量最大的数据库体系，同时其 2012 年新版上线的 KDN 知识发现网络平台，不仅提供了丰富的知识资源，也为知识的高效共享提供了传播平台。

3.1.1　资源概述

CNKI 服务平台主要由四部分构成：资源总库、国际文献总库、行业知识服务平台和个人/机构数字图书馆。其中，资源总库作为 CNKI 核心数据库包含源数据库、特色资源、国外资源、行业知识库、作品欣赏和指标索引六大模块。而国际文献总库、行业知识服务平台和个人/机构数字图书馆则主要依靠核心数据库的六大模块开展精分或综合服务。

资源总库六大模块内容分布如下。

（1）源数据库集中收录期刊（侧重学术、商业期刊）、学位论文、报纸、会议四部分内容。

（2）特色资源主要包括工具书、专利、标准、年鉴、古籍、中国经济社会发展统计数据库、中国经济信息文献数据库、中国法律知识资源总库法律法规库、中国科技项目创新成果鉴定意见数据库（知网版）、CNKI 学术图片知识库、CNKI 外观专利检索分析系统、职业技能等内容。

（3）国外资源主要是 CNKI 与 Elsevier、Springer、Taylor & Francis、ProQuest、Wiley、PubMed、剑桥大学出版社、牛津大学出版社、ACM、

Emerald、DOAJ、Wolters Kluwer、IOP、美国科研出版社、美国数学学会、英国皇家学会、IGI Global、IOS Press、De Gruyter、Thieme 等数十家国外知名出版商合作，提供百余个外文数据库的文献检索。

（4）行业知识库针对医药、农业、教育、法律、企业、政府等具体行业，打造专业知识平台，提供精分服务。

（5）作品欣赏主要包括中国精品文化期刊文献库、中国精品文艺作品期刊文献库、中国精品科普期刊文献库三个数据库，其收录内容侧重于大众期刊。

（6）指标索引主要提供专家学者、机构、指数、引文、知识元等途径的综合检索，以及翻译助手等实用工具。

以上六大模块中，最重要、应用最为广泛的是源数据库。其依据收录文献的不同类型，打造了多个独具特色的全文数据库。该系列数据库分为十大专辑：基础科学、工程科技Ⅰ、工程科技Ⅱ、农业科技、医药卫生科技、哲学与人文科学、社会科学Ⅰ、社会科学Ⅱ、信息科技、经济与管理科学。十大专辑下分为 168 个专题，学科覆盖面非常广泛。

1. 期刊类

（1）中国学术期刊网络出版总库，是世界上最大的连续动态更新的中国学术期刊全文数据库，内容以学术、技术、政策指导、高等科普及教育类期刊为主，覆盖自然科学、工程技术、农业、哲学、医学、人文社会科学等各个领域。至 2012 年 10 月，收录国内学术期刊 7900 多种，其中，创刊至 1993 年 3500 多种，1994 年至今 7700 多种，自 1915 年至今出版的期刊，部分期刊回溯至创刊，全文文献总量 3500 多万篇。核心期刊收录率达 96％，特色期刊（如农业、中医药等）收录率 100％，独家或唯一授权期刊共 2300 多种，约占我国学术期刊总量的 34％。

（2）中国学术辑刊全文数据库。辑刊是指由学术机构定期或不定期出版的成套论文集，由于它的编辑单位多为高等院校和科研院所，编者的学术素养高，论文质量好、专业特色强，具有较强的学术辐射力和带动效应。《中国学术辑刊全文数据库》是目前国内唯一的学术辑刊全文数据库。共收录国内出版的重要学术辑刊 418 种，累积文献总量 147353 篇。

（3）世纪期刊。依据引文分析数据，综合考虑核心期刊和行业重要性，遴选收录近 4000 种我国重要期刊，将其自创刊以来的全部文献进行回溯加工。之所以将其称为"世纪期刊"，是因为回溯期刊源远流长，收录年代最早回溯至 1912 年，跨越了整个世纪，因此得名"世纪期刊"工程。共计出版 24 万余册期刊，555 万篇文献。

（4）商业评论数据库。收录了《商业评论》中文杂志自 2002 年 9 月以来的所有文章，分为服务管理、人力资源、信息技术、创新、创业、组织、市场营销、运营管理、领导力、战略、金融与财务、综合管理 12 个专题。内容覆盖管理学主要学科，文章体现第一手研究材料，具有相当的前瞻性和权威性。至2012 年 10 月，出版文献 1300 多篇，其中 70％的内容精选《商业评论》近期最受欢迎的经典文章，30％的内容是针对中国本土案例进行的研究分析。

（5）中国学术期刊网络出版总库_特刊。内容涉及科技、医学及人文社会科学等各个领域。独家授权的核心期刊占国内核心期刊总量的 53％以上，核心期刊各学科排名前 10％的期刊占同类总数的比例超过 62％。文史哲、考古、数学、生物科学、中医药学等学科核心期刊目录前两名的期刊均已独家收录。至 2012年 10 月，CAJD 特刊已收录出版期刊 1400 多种，累积文献总量 600 多万篇。

2. 学位论文类

（1）中国博士学位论文全文数据库，是国内内容最全、质量最高、出版周期最短、数据最规范、最实用的博士学位论文全文数据库。收录全国 985、211 工程等重点高校，中国科学院、社会科学院等研究院所自 1984 年至今的博士学位论文。内容覆盖基础科学、工程技术、农业、医学、哲学、人文、社会科学等各个领域。至 2012 年 10 月，共收录来自 404 家培养单位的博士学位论文 18 万多篇。

（2）中国优秀硕士学位论文全文数据库。重点收录 985 高校、211 高校、中国科学院、社会科学院等重点院校自 1984 年至今的优秀硕士论文、重要特色学科（如通信、军事学、中医药等专业）的优秀硕士论文。内容覆盖基础科学、工程技术、农业、医学、哲学、人文、社会科学等各个领域。至 2012 年 10 月，收录来自 621 家培养单位的优秀硕士学位论文 150 万多篇。

（3）中国优秀硕士学位论文全文数据库_2013 增刊。出版的论文覆盖 176家培养单位，107 家为独家授权。其中，985 高校 15 家，独家授权 7 家；211 高校 60 家，独家授权 30 家。内容覆盖基础科学、工程技术、农业、医学、哲学、人文、社会科学等各个领域。出版总量约 5 万篇，独家授权约 1 万篇，包括 985高校硕士论文 1 万余篇，211 高校硕士论文约 3 万篇，2013 年度论文约占 95％。

3. 报纸类

中国重要报纸全文数据库：收录 2000 年以来国内公开发行的 500 多种重要报纸刊载的学术性、资料性文献的连续动态更新的数据库。至 2012 年 10 月，累积报纸全文文献 1000 多万篇。

4. 会议论文类

（1）中国重要会议论文全文数据库。重点收录 1999 年以来，中国科学技术协会、社会科学界联合会系统及省级以上的学会、协会，高校、科研机构、政府机关等举办的重要会议上发表的文献。其中，全国性会议文献超过总量的 80％，部分连续召开的重要会议论文回溯至 1953 年。至 2012 年 10 月，已收录出版 1.2 万多次国内重要会议投稿的论文，累积文献总量 140 多万篇。

（2）国际会议论文全文数据库。重点出版 2010 年以来，IEEE、SCIRP、SPIE、IACSIT、中国科协系统及其他国内重要单位等国内外知名组织或学术机构主办或承办的国际会议上投稿的文献，部分重点会议文献回溯至 1981 年。至 2013 年 4 月，已收录出版国内外学术会议论文集 3500 多本，累积文献总量 41 万多篇。

综上所述，CNKI 依托模块化的数据库分布，打造了知识搜索 3.0、数字搜索 2.0、学术趋势、概念知识元库、工具书馆、CNKI SCHOLAR 等多个服务平台，提供了中外文文献搜索、知识搜索、数字搜索、学术定义搜索、学术趋势分析等一系列卓具特色的服务内容。

3.1.2　检索应用

不同于传统的搜索引擎，CNKI 利用知识管理的理念，实现了知识汇聚与知识发现，结合搜索引擎、全文检索、数据库等相关技术达到知识发现的目的，可在海量知识及信息中发现和获取所需信息，简洁高效、快速准确。

1. 一框检索

1）多种检索方式

（1）输入检索词直接检索。选择数据库（默认为文献，文献为跨库包括期刊、博硕士、国内重要会议、国际会议、报纸和年鉴等）以及检索字段（默认为全文），在检索框中直接输入检索词，单击检索按钮进行检索。

（2）数据库切换直接检索。选择字段以及输入检索词，切换数据库则直接检索，如果检索框为空，则不检索。

（3）文献分类检索。文献分类检索，提供以鼠标滑动显示的方式进行展开，包括基础科学、工程科技、农业科技等领域，每个领域又进行了细分，根据需要单击某一个分类，即进行检索。

（4）智能提示检索。当输入检索词"数据仓库"时，只输出了"数据"两个词，系统会根据输出的词，自动提示相关的词，通过鼠标（键盘）选中提示词，鼠标单击检索按钮（或者单击提示词，或者直接回车），即可实现相关检索。

（5）相关词检索。在检索结果页面的下方，提供了输入检索词的相关词，单击相关词即可进行检索。

（6）历史记录检索。在检索的结果的页面右下方，有检索历史记录。单击历史检索词，同样可以检索出数据（检索项为页面默认的检索项）。

2）选取数据库

CNKI 提供了统一检索界面，首页上只列出常用的几个数据库，可随意切换。如果想切换其他数据库，例如，"法律数据库"，单击"更多＞＞"，然后选择"法律"即可。

选中"法律"之后，法律数据库替换默认数据库。

单击"更多"下面的"更多"，则进入数据库列表页，单击一个数据库则进入检索页面。

3）跨库选择

在"文献"检索中，提供了跨库选择功能，单击"跨库检索"，弹出的界面后，可以选择想要的数据进行组合检索。

4）选取字段

根据检索需要，可选取不同检索项来提高检索的查准率。单击下拉框切换检索项，数据库不同检索项不同。

5）分组浏览

以上述检索结果为例（下同），如果某个库有分组，则在检索结果中显示相关的分组详细情况，且分组中若包含年份，则默认展开，并且每一个分组后面都显示了该组的数量。单击某个分组之后，背景色为红色（表示选中），下方结果则发生相应的变化。

6）排序

在检索结果的上方，默认为"主题排序"降序，可以选择按照发表时间、被引、下载字段进行排序，再次单击之后则按照升序排列。

7）在结果中检索

在检索结果后，如果对检索结果不满意，可以选择在结果中检索，单击"结果中检索"，这样检索的结果范围缩小，更加精确，符合检索的要求，同时每次检索的条件会出现在检索框的下面，单击时，检索的结果重新变为上一个条件检索的结果。

2. 高级检索

前面介绍的一框式检索属于简单检索，对于需要专业检索和组合检索的用户可以进入高级检索模式进行检索。

1）高级检索

在检索的首页中，选择要检索的库，再单击"高级检索"。直接进入高级检索页面，这里以"期刊"高级检索为例。

在高级检索（分为多个检索，不同的数据库则检索种类不同）页面中，"＋"

和 "－" 按钮用来增加和减少检索条件,"词频"表示该检索词在文中出现的频次。在高级检索中,还提供了更多的组合条件,如来源、基金、作者以及作者单位等。

　　2)专业检索

专业检索是比较复杂的一种检索方法。用户需要自己输入检索式来检索,并且确保所输入的检索式语法正确,这样才能检索到想要的结果。每个库的专业检索都有说明,详细语法可以单击右侧 "检索表达式语言" 参看详细的语法说明。例如,在期刊库中,用户首先要明确期刊库的可检索字段有哪些,分别用什么字母来表示。

可检索字段:SU=主题,TI=题名,KY=关键词,AB=摘要,FT=全文,AU=作者,FI=第一作者,AF=作者单位,JN=期刊名称,RF=参考文献,RT=更新时间,YE=期刊年,FU=基金,CLC=中图分类号,SN=ISSN,CN=CN号,CF=被引频次,SI=SCI 收录刊,EI=EI 收录刊,HX=核心期刊。这样,如果需要检索主题是 "图像处理" 且含有 "图像分割" 的期刊文献,那用户需要在下图的检索框中输入 "SU='图像处理'*'图像分割'" 即可查询相关文献。

　　3)作者发文检索

作者发文检索用于检索某作者的发表文献,只要用户输入相应作者姓名、单位即可。可以单击 "＋" 和 "－" 按钮增加删除检索条件。

　　4)科研基金检索

科研基金检索用于检索某基金发表的文献。单击 "…" 按钮选择基金,然后单击检索按钮检索即可。

　　5)句子检索

句子检索用来检索文献正文中所包含的某一句话,或者某一个词组等文献,可以单击 "＋" 和 "－" 按钮,用来增加或减少检索条件。也可限定某一句话出现在全文中的同一句或者同一段中。

　　6)来源期刊检索

来源期刊数据库主要针对想了解期刊来源的用户,检索某个期刊的文献。可通过期刊的来源类别、期刊名称、年限等途径进行组合检索。

3. 出版物检索

在 CNKI 首页单击出版物检索进入导航首页,在该页中有字母导航和分类导航。左侧文献分类目录帮助用户快速定位导航的分类;导航首页有推送的栏目,是当前热门的期刊论文等文献;下面是一些热门的特色导航的推荐文献:期刊、会议、年鉴、工具书、报纸、博士学位授予单位、硕士学位授予单位。

以期刊来源导航为例,单击 "期刊",在文本框中输入 "物理学报",系统根据选项名称自动地输出与之对应的信息。

在检索结果中单击"物理学报",则进入该学报的导航功能(其他来源导航类似),在期刊导航中,选中某一年某一期,页面的目录随之变化,单击目录则进入相应的知网节页面,同时单击"原版浏览",则进入了该期的在线预览。

4. 文献知网节

提供单篇文献的详细信息和扩展信息浏览的页面被称为"知网节",它不仅包含了单篇文献的详细信息,还是各种扩展信息的入口汇集点。这些扩展信息通过概念相关、事实相关等方法提示知识之间的关联关系,达到知识扩展的目的,有助于新知识的学习和发现,帮助实现知识获取、知识发现。

在检索结果的页面中,单击文献的题目,则进入知网节页面。"本文链接的文献网络图示"中包含本文的引文网络、本文的其他相关文献两部分,并以图形形式显示出来。

在本书的引文网络中包括参考文献、二级参考文献、引证文献、二级引证文献、共引文献、同被引文献。

1) 各类文献的含义

(1) 参考文献:反映本书研究工作的背景和依据。

(2) 二级参考文献:本书参考文献的参考文献。进一步反映本书研究工作的背景和依据。

(3) 引证文献:引用本书的文献。本书研究工作的继续、应用、发展或评价。

(4) 二级引证文献:本书引证文献的引证文献。更进一步反映本书研究的继续、发展或评价。

(5) 共引文献:与本书有相同参考文献的文献,与本书有共同研究背景或依据。

(6) 同被引文献:与本书同时作为参考文献引用的文献,与本书共同作为进一步研究的基础。

2) 图形式列表功能

每种文献的数量标示在标题后面,用括号括起来,例如,参考文献(21);单击任意类型文献的题名,该类文献将在图表下面显示出来。涉及的数据库有中国学术期刊网络出版总库、中国优秀硕士学位论文全库、Springer 期刊数据库和外文题录数据库等数据库的文献。每个库中的文献如有 10 条以上,在首页显示 10 条。

在下拉框中,可以选择某一个库的详细信息(以下同),默认是显示"全部"。

(1) 相似文献:与本书内容上较为接近的文献。

（2）同行关注文献：与本书同时被多数读者关注的文献。同行关注较多的一批文献具有科学研究上的较强关联性。

（3）相关作者文献：单击某个作者，列表显示该作者的论文。相关机构文献同此。

（4）相同导师文献：与本书作者拥有相同导师的其他博士或硕士研究生的学位论文，默认显示和本篇级别相同，例如，文献是博士论文，则列表显示的都是博士论文。

（5）文献分类导航：从导航的最底层可以看到与本书研究领域相同的文献，从上层导航可以浏览更多相关领域的文献。

3.2　万方数据

3.2.1　简介

万方数据股份有限公司于 2000 年创建，该公司由中国科学技术信息研究所联合万方数据（集团）公司，以及山西、北京、四川等地数家公司组建而成。万方数据知识服务平台是目前中国比较完整的科技信息系统，它汇集的高品质文献知识资源有中国学位论文、中国学术期刊、中国学术会议文献、中外标准、中外专利、中外科技成果、特种图书、法律法规、中国机构、中国专家、外文文献等数据库。

在万方数据知识服务平台中，中国数字化期刊群作为国家"九五"重点科技攻关项目，收录自 1998 年以来国内出版的各类期刊 6000 多种，其中，核心期刊 2500 多种，论文总数量达 2700 万篇，每年约增加 200 万篇，每周两次更新，形成了网上期刊的门户特征，内容覆盖了哲学政法、社会科学、经济财政、教科文艺、基础科学、医药卫生、工业技术等各个领域。万方数据知识服务平台的检索方式有一框式检索和高级检索，检索途径有题名、关键词、摘要、作者等。给用户提供了更聪明的检索体验，如检索智能快捷、检索结果精准全面、一框式检索、多指标智能排序、自动聚类快捷高效、多维度知识浏览、全面的文后链接。同时有多元化增值服务，包括知识脉络分析服务、论文相似性检测服务、查新服务、专题服务、中国学术统计分析报告等。

3.2.2　检索实例

1. 检索"关于我国青少年体育俱乐部发展现状的研究"的相关期刊论文

1）分析研究课题

（1）学科范围：体育理论。

（2）检索词：青少年 体育俱乐部 发展现状。

（3）检索式：青少年＊体育俱乐部＊发展现状。

（4）选用数据库为中国学术期刊数据库。

2）利用万方数据的中国学术期刊数据库查找相关期刊论文文献的具体检索步骤

（1）进入"万方数据知识服务平台"的访问地址页面。

（2）在万方数据知识服务平台的检索界面，选择"期刊"，在检索框中输入"青少年＊体育俱乐部＊发展现状"，然后单击"检索论文"，则有几十篇相关期刊论文。

（3）原文的获取。如果要在线查看全文，则单击任意一条检索结果下面的"查看全文"；如果要下载阅读全文，则需要先下载"PDF 阅读器"，然后单击"下载全文"。

2. 检索"关于中国竞技体育发展战略研究"的相关学位论文

1）分析研究课题

（1）学科属性：体育理论。

（2）检索词：中国　竞技体育　发展战略。

（3）检索式：中国＊竞技体育＊发展战略。

2）利用万方数据的中国学位论文数据库查找相关学位论文文献的具体检索步骤

（1）进入"万方数据知识服务平台"的访问地址页面。

（2）利用一框式快速检索方式。在检索首页，选中文献类型中的"学位"，选择"题名"字段，在检索框中输入"中国＊竞技体育＊发展战略"，然后单击"检索"，共检索出相关学位论文十几篇。

（3）利用高级检索方式。如果要查找"2000 年至 2010 年"发表的由"北京体育大学"授予学位的关于"中国竞技体育发展战略"的相关学位论文文献，可通过高级检索，命中文献多篇。

（4）原文的获取。如果要在线查看全文，则单击"查看全文"；如果要下载阅读全文，则需要先下载"PDF 阅读器"，然后单击"下载全文"。

3.3　读秀学术搜索

3.3.1　简介

读秀学术搜索是由北京世纪读秀技术有限公司研发的图书搜索及文献传递服务系统平台。后台数据包括了 330 多万册的图书书目数据检索、3 亿多条图书目次检索、240 多万电子图书和 10 亿多页全文文献。读秀学术搜索提供了多面检索技术，为用户提供全文级的检索服务，检索到的图书可直接定位到"本馆电子全文"下载至本地阅读，或链接到本馆书目 OPAC 系统查阅纸质图书，或借助自动文献传递功能通过个人邮箱获取图书的全文链接，实现知识搜索、文献服务。实现了图书馆的纸质图书、电子图书等资源的统一检索及馆际互借、参考咨询服务功能。用户可以通过读秀对图书、期刊、报纸、会议论文、学位论文等文献资源的题录信息、目录、全文内容进行搜索，提供图书封面页、目录页、正文部分页的试读，还可以对所需内容进行文献传递，获取文献电子全文。

3.3.2　检索方法

1. 知识频道

知识频道是在图书资料的章节、内容中搜索包含有检索词内容的知识点，更有利于资料的收集和查找。如果要查找有关"信息检索"的资料和文章，可以在读秀首页选择知识频道，输入"信息检索"，单击搜索按钮，进入搜索结果页面。浏览搜索结果页面，选择需要的章节，单击标题链接进入阅读页面，即可阅读相关章节的内容。

2. 图书频道

（1）快速检索。选择图书频道，检索框下方提供有全部字段、书名、作者、主题词等几个检索字段，可以根据需要选择检索字段，并在检索框内输入关键词。完成之后单击"中文搜索"搜索中文图书，或单击"外文搜索"搜索外文图书。

（2）高级检索。单击图书频道首页检索框右侧的"高级搜索"链接进入图书高级搜索页面。在这里提供了书名、作者、主题词、出版社、ISBN 号、分类、年代等多个检索项，读者根据需要完成一个或多个检索项的填写，还可以对检索结果显示的条数进行选择。完成之后单击"高级搜索"按钮即可。

（3）专业检索。单击图书频道首页检索框右侧的"专业搜索"链接进入图书专业搜索页面。按照检索框下方的说明编辑检索式进行检索。

（4）图书分类导航。读秀图书频道首页，在检索框后方设置有图书"分类导航"链接，单击"分类导航"进入图书导航页面，可以看到按照中国图书馆图书分类法设置的分类。单击一级分类或二级分类的链接，可以看到属于相应类别的图书及其子分类的链接。例如，单击一级分类"政治、法律"，则可浏览"政治、法律"类别的图书。

在检索结果页面直接单击想要的图书，单击图书封面或书名链接，进入图书详细信息页面。在图书详细信息页面，可以看到图书详细信息——作者、出版社、出版日期、ISBN 号、主题词、分类号等。读秀还提供了图书的书名页、版权页、前言页、目录页、正文部分页在线试读。单击在线阅读中的"目录页"链接，就可以对目录页进行试读。读秀提供了馆藏纸书借阅、阅读电子全文、图书馆文献传递、按需印刷、网上书店购买等多种渠道获取图书。另外，还提供了推荐图书馆购买功能。单击"图书馆文献传递"按钮或"邮箱接收全文"链接，进入图书馆文献咨询服务中心。在这里填写想要获取的本书正文页码范围，并正确填写邮箱地址和验证码，然后单击确认提交即可。过几分钟之后登录填写的邮箱，就可以看到读秀发送的图书信息。

3. 期刊频道

期刊频道也提供了快速检索、高级检索和专业检索三种检索方式。检索的方式和图书频道的检索类似。在期刊检索结果页面，提供了符合检索词的期刊封面链接，单击任意期刊封面链接，即可进入该期刊的导航页面，以按照发表时间和期号在这本期刊中查找文章。选中想要获取的期刊文章，单击标题链接进入期刊文章卡片页，在期刊文章的卡片页可以看到这篇文章的作者、刊名、出版日期、期号等信息，单击"图书馆文献传递"链接，单击确定进入参考咨询页面。在这里正确填写邮箱和验证码，单击"确认提交"，在两天之内文章会被发送到邮箱中。

4. 其他频道

除了知识频道、图书频道、期刊频道，读秀还有报纸、论文、文档、视频、课程课件等频道。这些频道的检索方法和获取文献的方法都基本一致，单击相关频道链接即可进入该频道的检索页面，都采用一站式检索，避免反复输入关键词查找的烦琐过程。

3.4　CALIS 联合目录

3.4.1　简介

CALIS 即中国高等教育文献保障系统（China Academic Library & Information System），是经国务院批准的我国高等教育"211 工程"，"九五""十五"总体规划中三个公共服务体系之一。CALIS 管理中心设在北京大学，下设了文理、工程、农学、医学四个全国文献信息服务中心，华东北、华东南、华中、华南、西北、西南、东北七个地区文献信息服务中心和一个东北地区国防文献信息服务中心，500 多家成员馆。

CALIS 联合书目数据库（网址：http://opac.calis.edu.cn/）是全国"211工程"100 所高校图书馆馆藏联合目录数据库，是 CALIS 在"九五"期间重点建设的数据库之一。它的主要任务是建立多语种书刊联合目录数据库和联机合作编目、资源共享系统，为全国高校的教学科研提供书刊文献资源网络公共查询，支持高校图书馆系统的联机合作编目，为成员馆之间实现馆藏资源共享、馆际互借和文献传递奠定基础。联合目录建设始于 1997 年，至 2011 年 6 月，联合目录数据库已经积累了 489 万余条书目记录，馆藏信息达 3500 多万条。目录数据库涵盖印刷型图书和连续出版物、电子期刊和古籍等多种文献类型；覆盖中文、西文和日文等语种；书目内容囊括了教育部颁发的关于高校学科建设的全部 71 个二级学科、226 个三级学科（占全部 249 个三级学科的 90.8%）。CALIS 联合目录公共检索系统（CALIS OPAC）采用 Web 方式提供查询和浏览服务，利用该统一检索平台可以检索不同高校图书馆的藏馆书目信息。

3.4.2　检索实例

1. 简单检索

检索步骤如下：

（1）分析课题、找出课题给出的检索条件；

（2）选择检索字段；

（3）输入检索词；

（4）执行检索，得到检索结果；

（5）选中篇名，即可查看其数目信息和馆藏信息；

（6）如果检索结果过多，可进行二次检索。

例如，要查询会计学原理方面的书籍，在简单检索的状态下，选择"题名"方式，输入检索词"会计学原理"，单击"馆藏信息"图标后，将会显示 CALIS 院校馆藏信息。对有权限的用户可直接单击请求馆际互借按键发送到本馆的馆际互借网关，进行馆际间的图书借阅。

2. 高级检索

检索特点如下：

（1）系统提供了题名、作者、主题、ISBN 等十多种检索方式；

（2）可进行三个检索条件的复合检索，各检索条件之间的组配关系包括"与""或""非"；

（3）高级检索可对资料类型、语言和出版时间等加以限定。

检索步骤如下：

（1）分析课题、找出课题给出的检索条件以及各检索条件之间的逻辑关系；

（2）选择检索字段；

（3）输入对应的检索词；

（4）根据课题要求进行资料类型、出版形式以及时间的限制；

（5）执行检索，得到检索结果；

（6）选中篇名，即可查看其数目信息和馆藏信息；

（7）如果检索结果过多，可进行二次检索。

3.5　国家科技图书文献中心

3.5.1　简介

国家科技图书文献中心（National Science and Technology Library，NSTL）是经国务院领导批准，于 2000 年 6 月 12 日成立的一个基于网络环境的科技信息资源服务机构。该中心由中国科学院文献情报中心、中国科学技术信息研究所、机械工业信息研究院、冶金工业信息标准研究院、中国化工信息中心、中国农业科学院农业信息研究所、中国医学科学院医学信息研究所、中国标准化研究院标准馆和中国计量科学研究院文献馆组成。平台集中外文科技期刊、会议文献、学位论文、科技报告、专利、标准和计量检定规程等文献信息于一体，提供文献检索、全文提供、代查代借、全文文献、参考咨询、热点文献、预印本服务、外文回溯期刊全文数据库、国际科学引文数据库等多种文献信息服务。

目录查询为免费服务，但全文提供的是收费服务项目，要求用户注册并付费，通过文献传递的方式获取。提交全文提供订单后一般在 1～2 个工作日内获取全文，一般文献复制费为 0.3 元/页，所需费用与文献类型、传递方式、代查代借实际情况有关，具体收费标准见网站帮助栏的"收费标准"。此项服务是面向全国的文献传递服务。NSTL 对西部地区用户实行订购文献的半价优惠，西部地区个人用户需要提交优惠申请。平台上也有部分免费全文，包括全国开通文献、部分单位开通文献、开放获取期刊、试用期刊、NSTL 研究报告。全国开通文献是 NSTL 订购、面向中国大陆学术界用户开放的国外网络版期刊，需要机构申请免费开通才能使用。开放获取期刊是 NSTL 组织开发的互联网免费全文文献，数据量大、内容丰富，可通过集成检索系统检索和打开，供全国各界用户使用。

3.5.2　检索

1. 用"全文提供服务"功能获取全文

这个功能适用于能通过数据库找到用户所需的文献记录，具体方法与步骤如下：

（1）注册，填表—等待审核—交费成为付费用户（新用户可申请用户试用卡，里边有 20 元的费用）；

　　（2）登录；

　　（3）检索到文献；

　　（4）添加到购物车；

　　（5）提交订购订单（预扣费）；

　　（6）在"自助中心"的"订单查询"查看订购状态是否为"已提交"；

　　（7）打开填写的邮箱获取全文。

2. 用"代查代借"功能获取全文

　　这个功能适用于用户不想检索或检索不到所需文献记录。如果在 NSTL 内，费用是在"全文提供服务"的基础上加收 2 元代查费；如果在 NSTL 外，费用是在实际发生费用基础上加收 2 元代查费。具体方法与步骤如下：

　　（1）注册，填表—等待审核—交费成为付费用户（新用户可申请用户试用卡，里边有 20 元的费用）；

　　（2）登录；

　　（3）单击导航栏的"代查代借"；

　　（4）填写"全文申请单"，并提交订购订单（预扣费）；

　　（5）在"自助中心"的"订单查询"查看订购状态是否为"已提交"；

　　（6）打开填写的邮箱获取全文。

　　提交"代查代借请求订单表"后，NSTL 的工作人员将根据申请表提供的文献线索及用户所限定的地域、时间与费用，依次在 NSTL 成员单位、国内其他文献信息机构和国外文献信息机构查找用户所需文献，找到后发到邮箱；如果未找到所需文献，则退还预扣费用。

3.6　中国国家数字图书馆

　　中国国家图书馆是国家总书库、国家书目中心、国家古籍保护中心、国家典籍博物馆，是目前世界第三大馆，履行国内外图书文献收藏和保护的职责，指导协调全国文献保护工作；为中央和国家领导机关、社会各界及公众提供文献信息和参考咨询服务；开展图书馆学理论与图书馆事业发展研究，指导全国图书馆业务工作；对外履行有关文化交流职能，参加国际图书馆协会联合会及相关国际组织，开展与国内外图书馆的交流与合作。

　　2001 年 11 月，经国务院批准，中国国家数字图书馆工程立项，由中国国家图书馆组织建设。目前，中国国家数字图书馆工程（http：//www.nlc.gov.cn/）主要建设任务已完成，中国国家数字图书馆因其数字资源丰富、服务渠道广泛、服务手段不断创新而受到业界及广大公众好评，在世界数字图书馆发展中的影响力不断提升。

本着"边建设、边服务"的原则，中国国家数字图书馆的阶段性建设成果已逐步面向社会提供服务：为到馆读者提供优质的网络阅读环境和智能化图书馆服务，推出以计算机、数字电视、手机、手持阅读器、平板电脑、电子触摸屏等为终端的新媒体服务，覆盖互联网、移动通信网、广播电视网等多种载体；为读者提供海量数字资源和互动的个性化数字图书馆服务，真正实现将文献信息服务送到读者身边。未来，图书馆将成为百姓身边随时可访问、可依赖的信息与知识中心，轻松愉快的文化交流空间。

中国国家数字图书馆可以从"文津搜索""馆藏目录""特色资源""地方馆资源""站内搜索"五个方面提供图书、期刊、报纸、论文、古籍、音乐、影视、缩微等多类型文献的检索。其高级检索能指定文献类型、逻辑关系、限定字段、出版年份、是否能提供全文进行各种缩小范围的检索。

3.7　移动图书馆

随着信息技术的不断进步，移动互联网取得了突飞猛进的发展，尤其是随着3G、WiFi 网络的普及，iPhone、Kindle、各类 Pad 以及 Android 旗下各类智能手机等移动终端设备的应用越来越广泛，人们逐渐能够不受时间和空间限制地享受各种方便快捷的信息服务。当前，4G 时代已经到来，移动互联网的升级速度日趋加快，在这一大趋势的推动下图书馆开展的移动服务业务也正在逐步深入。

3.7.1　移动图书馆概述

移动图书馆源自英文"mobile library"，原指大家熟知的"汽车图书馆"，是指"为不能到达公共图书馆看书的民众设计的一种图书馆流动车，旨在为广大民众提供一种便捷的图书馆服务"，这种以流动书车的形式为读者提供服务的图书馆，可称为传统的移动图书馆。随着信息技术的发展和移动设备的普及，移动图书馆逐渐从实体的流动图书馆发展成为利用现代移动设备获取信息的新型服务方式，这种通过现代移动设备为读者提供服务的图书馆，可称为现代的移动图书馆。

国外图书馆最早采用移动方案始于医学图书馆，医学人员是移动图书馆的第一批用户。1993 年，美国亚利桑那州健康医学图书馆（Arizona Health Sciences Library）是最早使用 PDA（personal digital assistant）设备为医学和护理专业学生提供培训的图书馆之一。1993 年 11 月，美国南阿拉巴马大学图书馆（University of South Alabama Library）推出了"无屋顶图书馆计划（The

Library without a Roof Project）"，第一次系统地使用蜂窝通信网络将 PDA 接入联机公共检索目录（OPAC）、商业在线数据库（commercial online databases）和互联网。然而，由于受到当时移动终端功能与普及率的限制以及通信传输技术不成熟等因素的影响，该项目几年后就被终结。但是这次利用 PDA 来检索图书馆资源的实例，开启了图书馆为用户提供移动服务的先河。随后，世界各地的图书馆纷纷推出移动图书馆服务。

日本是世界上第一个开展 WCDMA 通信服务的国家，2000 年 9 月，富山大学图书馆开发了首个基于"I-mode"服务的手机书目查询系统"I-Book Service"。2001 年 11 月，芬兰的赫尔辛基理工大学图书馆通过使用 Portalify 公司开发的图书馆系统 Liblet，以短信的方式为读者提供图书到期提醒、续借、预约通知、馆藏查询和参考咨询等服务。2001 年 7 月，韩国西江大学与 WISEngine 公司共同推出了利用手机查阅馆藏资源的移动图书馆服务，不仅可以随时随地查询书目，而且可以查看检索的图书是否借出，并及时预定图书；还可以查询自己借阅的图书目录、借出图书的期满日、归还预定日以及图书是否逾期等信息。

我国移动图书馆应用可以追溯到 2003 年 12 月，北京理工大学图书馆在国内最早开通手机短信服务平台（主要功能是流通借阅通知的实时提醒），拉开了国内移动图书馆应用发展的帷幕。到目前，全国已有百余家图书馆开通了移动服务业务，其中，高校图书馆占绝大多数，尤其是 985、211 高校普及率超过 90%，而公共图书馆多局限于各省级图书馆。从地域上来看，北京、上海、广东、江苏等经济发达、教育资源占优势的地区，移动图书馆业务开展较多，而中西部地区相对较少。

目前，我国移动图书馆建设的参与主体主要是数据库服务商，如超星；系统集成商，如北京书生；图书馆，如清华大学图书馆。服务主要以 SMS 短信、WAP 网站、APP 客户端三种方式为主。2007 年以前主要以短信服务为主，2007 年以后以 WAP 网站服务与短信服务互为补充。近两年，随着智能手机广泛普及，移动客户端服务逐渐成为主流。服务内容主要包括馆藏查询、期刊导航、图书导航、读者账户、意见反馈、热门推荐等，还包括一些活动通知、热门搜索、开馆时间、相关新闻、讲座信息、参考咨询、新书通报、服务指南、分馆导引和到馆路线查询等，部分还提供了天气预报、微博链接、手机测速、二维码访问、热门评价和知识搜索等新型内容。但与国外移动图书馆服务相比较，我国的移动图书馆多为 OPAC（联机公共目录查询系统）业务的简单移动化，在服务内容的多样性、新颖性、深度化方面尚存在不小的差距，尤其是在全文资源免费获取业务上，受知识产权、数据库商访问许可以及网络并发用户数量等多种因素的限制，并未真正发展起来。

3.7.2　超星移动图书馆

超星移动图书馆是专门为各图书馆制作的专业移动阅读平台，拥有超过百万册电子图书，海量报纸文章以及中外文献元数据，用户可通过手机、Pad 等移动设备以 WAP 或下载客户端方式，自助完成个人借阅查询、馆藏查阅、图书馆最新资讯浏览。

1. WAP 网站

（1）输入网址进入超星移动图书馆，单击"我的订阅"，然后单击"登录"。

（2）馆藏查询：选择"馆藏查询"，输入关键词单击"查询"，即可查询相关馆藏及在馆情况。

（3）图书预约：如果图书已外借，读者可以单击"读者预约"，进行预约，当这本书被归还时，系统会自动发送短信提醒读者。

（4）图书续借：单击个人中心，选择"借阅信息"，可以查看个人借阅情况，如果图书快过期，可单击续借功能，完成续借。

（5）电子资源在线阅读：单击"学术资源"，并选择图书、期刊或其他电子资源频道，就可以进行阅读。

如果图书馆购买了该书电子版，单击"原版阅读"，可以进行在线阅读。

如果没有购买，可以单击"文献传递"，填写表单，将所需要的文献传递到自己的邮箱，再打开邮箱阅读。

同样，可以选择期刊、报纸、学位论文、会议论文、视频等频道查找相关资源。

（6）我的订阅：在首页单击"我的订阅"，并选择添加订阅，就可以按照自己的喜好订阅相关资源。

若单击书籍频道，可以按照分类选择自己喜欢的图书，单击即可弹出该书的章节目录，阅读后如果喜欢，即可单击订阅。

订阅成功后，再单击"我的订阅"即可打开阅读。

单击"太阳"或"月亮"标志，可以切换白天/夜间模式。单击"A＋""A－"，可以调整字体大小，还可以给图书添加书签。

超星移动图书馆还提供了 100 多种全国各地知名报纸及 2 万多种精品视频和有声读物可供订阅。报纸内容每天实时更新，视频、音频资源定期更新。

2. 客户端登录

（1）运行客户端软件，单击"登录"后，选择单位名称。输入读者借阅证号（学号）和密码登录，即可使用客户端。

（2）馆藏查询、预约及续借功能与 WAP 方式相同，不再赘述。电子资源阅读方面，单击"学术资源"，可选择图书、期刊、报纸视频频道，输入检索词查询资源。

以图书为例，如果图书馆购买了该书的电子版，就可以在线阅读或下载到书架进行阅读。

如果没有购买电子版本，可以单击"文献传递"填写表单将图书传递到自己的邮箱，然后打开邮箱阅读。同时还可以查看该书的全国馆藏。

（3）条码扫描功能：如果读者在图书馆外发现了自己喜欢的图书，可以通过条码扫描，查看图书馆是否已经购买该图书。

3.7.3　掌上国图

中国国家图书馆自 2008 年开通移动服务功能以来，目前提供了 SMS 短信、WAP 网站和 APP 应用三种移动服务方式。

1. SMS 短信服务

凡持有"国家图书馆读者证卡"的用户，均可编辑短信"KH♯读者卡号♯密码"至"106988106988"，开通短信服务。或者，登录 http：//mobile. nlc. gov. cn，选择"短彩信"服务，填写读者证及密码登录，输入手机号码及系统提示码，输入短信验证码，开通短信服务。

短信服务内容主要包括读者卡挂失、读者卡过期提醒、预约到达通知、图书催还、图书续借和读者意见与建议几项。

2. WAP 网站

中国国家图书馆 WAP 网站设计了三个版本，系统将自动检测手机并适配最优界面。提供的主要服务包括读者服务、在线服务、读者指南、文津图书奖、新闻公告、资源检索等。文献资源主要包括图书、期刊、论文、音视频、图片五大类。

（1）图书：含古籍、英文著作、百科、小说、寓言等多种类型的自建公版图书 6700 余册。

（2）期刊：与龙源期刊、博看期刊、手机知网合作的 8000 多种期刊，140 多万篇会议论文，1000 多万篇报纸，4800 多种工具书。

（3）论文：近 19 万篇博士论文、近 150 万篇硕士论文。

（4）音视频：含 674 场讲座资源、500 余部电视短片，总时长超过 1200 小时。

（5）图片：3 万多张，近 100 个专题，种类丰富。

OPAC 检索分为简单检索和高级检索，可对中国国家图书馆馆藏目录进行查询。

3. APP 客户端

国家图书馆在苹果和安卓应用程序商店推出了一系列应用程序，用以提供专业化、个性化的移动阅读服务，主要包括国图读者服务、国图选粹、中华图文史——年华撷英、艰难与辉煌、四大谴责小说、三言二拍。

国图读者服务 APP 是一个综合性应用程序，它提供的服务项目主要包括书目检索、微阅书刊、掌上展厅、经典视听、应用荟萃、新闻公告、讲座预告、一拍图讯、移动咨询等。单击后可以逐一对应查询。

第4章 国外综合信息检索平台

本章介绍国内高校多数专业共用的四个国外信息检索平台：EBSCOhost、Ei Village、ISI Web of Knowledge、ScienceDirect。它们的检索方法参照例1.5。

4.1 EBSCOhost

4.1.1 概述

EBSCOhost 数据库是由美国 EBSCO 公司开发的目前世界上比较成熟的全文检索数据库之一，共60多个专项数据库，其中全文库10多个。主要的专项数据库包括如下。

（1）Academic Search Premier（ASP）。学术期刊集成全文数据库，收录了1975年以来，涉及数学、物理、化学、生物科学、工程、社会科学、教育、文学、艺术、语言学、妇女研究及医药学等50多个学科的3900种以上的全文期刊，其中，包括近3050种 peer review 全文刊，是全球最大的综合性学科全文数据库之一。

（2）Business Source Premier（BSP）。商业资源集成全文数据库，收录了1922年以来的3000种以上全文期刊，内容覆盖经济、商业、贸易、金融、企业管理、市场及财会等相关专业领域。在所收录的全文期刊中除包括 *Business Week*、*Forbes*、*Fortune*、*American Bank* 等常用期刊，还包括 *Harvard Business Review*、*Journal of Management*、*Academy of Management Review* 等近1000种 peer review 全文刊。

（3）ERIC。ERIC 是美国教育部的教育资源信息中心数据库，收录980多种教育及与教育相关的期刊文献的题录和文摘。

（4）Newspaper Source。Newspaper Source 收录了来自180多种美国地方报纸、国际性报纸、新闻专线、报纸专栏等处的全文以及美国全国性报纸的索引和摘要。该数据库由 EBSCOhost 每日更新。

（5）MEDLINE。由美国国家医学图书馆创建，提供权威医学信息。MDLINE 提供超过4600种生物医学期刊的文摘。

（6）Regional Business News。提供广泛的地方商业出版物全文报道，

Regional Business News 收编了美国各大城市和乡村的 75 种商业期刊、报纸和新闻专线的报道，以日更新。

（7）GreenFILE。GreenFILE 覆盖了人类以及人类活动对环境影响的各个方面，涉及学术研究、政府政策法规、企业生产经营活动、个体活动、国际社会等各个层面，以及可能给环境造成的影响和破坏，以及与之相关的各方面的学术研究活动。可提供超过 468000 条文摘，以及 5500 条全文记录（来自 OA 期刊）。

（8）Library，Information Science & Technology Abstract（LISTA）。收录了 600 多种期刊及书籍、研究报告和学报的索引。主题包括图书馆学、分类学、编写目录、书籍装订术、在线信息检索及信息管理等内容。数据库中的文章可追溯至 20 世纪 60 年代中期。

4.1.2　检索方法

进入数据库后，系统默认关键词检索方式。此外，在检索页面上方，系统提供可选择的检索方式包括科目检索、出版物检索等。

1. 关键词检索

关键词检索是最常用的检索方式，可通过两种检索界面来进行：基本检索和高级检索。

基本检索提供独立的检索文本输入框，在文本框中输入关键词即可进行检索。关键词可以是单词也可以是词组，关键词或词组之间可根据需要加入布尔逻辑关系算符。例如，对关键词"Information Retrieval"进行检索，在文本框里直接输入 Information Retrieval，然后单击"搜索"按钮。使用基本检索进行检索时，可以加入布尔逻辑关系算符，例如，输入" Information Search" or "Information Retrieval"（引号须在英文输入法下输入）进行检索，则完成对 Information Search 和 Information Retrieval 两个关键词的逻辑或检索。

高级检索提供三个检索文本输入框，每个文本输入框后面对应一个字段下拉列表框。在检索框中输入关键词，根据需要选择检索字段，字段主要分为：All Text（TX），Author（AU），Title（TI），Subject Terms（SU），Source（SO），Abstract（AB），ISSN（IS）。同时，框与框之间可以选择逻辑算符进行逻辑组配。例如，在第一个文本框里输入 Information Search，字段项选择 All Text（TX），在第二个文本框里输入 Information Retrieval，文本框前面的逻辑关系算符选项里选择 OR，后面字段选项选择 All Text（TX），然后单击"搜索"按钮，即可完成对 Information Search 和 Information Retrieval 两个关键词的逻辑或关系的全文检索。

检索框下方有检索选项，可以选择对检索模式、出版时间、出版物类型等进行限制。使用得当可使检索结果更准确。

2. 科目检索

利用规范化主题词检索，检索效率高，相关性大。主题词不是任意自定，而是要用系统规定的主题词。因此首先要查找系统的相关主题词。在科目检索的下方提供了一个主题词浏览选择的界面，可以输入关键单词，系统自动返回出相关的主题词表，然后选中主题词，单击"添加"按钮，主题词会出现在上方的检索文本框内，单击"搜索"按钮即可完成检索。

3. 出版物检索

利用系统提供的出版物（期刊）名称进行检索，可以选择一种或多种出版物检索。检索时首先对出版物名称进行检索，然后选定某个特定出版物，检索出在该出版物上发表的论文。通过这种检索还可以了解该数据库收录的期刊名称、刊号、出版周期、出版者、刊物报道范围等。出版物检索的下方提供了出版物浏览和选择界面，直接单击某一出版物的超链接，就会打开这一出版物的详细页面，并可以按照年度来浏览该出版物所出版的内容。如果要同时检索两种以上出版物，可以选择所有要检索出版物前面的复选框，然后单击"添加"按钮，检索式会自动出现在上方的检索文本框内，单击"搜索"按钮即可完成检索。

EBSCOhost 数据库的内容覆盖范围比较广，并不是每条数据都有全文下载，有些条目只是题录信息。含有全文的条目下会有"pdf 全文"或"html 全文"的链接，单击即可获取全文。

4.2　Ei Village

4.2.1　概述

美国工程信息公司（Engineering lnformation lnc.，Ei）是世界上最著名的工程文献信息服务机构。该公司出版的《工程索引》（*Engineering Index*）始创于 1884 年，早期以印刷本形式问世，1995 年以来 Ei 公司开发了称为"Village"的一系列产品，它将世界范围内的工程信息资源组织、筛选、集成在一起，向用户提供一步到位的便捷服务。

Ei Village 2（EV2）是由美国工程信息公司在 Ei Village 的基础上研发的一个全新的工程信息产品，并于 2000 年推向市场。就其信息覆盖面来说，除核心数据库 Ei Compendex Web（工程索引数据库）外，还包括 Inspec（物理、电工电子、计算机与控制数据库）、NTIS 报告数据库、专利数据库 Ei Patents 等。此外，EV2 不仅是上述数据库的有效检索平台，而且还是工程研究领域重要网络信息资源的访问入口，例如，CRC ENGnetBASE、GlobalSpec IHS Standards、USPTO、Esp@cenet、Scirus、LexisNexis News。

（1）Compendex 数据库。该数据库是目前全球最全面的工程检索二次文献数据库，内容涵盖工程和应用科学领域各个学科，涉及核技术、生物工程、交通运输、化学和工艺工程、照明和光学技术、农业工程和食品技术、计算机和数据处理、应用物理、电子和通信、控制工程、土木工程、机械工程、材料工程、石油、宇航、汽车工程以及其他主要的工程领域。可以检索 1970 年至今的文献。

（2）INSPEC 数据库。源自于英国《科学文摘》（*Science Abstract*），收录世界范围内出版的 4000 多种期刊，1000 多种会议录以及科技报告、图书等文献的文摘信息。通过它可访问世界上关于物理、电子电机工程、计算机与控制工程、信息技术等方面的文献。

（3）USPTO 数据库。该数据库是美国专利及商标局（The United and trademark Office）的全文专利数据库，可查找 1790 年以来的 600 多万条专利全文数据库。可在 Compendex、INSPEC、esp@cenet 或 Scirus 数据库中检索到专利的流程、工艺和产品有关信息，还可在 USPTO 数据库查找详细信息。

（4）Esp@cenet。由欧洲专利局（EPO）编制，可以查找欧洲各国家专利局及欧洲专利局、世界知识产权组织和日本的专利。

（5）Scirus。2001 年 4 月由 Elsevier Science 推出的迄今为止 Internet 上最全面的科技搜索引擎。涵盖了超过 1.05 亿个与科技相关的网站，包括 9000 万个网页以及 1700 万个来自其他信息源的记录，这些信息源包括 Science Direct、IDEAL、MEDLINE on BioMedNet、Beilstein on ChemWeb、US Patent Office、E-Print ArXiv、Chemistry Preprint Server、Mathematics Preprint Server、CogPrints 和 NASA 等。Scirus 可检索免费资源和期刊资源。

目前，Compendex 数据库的访问是通过 EV2 平台。该平台上还包括 EI thesaurus，为用户提供了规范化的主题词检索途径。本节以 Compendex 为例，介绍其检索方法。

4.2.2 检索方法

Compendex 数据库提供简单检索、快速检索、专家检索、叙词检索和索引浏览检索。即单击 EV2 进入数据库检索界面，默认的是快速检索方式。而专家检索（expert search）提供更强大而灵活的功能。

（1）简单检索（easy search）。对平台上所有订购数据库的所有字段进行检索，因其检索功能弱而很少被选用。

（2）快速检索（quick search）。选择 1～3 个检索字段对选定数据库进行检索。每一检索行的检索字段用右侧的下拉菜单选择。检索框内的检索词可以是单词、词组或用逻辑算符连接的多个词（组），也可以使用其他检索算符。各检索行之间的逻辑关系用左侧的下拉菜单指定。EV2 中的快速检索具有限定文献出版类型、限定文献研究类型、限定原文语种以及选择数据时间跨度的功能，并具备由检索者选择检索结果排序方式的功能——按相关度或出版年排序。

（3）专家检索（expert search）。需要用规范检索算符组配检索词，Expert Search 较 Quick Search 有更强的检索功能，用户可使用布尔（Boolean）逻辑算符构造相对较复杂的检索式。采用"within"命令（wn）和字段码，可以在特定的字段内检索。如果无字段检索，则在所有字段中检索。

（4）叙词检索（thesaurus）。叙词是经过规范化处理的主题词，可达到词和概念的一一对应，提高查全率和查准率。采用叙词检索方式时，可利用叙词表来确定检索词。

使用叙词检索时，要明确检索数据库，因为不同数据库使用不同的主题词表。例如，Compendex 用主题词表 Ei Thesaurus，Inspec 用主题词表 InspecThesaurus。而且有些数据库不对记录进行控制词标引，因而也没有自己的主题词表，如数据库 NTIS。

（5）索引浏览检索（browse indexes）。快速和专家检索界面右上方提供了索引浏览检索。快速检索在作者、作者单位、受控词、刊名、出版商五个字段提供了索引浏览检索。专家检索除上述字段，还在语种、文献类型、处理类型三个字段提供了索引浏览检索。

4.3　ISI Web of Knowledge

4.3.1　概述

Web of Knowledge（WOK）是基于互联网建立的动态学术信息资源整合平台，提供自然科学、工程技术、社会科学、艺术与人文等多个领域中高质量的学术信息，采用"一站式"服务，兼具信息检索、文献管理、科研分析与评价等多项功能，隶属于世界一流的企业及专业情报信息提供商——Thomson Reuters 公司。

WOK 资源丰富，既有美国科技信息研究所（Institute of Scientific Information，ISI）生产的数据库，也有来自其他数据库商的产品，还收录 Agricola、Pubmed 等网上免费资源，涉及绝大多数学科领域，收录的文献类型有期刊论文、图书、会议论文、学位论文、技术报告、专利、标准、化学结构等。在内容上，ISI Web of Knowledge 以 Web of Science（ISI 著名的三大引文索引 Science Citation Index Expanded、Social Science Citation Index、Arts & Humanities Citation Index）为核心，凭借独特的引文检索机制和强大的交叉检索功能，有效地整合了学术期刊

（ISI Web of Science）、技术专利（Derwent Innovations Index）、会议录（ISI Proceedings）、化学反应（ISI Chemistry）、研究基金（ISI eSearch）、Internet 资源、学术分析与评价工具（ISI Essential Science Indicators）、学术社区（ISIHighlyCited.com）及其他重要的学术信息资源，大大扩展和加深了单个信息资源所能提供的学术研究信息；在功能上，ISI Web of Knowledge 为不同来源的学术信息资源的整合提供了一个统一、开放、强大的平台，实现了不同时间、不同类型、不同来源信息资源之间的整合与沟通，最大限度地保持了知识体系的完整性，提供了科学研究的全方位信息，从而构成了一个以知识为基础的既集中又开放的信息体系。

4.3.2　跨库检索

跨库检索功能通过一个检索入口同时检索基于 WOK 平台的所有数据库，可提供免费的高质量学术资源检索，可对检索结果进行标记和下载，对检索的某专题文献进行定制服务。

4.3.3　Web of Science

Web of Science 由 ISI 著名的三大引文索引组成：Science Citation Index Expanded、Social Sciences Citation Index、Arts & Humanities Citation Index。收录了全球自然科学、工程技术、生物医学、社会科学、艺术与人文等诸多领域 230 多个学科与专业近 8500 种高质量的学术期刊。其中，Science Citation Index Expanded 是全球覆盖学科最广泛的科学技术信息数据库，收录全球自然科学、工程技术等领域 6000 多种核心期刊的内容。其独特的引文索引有效地揭示了科学研究之间的内在联系，协助研究人员深入了解科学研究课题的过去、现在与将来，同时也揭示了各种不同学科、不同研究领域的交叉与互动，从而为科学研究的立项、规划、发展与深入提供了最有价值的信息资源。目前，全球越来越多的大学、机构、公司和政府都已经将 ISI Web of Science 作为一项非常重要的战略性信息资源投资。

1. 检索方式

Web of Science 提供 Easy Search（简单检索）和 Full Search（高级检索）两种检索界面。Easy Search：通过主题、人物、单位或者城市名和国别检索。Full Search：提供较全面的检索功能，能通过主题、刊名、著者、著者单位、机构名称检索，也能通过引文著者（cited author）和引文文献（cited reference）名检索，同时可以对文献类型、语种和时间范围等进行限定。建议使用 Full Search 方式。

2. 检索方法

（1）简单检索。选中数据库后，在检索框里输入检索式直接进行检索。

（2）被引参考文献检索。包括被引作者、被引著作和被引年份检索。

（3）高级检索（advanced search）。可以使用两个字母的字段标识、布尔逻辑算符、括号等来创建检索式。

（4）化学结构检索（structure search）。选择 Index Chemicals 及（或）Current Chemical Reactions 数据库，在计算机上安装结构画图插件程序，在结构画图窗口中，画一个化合物或反应，单击结构画图窗口中的上一步（Back）按钮，将结构图转移到检索框上，也可用化合物和反应数据检索而不必画结构图。

4.4　ScienceDirect

Elsevier 是荷兰一家全球著名的学术期刊出版商，每年出版大量的学术图书和期刊，大部分期刊被 SCI、SSCI、EI 收录。数据库涵盖数学、物理、化学、天文学、医学、生命科学、商业及经济管理、计算机科学、工程技术、能源科学、环境科学、材料科学、社会科学等学科。近几年该公司将其出版的 2500 多种期刊和 11000 种图书全部数字化，即 ScienceDirect 全文数据库。

Elsevier Science 的 2371 种全文电子期刊的学科分类如表 4.1 所示。

表 4.1　ScienceDirect 学科分类表

学科	数量
Agricultural and Biological Sciences（农业和生物科学）	133 种
Chemistry and Chemical Engineering（化学和化学工程学）	220 种
Clinical Medicine（临床医学）	291 种
Computer Science（计算机科学）	124 种
Earth and Planetary Science（地球和行星学）	118 种
Engineering，Energy and Technology（工程、能量和技术）	280 种
Environmental Science and Technology（环境科学与技术）	127 种
Life Science（生命科学）	437 种
Materials Science（材料科学）	135 种
Mathematics（数学）	50 种
Physics and Astronomy（物理学和天文学）	165 种
Social Sciences（社会科学）	291 种

第5章　专类信息检索平台

目前国内外部分数据商仍按文献编辑出版形式来加工销售数据产品，多数文献信息中心也仍以这种形式来收藏整理文献信息。因此，本章各节主要介绍某类出版文献的信息检索方法。

5.1　图书信息检索

图书信息检索是根据用户的需求运用检索工具和一定的技术手段对有序化的图书信息集合进行查询并获取符合检索要求的有关信息，其本质是图书信息的匹配。

检索结果：通常显示为书目信息即书名、责任者、出版信息不含图书收藏信息部分、价格等，馆藏图书还有索书号、馆藏地点、是否在馆、预约等信息。

目前图书信息的检索功能和效果远远不及期刊和专利数据库。

目前国内外图书检索的主要检索平台包括中国国家数字图书馆、超星数字图书馆、中国基本古籍库、金图国际外文数字图书馆、WorldCat Local 发现平台。

5.1.1　中国国家数字图书馆

中国国家数字图书馆有限责任公司成立于 2000 年 4 月，基于国际上流行的数字图书馆概念构建。系统超越了传统图书搬上网络为读者提供阅读服务的一般作法，而是对图书资源、音频、视频等多种资源加以整合，以"知识包"的形式提供给读者，从而真正实现"准确定位内容"的信息服务模式，便于信息检索和内容管理。

（1）特色资源库群浏览。综合性数字图书馆集成多个特色多媒体资源库，用户可在局域网内，按专题在线检索、浏览内容丰富的多媒体资源。

（2）数字图书馆网上读书。综合性数字图书馆集成中国国家数字图书馆网上读书系统，可提供数字图书馆网上读书服务，用户可以在局域网内，在线检索、浏览丰富的数字图书资源。

（3）音频/视频点播。综合性数字图书馆集成丰富多彩的音乐、影视等在线浏览服务，用户只需按提示下载相应的播放器和插件，便可欣赏高品质的影视、音乐作品，享受多媒体带来的丰富体验和高品位的休闲娱乐。

（4）异构资源联合检索。综合性数字图书馆结合了特色资源库群、数字图书、丰富音乐，影视资源，通过后台数据库的统一整合，实现了异构资源的统一检索、跨库无缝链接。

5.1.2　超星数字图书馆

超星数字图书馆作为国家 863 计划中国国家数字图书馆示范工程，提供大量的电子图书资源，其中包括文学、经济、计算机等 50 多个大类，数百万册电子图书，500 万篇论文，全文总量超过 13 亿页，数据总量 1000000GB，大量免费电子图书，超过 8 万个的学术视频，拥有超过 35 万授权作者、5300 位名师、1000 万注册用户，并且每天仍在不断地增加与更新，为目前世界最大的中文在线数字图书馆。

5.1.3　中国基本古籍库

《中国基本古籍库》是对中国文化的基本文献进行数字化处理的宏伟工程，被列为国家重点电子出版物，由北京爱如生数字化技术研究中心开发制作，黄山书社出版发行。

1997 年 11 月由北京大学教授刘俊文提出创意和规划，先后列为北京大学重点科研项目、全国高等院校古籍整理研究工作委员会直接资助项目和国家重点电子出版物 "十五" 规划项目。《中国基本古籍库》共收录从先秦至民国（公元前 11 世纪～公元 20 世纪初）历代典籍 10000 种、计 17 万卷。每种典籍均提供一个通行版本的全文和 1～2 个重要版本的图像，计全文 18 亿字、版本 12700 个、图像 1000 万页，数据量约 400GB。其收录范围涵盖全部中国历史与文化，其内容总量相当于三部《四库全书》。其不但是目前世界上最大的中文数字出版物，而且是中国有史以来最大的历代典籍总汇。

5.1.4　金图国际外文数字图书馆

金图国际外文数字图书馆（KIFDL）是由北京金图国际开创，联合美国出版在线、麦克索斯两家国外的数据商引进近 7 万种原版的外文电子图书，其中，90％以上为 2002 年以后出版的新书，目前拥有 7000 种英文图书、249 种日文图书，每年将增加 5000 种英文图书、300 种日文图书。内容涉及科学、技术、音乐、医学、生命科学、军事、计算机科学、经济、工商、文学、历史、艺术、社会与行为科学、哲学、心理学、农业、教育学等。金图外文原版数字图书馆数据库可按书名、作者、出版社、关键字、内容简介进行检索。

5.1.5　WorldCat Local 发现平台

WorldCat Local 发现平台，是图书馆下一代 OPAC（online public access catalogue，在图书信息检索领域称为联机公共目录查询系统）的具体体现，同时它也是云计算在图书馆领域的一项具体应用。读者通过一个检索框就能搜索到本馆和其他图书馆的所有资源，包括纸质资源和数字资源。WorldCat Local 不仅能整合本地图书馆的纸质和数字资源，更重要的是基于强大的 WorldCat 的基础上，它还提供了全世界近 2 万个图书馆的纸质资源和部分数字资源信息。目前该平台在美国、加拿大、英国等西方国家已经有大量用户。

5.2　期刊信息检索

5.2.1　概述

查询期刊信息，根据检索工具对期刊信息揭示深度的不同，获取期刊信息的检索途径分为三类。

1. 利用期刊全文数据库

期刊全文数据库作为数字化期刊存储和信息检索的重要平台，国内主要有中国知网《中国期刊全文数据库》（CJFD）、万方数据的数字化期刊、重庆维普中文科技期刊数据库、人大复印报刊资料数据库等。国外期刊全文数据库以三种方式出版，即主流商业期刊出版社、发行中间商和科学学会或学术机构建成学术期刊数据库或电子学术资源平台，在线提供学术期刊检索、浏览和全文下载服务。这些学术期刊全文数据库包括著名的荷兰 Elsevier 出版社的 ScienceDirect、德国 Springer-Verlag 的 SpringerLink、美国 Wiley 出版公司的 Wiley InterScience、美国 EBSCO 公司的 EBSCO host、美国化学学会（ACS）的 ACS Journals、IEEE/IEE 的 IEEE/IEE Electronic Library（IEL）、美国数学学会的 Journals Published by the AMS、美国物理联合会的 Scitation 平台等，它们都通过电子平台在线提供学术期刊的电子全文服务。

2. 利用期刊目录题录型数据库

通过检索期刊目录、索引、文摘数据库查检期刊题录线索和链接，包括手工检索的书目、索引与文摘工具、各种图书信息机构的馆藏期刊目录数据库，地区性或国际性的联机期刊目录数据库等。例如，CALIS 系统的中文现刊目次数据库、中国科学文献现期目次系统（CCC）、Unicat 全国期刊联合目录、联合西文期刊篇名数据库、OCLC 联合目录等。

索引数据库包括综合性和专科性两类。国内如《全国报刊索引数据库》《中国科学引文数据库》(Chinese Science Citation Database,CSCD)、《中文社会科学引文索引数据库》(Chinese Social Sciences Citation Index,CSSCI) 等,国外如《科学引文索引》(Science Citation Index,SCI)、《社会科学引文索引》(Social Sciences Citation,SSCI)、《艺术与人文科学引文索引》(Arts ＆ Humanities Citation Index,A＆HCL)等。

3. 通过相关期刊网站和免费开放获取期刊

一方面通过学术期刊网站如 Science Online、Kluwer Online、Highwire Press 出版社网站等方式获取相关期刊信息;另一方面通过阅读网站如龙源期刊网 (http：//www. qikan. com)、杂志网 (http：//zazhi. zcom. com/),出版销售发行网站如中国发行网 (http：//www. ifaxing. cn/)、中国新闻出版网和各新华书店网站均获得许多期刊出版发行销售信息。

5.2.2　维普中文科技期刊数据库

1. 简介

重庆维普资讯网 (www. cqvip. com) 是国内最大最全的中文科技期刊论文资源门户网站,是由科学技术部西南信息中心下属的一家大型的专业化数据公司——重庆维普资讯有限公司建立,目前已发展成为集中外文献、企业咨询、动态新闻服务、行业信息资源等多种服务为一体的科技文献知识资源门户网站。

目前维普信息资源系统期刊产品主要包括中文科技期刊数据库、中文科技期刊数据库 (引文版)、中国科学指标数据库、中国科技期刊评价数据库、外文科技期刊数据库和中国基础教育信息服务平台。而维普资讯在 2011 年推出维普期刊资源整合服务平台,提供四大检索模块,分别为期刊文献检索、文献引证追踪、科学指标分析和搜索引擎服务。其网址为 http：//dlut. cqvip. com/,任何用户可免费检索获取题录文摘信息。下面分别介绍这四大模块的功能与特点。

(1) 期刊文献检索:分为基本检索、传统检索、高级检索、期刊导航,满足用户检索及文献保障的需要。

(2) 文献引证追踪:提供期刊文献引用分析平台,具体分为作者索引、机构索引和期刊索引,快速获取主题线索。

(3) 科学指标分析:针对国内各学科发展过程中有影响力的内容做科学指标定量分析。分学者、机构、地区、期刊四个维度呈现,学科评估、研究前沿、高被引论文和热点论文分析,提供强大的学科发展趋势及研究绩效分析。

(4) 搜索引擎服务:提供机构用户基于谷歌、百度引擎个性化的期刊文献搜索延伸服务。

2. 检索方式

《中文科技期刊数据库》（http：//www.cqvip.com/）作为中国主要的中文科技期刊论文的搜索平台，收录的资源涉及 12000 多种中文期刊、1000 种中文报纸、外文期刊 4000 种，文献总量达 3000 多万篇。按照《中国图书馆分类法》进行分类，学科范围包括自然科学、社会科学、工程技术、医药卫生、教育研究、农业科学、图书情报等，并具有检索入口多、辅助手段丰富、查全与查准率高和人工标引准确的传统优点。目前，已成为中国很有影响力的综合性信息系统服务平台之一。

下面以《中文科技期刊数据库》检索方法为例，推出适用于大众用户的简单检索和适用于专业检索用户的高级检索。

1）快速检索

登录维普网（http：//www.cqvip.com）首页，在数据库检索区，输入需要查找的检索词单击文章搜索，实现简单检索。在检索字段中，在首页可以看到简单检索有多个对象：作品搜索、期刊搜索、店铺搜索、学者搜索、机构搜索、贴子搜索。其检索规则是，直接输入需要查找的检索词，若多个检索词之间：用空格或者"＊"代表"与"，"＋"代表"或"，"－"代表"非"。单击搜索即实现检索。在检索结果页面上，查看符合该检索条件的中文期刊数据库结果，提供了文章的标题、文摘、作者、刊名、出版年期等信息供浏览。如果想浏览更详细的文章信息或者下载全文，可单击文章的标题，进入单篇文章的详细信息展示页面进行阅读。

2）传统检索

为老用户提供旧版的传统检索风格。检索提问式的输入方法与快速检索相同，可进行字段、时间范围、学科分类、期刊范围限制，精确、模糊匹配，还可以进行同义词、同名作者检索。

3）高级检索

登录维普网（http：//www.cqvip.com）首页，在网页顶部的左边，通过单击专业检索进入"高级检索"界面。在高级检索中，提供向导式检索和直接输入法。

维普高级检索——向导式检索：为读者提供分栏式检索词输入法。即在每个检索框下拉菜单中，除可选择逻辑运算、检索项、匹配度外，还可进行相应字段扩展信息的限定。其扩展功能包括查看同义词、查看分类表、查看同名作者和相关机构，在此基础上，以时间条件、专业限制、期刊范围作为扩展条件进一步检索。

维普高级检索——直接输入法：即在检索框中直接输入构建的检索式进行检索。检索式由字段标识、检索词、逻辑运算符、括号等组成，单击"扩展检索条件"进行时间条件、专业限制、期刊范围检索，以满足多维概念检索的需求。

5.2.3 Springer Link 全文数据库（link. springer. com）

1. 简介

德国的施普林格（Springer Verlag）是世界上著名的科技出版公司，通过 Springer Link 系统提供全文学术期刊及电子图书的在线服务。2004 年年底，Springer 与 Kluwer Academic Publisher 合并。现在，Springer Link 数据库提供包括原 Springer 和原 Kluwer 出版的全文期刊、图书、科技丛书和参考书的在线服务，实现了与重要的二次文献检索数据库的全文链接，已经与 SCI、EI 建立了从二次文献直接到 Springer Link 全文的链接。

目前 Springer Link 已是全球最大的在线科学、技术和医学（STM）领域学术资源平台，其平台资源的类型有全文电子期刊、电子图书数据库、电子参考工具书、电子丛书、在线回溯数据库、实验室指南等。尤其是电子期刊，已出版 1900 多种经同行评议的学术期刊，大部分拥有自 1997 年以来已出版的期刊内容。涉及的领域十分广泛，按学科分为生命科学、医学、数学、化学、计算机科学、经济、法律、工程学、环境科学、地球科学、物理学与天文学，Springer 的在线回溯期刊数据库提供自第 1 卷第 1 期起的所有期刊。Springer 拥有大量的高水准 ISI 期刊，并不断新增学会期刊以及收购其他优质期刊，体现了 Springer 对提供高品质文献的承诺，是科研人员的重要信息源。

2. 检索方式

Springer Link 首页提供以下浏览方式。首先按内容类型浏览：Springer Link 将所有类型按期刊、图书、丛书、参考工具书等进行划分，各内容下再按出版物名称字顺进行排序，用户可以根据自己的需要进行浏览。如果出版物名称的左边有一个绿色图标，说明这种期刊或丛书可以下载全文。或者按学科分类浏览：Springer Link 将学科分为 13 个大类，大类下再按出版物名称字顺进行排序，用户可以根据自己选择的学科范围进行浏览，如果出版物名称的左边有一个绿色图标，说明这种期刊或丛书可以下载全文。

（1）简单检索。在 Springer Link 首页上方有一简单检索框，可直接输入关键词进行全文检索。

（2）高级检索。进入高级检索界面，采用布尔逻辑检索等检索技术，实现多项检索条件的组合检索。例如，检索计算机软件相关方面的研究，输入 computer AND software 检索表达式。检索范围包括全文（all text）检索、题名（title）检索、文摘（abstract）检索、作者（author）检索、编者（editor）检索、国际连续出版物标准号码（ISSN）检索、国际图书标准号码（ISBN）检索、数字信息唯一标识符（DOI）检索、出版时间（publication dates）检索，将检索结果按照相关度（relevancy）或出版时间（publication date）排列。

5.3　会议信息检索

学术会议及其会议文献是传递信息情报最重要的方式之一，也是交流学术情报的最佳途径。学术会议是指各种学会、协会、研究机构、学术组织等主持举办的各种研讨会、学术讨论会等与学术相关的会议。学术会议数量众多，形式多样，名称各异，有 Conference、Congresses、Convention、Symposium、Workshop、Seminars、Colloquia 等。据美国科学情报研究所（ISI）统计，全世界每年召开的学术会议约 1 万个，正式发行的各种专业会议文献有 5000 多种。因此，学术会议不仅是交流学术研究的极好场所，也是传递和获取科技信息的重要渠道。

学术会议文献是指学术会议上宣读的论文、报告或书面交流的论文，会议文献从出版形式上分为：第一类以专刊、特辑等形式出版；第二类是专门出版的会议录；第三类是科技报告中会议文献的专号；第四类是会议视听资料。由于会议文献的种类和形式多种多样，因此，会议文献所利用的检索工具也有所不同。

传统的会议文献常常通过印刷形式出版，出版时间长，而且读者非常有限。由于 Internet 突破了时间和地理的限制，非常适合于及时和动态地发布会议信息，因此互联网成为发布会议文献的重要渠道。

通过国内外的相关数据库检索，是查找正式出版的会议文献最有效的途径。因为数据库中收集的会议文献比较系统和全面，一般来说论文质量也比较高。收录会议文献的数据库很多，既有专门收录会议论文的也有收录多种文献的，既有商业性的也有免费的。

5.3.1　国内会议论文信息检索的主要平台

（1）万方数据中国学术会议论文数据库（http：//www. wanfangdata. com. cn/）。由万方数据有限公司开发，是国内主要的学术会议文献全文数据库。该库主要收录 1998 年以来国家级学会、协会、研究会组织召开的全国性学术会议论文，数据范围覆盖自然科学、工程技术、农林、医学等领域，是了解国内学术动态必不可少的工具。《中国学术会议论文全文数据库》分为两个版本：中文版和英文版。其中，中文版所收会议论文内容是中文；英文版主要收录在中国召开的国际会议的论文，论文内容多为西文。其数据库提供会议论文题名、作者、主题词、摘要、会议名称、主办单位、召开时间、会议地点、文摘等信息，并且提供了多种访问全文的途径：按会议分类浏览、会议论文库检索、会议名录检索。

（2）CNKI 中国重要会议论文全文数据库（http：//www.cnki.net/）。由清华同方光盘股份有限公司制作，收录了 2000 年（部分回溯至 1999 年会议论文）以来我国各级政府职能部门、中国国家二级以上学会、协会、高等院校、科研院所、学术机构等单位的论文集，每年更新约 1500 本论文集和 10 万篇论文及相关资料，内容覆盖理工（数理化天地生）、农业、医药卫生、文史哲、政治军事与法律、教育与社会科学综合、电子技术与信息科学、经济与管理等各方面。该数据库提供会议主办单位导航、初级检索、高级检索和专业检索，检索途径可从主题、论文题名、关键词、摘要、作者、作者机构、会议名称、会议录名称、全文、学会、主办单位、会议地点等多种途径进行检索。

（3）NSTL 中文会议论文数据库（http：//www.nstl.gov.cn/index.html）。由国家科技图书文献中心（National Science and Technology Library，NSTL）创建。该数据库收录了 1985 年以来我国国家级学会、协会、研究会以及各省、部委等组织召开的全国性学术会议论文。数据库的收藏重点为自然科学各专业领域，每年涉及 600 多个重要的学术会议，年增加论文 4 万多篇，每季或每月更新。另外，外文会议论文数据库主要收录了 1985 年以来世界各主要学会协会、出版机构出版的学术会议论文，部分文献有少量回溯。学科范围涉及工程技术和自然科学各专业领域。每年增加论文约 20 多万篇，每周更新。

（4）上海数字图书馆中国专业会议论文题录（http：//www.library.sh.cn/）。该数据库是上海数字图书馆属下的科技会议录。1995 年与上海图书馆合并的上海科技情报所，将自 1958 年起征集入藏的国内各科学技术机构、团体和主管机关举办的专业性学术会议、科技会议文献组建为会议论文题录库，形成了独具特色的专业收藏。目前已建立了从 1986 年至今约 50 万条记录的馆藏中国专业会议题录数据库，年新增数据 3 万多条。可通过题名、作者、分类、会议名称、平片号和索取号等途径进行检索，并提供全文服务。

（5）中国学术会议在线（http：//www.meeting.edu.cn/meeting/）。该网站是面向全国学术群体、最具权威性、公益性、互动性的国家级学术会议交流平台，由教育部主管，教育部科技发展中心主办。于 2005 年 1 月开通试运行。该平台提供国际国内学术会议预报及在线服务、视频直播、点播、交互式会议系统等功能，已预报 1007 场学术会议、发布 1026 条会议新闻、219 场会议视频报告、

3893 篇会议论文以及 103 场会议资料。已有 600 多所高校在学校首页或科技处首页建立了链接，已有 60 万人次访问量。现场直播了十余场高水平的国际学术会议，采集加工了 200 多场学术视频报告。

（6）相关研究机构网站。中国计算机学会（http：//www. ccf. org. cn/）主页的会议活动栏目提供了该学会近几年的学术活动和学术会议信息，包括会议名称、开会时间、会议地点、主办单位、联系人等简单信息。

中国科学技术协会（http：//www. cast. org. cn）主页上提供了全国性学会和地方科协主办的学术会议和学术活动的简要信息，同时提供了中国科学技术协会自身主办的各种会议和活动的详细信息，包括以往的大会代表指南、代表名单，还提供会上交流的重要论文全文，并且提供了即将召开的会议预告，包括会议的名称、时间、会议地点、规模和主题等信息。

5.3.2　国外会议论文信息检索的主要平台

（1）Conference Papers Index（http：//www. csa. com）。这是对应于同名印刷版《会议论文索引》（CPI）的网络检索平台，是剑桥科学文摘中的一个子库，国内引进此数据库的高校可以通过校园网直接进入。CPI 数据库收录 1982 年以来的世界范围内会议和会议文献的信息，提供会议论文和公告会议的索引。其学科范围主要涉及农业、生物化学、化学、化学工程、林学、生物学、环境科学、土壤学、生物工艺、临床学等领域。

（2）Web of Science Proceedings（http：//isiknowledge. com）。ISI Proceedings 是美国科学情报研究所（ISI）基于 Web of Knowledge 的检索平台，将 ISTP（科学技术会议录索引）和 ISSHP（社会科学及人文科学会议录索引）两大会议录索引集合成为 ISI Proceedings。因此，ISI Proceedings 是汇集了世界上最新出版的会议录资料，包括专著、丛书、预印本以及来源于期刊的会议论文，提供了综合全面、多学科的会议论文资料，同时增加了会议论文的摘要信息（光盘版没有论文摘要）。因此，通过 Web of Knowledge 平台可进行国际会议文献检索。

（3）OCLC First Search 的会议和会议录索引（http：//firstsearch. oclc. org）。First Search 是 OCLC 的一个联机参考服务系统，通过该系统可检索到 70 多个数据库，从 1999 年开始，CALIS 全国工程中心订购了其中的基本组数据库。First Search 基本组包括十多个数据库，其中，大多是综合性的库，这些数据库的内容涉及工程和技术、工商管理、人文和社会科学、医学、教育、大众文化等领域。在 OCLC First Search 众多数据库中，Papers First（即国际学术会议论文索引数据库）提供包括在世界各地学术会议上发表的论文，它覆盖了自 1993 年 10 月以来在"大英图书馆资料提供中心"的会议录收集的每一个代表大会、专题讨论会、博览会、座谈会和其他会议上发表的论文，可通过馆际互借获取全文。而 Proceedings 即国际学术会议录索引是 Papers First 的相关库，它提供包括在世界各地举行的学术会议上发表的论文的目录表。同时该库提供了一条检索"大英图书馆资料提供中心"的会议录的途径。

（4）会议文献专业搜索引擎。有时候很难确定会议文献在哪个数据库或哪个站点上，也很难断定它会以哪种形式出版，这时可以通过专门的搜索引擎直接检索。使用搜索引擎既可以查找以往的会议论文，也能查找将来会议的信息。

检索时首选专门收录会议信息的搜索引擎。例如，Allconferences.com 和学术信息搜索引擎（http：//www.academicinfo.net）。

Allconferences.com（全球会议在线，http：//www.Allconferences.com），收录世界各地的会议、贸易展览、专题研讨会的信息，并提供分类检索和查询。其中，还提供很多会议的日程安排。

（5）学术团体数据库及网站。学术团体是会议文献的重要来源，许多专业协会、学会拥有自己的数据库和网站，如 IEEE（电气和电子工程师学会）、ACM（美国计算机协会）、ASME（美国机械工程师协会）等，一方面可以使用它们的数据库获取全文；另一方面可以直接利用其网站获取相关信息。

5.4 研究报告信息检索

研究报告是关于某项研究成果的总结或对某一阶段进展状况的实际记录，许多最新的研究成果，尤其是尖端学科的最新探索往往出现在科技报告中。据报道，全世界每年产生的科技研究报告在 100 万件以上，而美国占 80% 以上。由于研究报告具有情报价值高、内容专深、新颖、保密性强、报道快的特点，因此研究报告是获取科技情报的重要来源。

研究报告的种类繁多，有不同的划分方法。科技报告按出版类型划分，有技术报告、札记、备忘录、技术论文和译文等；按研究进展来分，有初期报告、进展报告、中间报告和最终报告等；按密级来分，科技报告又分为绝密、机密、秘密、公开和解密报告等。由于有专门的出版机构和发行渠道，研究报告反映新的科技成果，通常比期刊文献早，其出版形式为一种非书非刊的出版物，以上种种情况都对研究报告的搜集和利用造成了困难。为此，研究报告信息的查检与利用，必须借助于专门的科技报告的检索工具。

5.4.1 国内研究报告信息检索的主要平台

国内的研究报告主要以科技成果公报和科技成果研究报告的形式公布交流，从 20 世纪 60 年代起，中华人民共和国国家科学技术委员会就开始根据调查情况定期发表科技成果公报和科技成果研究报告，中途曾经停刊，1981 年后由中国科学技术信息研究所继续编辑出版，并改名为《科学技术研究成果公报》，是文摘性检索刊物，是检索国内各行业重要研究成果的二次文献。1999 年停止印刷版，改为光盘或加入国内大型网络数据库中进行报道服务。

（1）万方数据的中国科技成果数据库（http：//www.wanfangdata.com.cn/）。万方中国科技成果数据库收录历年各省市部委鉴定后上报国家科委的科技成果及星火科技成果。收录范围包括新技术、新产品、新工艺、新材料、新设计等，采用 HTML 和 PDF 文件格式阅读，以刊物为单位，既可以按刊浏览，也可按论文或引文检索查询，目前已收录 5000 多种科技类期刊，以核心刊物为主。

该库是科学技术部指定的新技术、新成果查新数据库，信息来源于省、市、部委科技成果管理部门，每年报道重大科技成果、实用技术等 6 万项以上。

（2）中国科技项目创新成果鉴定意见数据库（知网版）（http：//www.cnki.net/）。该数据库收录了 1978 年以来所有正式登记的中国科技成果，按行业、成果级别、学科领域分类。每条成果信息包含成果概括、立项情况、评价情况、知识产权状况及成果应用情况、成果完成单位情况、成果完成人情况、单位信息等成果基本信息。成果的内容来源于中国化工信息中心，相关的文献、专利、标准等信息来源于 CNKI 各大数据库。可以通过成果名称、成果完成人、成果完成单位、关键词、课题来源、成果入库时间、成果水平等检索项进行检索。

（3）国家科技成果网（http：//www.tech110.net/）。国家科技成果网（NAST）由科技部发展计划司于 1999 年创建，2006 年由国家科学技术奖励工作办公室管理，国家科技成果网的建设、运行、维护单位为中国化工信息中心。

该网站是科技部主办的科技成果发布网站，作为国家科技信息服务平台，可进行成果查询。科技频道由十大类高新产业及热点领域科技成果组成，包括节能减排、海洋技术、环境保护、新药研发、能源、新材料、现代农业、生物技术、军民两用和 IT，可按行业分类目录进行分类检索，支持组合、条件查询。国科设区为用户提供理论研究、技术成果、行业观察、科研教育、生活游记、科学探索、专题聚焦及国科论坛方面的信息。该网站除提供查询，还有科技资讯报道、科技法规介绍等内容。

（4）国家科技报告科技服务系统（http：//www.nstrs.cn/）。该系统于 2014 年 3 月 1 日正式开通运行，公众可以通过该系统检索国家科技计划项目所产生的科技报告，这标志着中国科技报告制度建设取得实质性进展。该网站已开通了针对社会公众、专业人员和管理人员三类用户的共享服务。该系统的开通将实现万份科技报告向社会开放共享，公众只要登录网址，就可以检索国家科技计划项目所产生的科技报告，通过实名注册的用户即可在线浏览公开科技报告全文。同时，系统采取了相应的技术措施，确保科技报告作者相关知识产权权益。

此外，查检我国科技成果相关网站包括国家自然科学基金委员会（http：//www.nsfc.gov.cn/）有重大研究计划指南、优秀成果展示等；全国哲学社会科学规划办公室（http：//www.npopss-cn.gov.cn/）有成果发布、成果数据库、成果推荐等；中国科技网（http：//wokeji.com/）等。

5.4.2　国外研究报告信息检索的主要平台

在世界研究报告文献中，美国是科技报告管理制度最完善的国家，明确规定政府投入超过 2.5 万美元以上的项目都要提交科技报告，美国国防部、美国国家航空航天局、美国能源部等部门也制定了本部门的科技报告管理和共享的政策法规。因此，美国政府的科技报告占有十分重要的地位，以美国的"四大报告"最负盛名。

在美国四大报告中，PB 报告侧重于民用工程技术，包括土木建筑、城市规划和管理、能源和环境、工业技术、交通运输以及基础科学方面。AD 报告侧重于军事工程技术方面，是美国陆海空所属科研部门的报告。NASA 报告侧重于航空和航天技术方面，是美国航空航天局出版的科技报告。DOE 报告侧重于能源及其应用方面，是美国能源部出版的报告。这四种报告的累积量都在几十万篇以上，占全世界科技报告的绝大部分。此外，还有法国原子能安全委员会的 CEA 报告，加拿大原子能公司的 AECL 报告，德国航空研究所的 DVR 报告等，也比较有名。

在计算机和网络普及之前，美国的这些研究报告就已形成了比较系统的检索体系，各自都有自己的检索工具。随着 Internet 的发展，利用网络数据库检索研究报告成为主要手段。

（1）NTIS Database（http：//www.ntis.gov/ftml）。NTIS（national technical information service）是检索国外科技报告的一个最重要的文摘题录数据库，是查找美国四大报告的主要检索工具，其对应的印刷型检索工具是《政府报告通报及索引》，由美国国家技术情报局出版。该库收录以美国政府立项研究及开发的项目报告为主，少量收录西欧、日本及世界各国（包括中国）的科学研究报告。专业内容覆盖科学技术各个领域，部分有全文。由于美国政府对美国境内一半以上的科学研究以及工程活动进行了资助，NTIS 数据库涉及了大部分的学科领域。目前，NTIS 将所有资料分为 39 个学科主题（subject heading），其中，涉及最多的学科为医学与生物学（19%）、行为学与社会学（16%）、行政与管理学（13%）、军事科学（13%）以及自然资源与地球科学（11%）。数据最早可以追溯到 1964 年，每周更新。

　　作为世界上最重要的科技报告数据库，除了 NTIS 提供的国家科技报告图书馆（NTRL），NTIS 还可以在各大信息服务商提供的众多知名数据库平台上使用，包括 Dialog、EBSCO host、EI Village2、Ovid SP、ProQuest、STN 等。

　　(2) DOE 报告数据库（http：//www.osti.gov）。该网站是美国能源部下属的科技信息办公室（Department of Energy Office of Scientific and Technical Information）的官方网站。OSTI 与 GPO（the Government Printing Office）合作通过 GPO Access 向公众推出 DOE 信息桥（http：//www.1osti.1gov/bridge）用以免费检索 DOE 报告的全文和题录信息。目前，此网站已收集自 1995 年以来 DOE 报告的全文共 65800 多篇，还收录了少量的 1995 年以前的报告，并且还在不断地添加新的报告和补充遗漏的报告。内容涉及物理、化学、材料、生物、环境、能源技术、工程、计算机和信息科学、再生能源。可以先登录 OSTI 的网站，然后单击 "DOE Information Bridge" 登录检索。

　　目前，在国内获取 DOE 报告的途径还有馆际互借方式。核工业情报所收藏有较多的 DOE 报告，中国科技信息研究所（IS TIC）是我国引进科技报告最主要的单位，上海科技信息研究所也有四大科技报告的原文馆藏。

　　(3) NASA STI（http：//www.sti.nasa.gov）。该网站是 NASA 提供航空航天信息检索服务的网站，拥有丰富的科技报告的题录和全文。NASA STI 为网上用户提供了 300 多万条航空及其相关的文献信息。其中，Scientific and Technical Aerospace Reports（STAR）提供与其印刷版（1996 年 36 卷起）完全相同的网络版，并提供免费检索下载。但其他专题信息，如航空航天医疗与生物、航天专利等仅提供收费的服务。

　　(4) 美国国防技术信息中心（http：//www.dtic.mil）。该网站是美国国防信息系统局（DISA）下属的美国国防技术信息中心（DTIC）的网站。DTIC 是个内容丰富的科技资源中心，是美国国防部科技信息计划的重要组成部分。DTIC 的科技信息资源十分丰富，收藏以国防技术为主，包括了著名的 AD 报告、NASA 报告等；然而，由于美国国防部关注的领域较多，一些艰深的科学，如生物学、医学、环境污染与控制、行为科学与社会学也被涉及。DTIC 的数据库内容极为丰富，包括了美国政府工作 AD 报告、NASA 报告等我们常常查找的文献，虽然全文订购需注册交费，但仍可免费得到英文摘要、部分全文以及出版信息等。DTIC 科技信息网向公众提供了两种检索方法，分别是快速检索和字段检索，在字段检索中，可以选择数据库或字段进行检索。

　　(5) 美国国家信息服务公司网址（http：//www.nisc.com）。美国国家信息服务公司（National Information Services Corporation，NISC）提供自然科学、社会科学、艺术及人文科学方面的书目式和全文式数据库服务，包括印刷形式、

CD-ROM 形式、在线形式。由该主页可进入产品及服务，以及免费对美国教育资源信息中心（ERIC）的几个主要数据库进行检索。

5.5　专利信息检索

专利具有多重含义：一是指发明本身，即按照一定程序向国家专利管理机关提出申请，经审查、批准并予以公告，授予专利权的一项发明；二是指专利权，即法律给予一项发明以生产、使用和销售产品的特别许可；三是指专利说明书，它记载着一项发明的具体方法和技术。三者习惯上又都称为专利或专利文献。专利属于知识产权范畴。

专利文献狭义上是指专利说明书、权利要求书、说明书附图、说明书摘要等；广义上是指各种专利申请文件、专利公报、专利分类表、专利索引、专利题录、专利文摘、专利证书等。

5.5.1　国内专利信息检索的主要平台

网上有许多免费或收费的中国专利数据库，主要包括如下。

（1）中国知识产权网 CNIPR 专利信息服务平台（http：//www. cnipr. com/services/1_tszs. html）。这是中国知识产权网推出的网上专利信息服务平台。该平台囊括了全球 90 多个国家和地区、组织的专利数据资源。平台提供两种检索方式，即基本检索和高级检索。基本检索是面向普通用户的免费检索方式，它只能检索到专利摘要和著录项目等基本信息，不能看到专利全文说明书及外观设计图形。高级检索则是面向会员用户的收费检索方式，可查看专利说明书全文信息。用户注册成为正式会员后，可以享受很多优惠，例如，可以免费查阅每周更新的最新专利信息，可以免费查询专利的主权项、法律状态，以及任意浏览专利说明书全文及外观设计专利图形。

（2）中国专利信息网（http：//www. patent. com. cn）。该网站于 1997 年 10 月建立，是国内较早提供专利信息服务的网站。网站具有中国专利文摘检索、中国专利英文文摘检索以及中文专利全文下载功能，并采用会员制管理方式向社会公众提供网上检索、网上咨询、检索技术、邮件管理等服务。

（3）中国知识产权局（http：//www. sipo. gov. cn）。中国知识产权局是中国专利审批的政府机构，在该网页上有专利检索入口，供检索 1985 年至今的中国专利，并可以免费下载专利说明书。该网站提供专利号、作者、专利代理人、分类查找等多个检索入口，可以方便灵活地检索中文专利。中国知识产权网提供的专利说明书均为 TIF 文件，需事先下载阅读软件。

（4）中国知识产权网（http：//www. cnipr. com）。中国知识产权局所建的中国知识产权网上有中国专利的链接，可将用户引导至专利检索系统。该系统提供基本和高级两种检索界面。一般用户可以使用基本界面，免费检索专利，并下载近三年的专利说明书全文。但是只有购买了专利检索卡的用户，才可以使用高级检索界面及有偿下载所有的专利说明书全文。该数据库使用的是超星数字图书馆的超星阅读器，所以要看专利全文需事先下载超星阅读器。此外，中国知识产权局网站又提供了非常有价值的专利导航。在网站主页上提供了国内外知识产权组织及管理机构的入口，可由此进入这些机构的列表（均已作好链接），单击机构名称可进入各国专利机构及管理组织的网站，其中，不少网站可满足检索专利及下载全文的需要。尤其是在专利检索的页面上，有外国专利检索的入口，可以直接引导用户到相应的链接，它们分别是美国专利及商标局、日本专利局、欧洲专利局、世界知识产权组织的专利数据库。

5.5.2　国外专利文献信息检索的主要平台

（1）USPTO 网上专利数据库（http：//www.uspto.gov/patft/index.html）。USPTO 是美国专利及商标局的缩写。美国专利及商标局是美国政府参与的一个非商业性联邦机构，主要服务内容是办理及传递专利和商标信息。其提供的网上专利数据分为两部分：第一部分为 1790 年以来出版的所有授权的美国专利说明书扫描图形，其中，1976 年以后的说明书实现了全文代码化；第二部分为 2001年 3 月 15 日以来所有公开的美国专利申请说明书扫描图形。数据库每周更新。检索途径包括两词布尔逻辑检索（quick search）、高级检索（advanced search）、专利号检索（patent number search）。如需专利的全文或影像资料，可以单击屏幕上的"Add to shopping cart"索取。1790～1976 年的专利只能根据专利号、美国专利分类号进行检索。

（2）欧洲专利局 esp@cenet 网上专利数据库（http：//ep.espacenet.com）。esp@cenet 是由欧洲专利局、欧洲专利组织成员国及欧洲委员会合作推出的一项网上在线服务。该系统收录了 1920 年以来（各国的起始年代有所不同）世界上50 多个国家和地区出版的共计 3000 多万件专利。用户可以通过欧洲专利局（http：//ep.espacenet.com/）、欧洲专利组织成员图网页、欧洲委员会网页（http：//ec.espacenet.com/espacenet/）访问 esp@cenet 系统，可以进行各国专利书目信息（包括篇名）检索、摘要检索，可浏览命中文献的著录数据、文摘，还可以查阅一些主要国家的专利首页、说明书全文及附图并可免费打印。esp@cenet 系统在 EPO 及其成员国内都设有服务器，方便各国用户使用母语检索本国专利，同时也可直接链接到其他 EPO 成员国的服务器，使用自己的母语检索其他国家的专利数据库及 EPO 所有馆藏。

利用 esp@cenet 网上数据库，除可以检索到欧洲专利局及欧洲组织成员各国的专利文献，还可以检索到欧洲 EPO、国际专利信息（PCT）、日本公开特许信息及全世界范围内的 3000 万件专利文献。

（3）Delphion 知识产权信息网数据库（http：//www.delphion.com）。其前身是 IBM Intellectual Property Network 免费数据库，从 2001 年开始成为 Delphion 知识产权信息网商业数据库。用户只能免费检索美国授权专利的扉页，通过付费方式可以检索美国专利（授权、未授权）、欧洲专利（授权、未授权）、日本专利摘要、WIPO PCT 出版物及 INPADOC，并提供联机订购专利全文功能。数据库每周更新。

（4）世界知识产权组织网站专利数据库（http：//www.wipo.int/portal/en/index.html）。该网站由世界知识产权组织（WIPO）提供，在知识产权电子图书馆（IPDL）网站提供有 Madrid（马德里）申请商标数据库、PCT 电子公报、JOPAL 科学技术期刊数据库的免费检索。其中，在 PCT 电子公报中可以检索自 1997 年 1 月 1 日至今的 PCT 国际专利；在 JOPAL 中可以检索 1981 年至今的世界范围内具有重要影响的科学技术期刊。在世界知识产权组织网站首页，单击"News & Information Resource"链接，选择"Intellectual Property Digital Library"，然后单击界面左边的"Search IPDL"，即可进入检索数据库选择窗口。

（5）CAS 化学专利数据库（http：//casweb.cas.org）。该数据库由美国化学文摘社（CAS）提供，除提供化学专利检索数据库，还提供了 1974 年至今美国专利全文检索。对检索结果的浏览和输出方式有多种选择，用户可免费检索、浏览专利题目和文摘。至于专利原文，则根据用户所看内容的多少，付费1～3美元不等。其所有专利著录了美国专利和世界专利分类号，对于化学专利则包括 CA 文摘号及化学物质登录号。

5.6　标准信息检索

标准信息狭义上是指按规定程序制定，经公认权威机构（主管机关）批准的一整套在特定范围（领域）内必须执行的规格、规则、技术要求等规范性文献，简称标准。广义是指与标准化工作有关的一切文献，包括标准形成过程中的各种档案、宣传推广标准的手册及其他出版物、揭示报道标准文献信息的目录、索引等。

5.6.1　国内标准信息检索的主要平台

随着 Internet 的应用与普及，网络版的标准文献信息检索工具包含在各国标准网络信息系统中。国内网络检索起步较晚，因此很少有文摘数据库，国外有免费的文摘库。网络全文不能免费获取，但可以通过原文传递、付费下载或订购的方式获得。网络检索提供的检索途径很多，有标准号、中文标题（关键词）、英文标题（关键词）、发布日期、发布单位、实施日期、采用关系、被替代标准等。

（1）NSTL 中外标准数据库（http：//www.nstl.gov.cn/index.html）。NSTL 中外标准数据来源于中国标准化研究院标准馆，收藏了七个国内外标准库：中华人民共和国国家标准（GB）、英国国家标准（BS）、德国国家标准（DIN）、法国国家标准（AFNOR）、日本工业标准（JIS）、国际标准化组织（ISO）和国际电工委员会标准（IEC）。它提供标准号、标准名称等五个检索项，用户注册后可以通过系统进行原文传递。

（2）万方数据资源系统（http：//www.wanfangdata.com.cn/）。万方中外标准数据来源于国家质量监督局，收藏 14 个国内外标准数据库：除了 NSTL 收藏的七个标准数据库，还有欧洲标准（EN）、国内行业标准（HB）、国外行业标准〔如美国计算机协会（ASME），美国实验材料协会（ASTM）、电气和电子工程师协会（IEEE）、美国保险商实验所（UL）等制定的标准〕。其中，中华人民共和国国家标准的收录范围是 1964 年以来发布的全部标准，并包括台湾地区标准。提供标准号、中国分类号、中英文标准名称、发布单位等 11 个检索项，目前用户只能检索目录信息，不能获取全文。

（3）国家标准文献共享服务平台（http：//www.cssn.net.cn）。中国标准服务网是国家级标准信息服务门户，其标准信息主要依托于国家标准化管理委员会、中国标准化研究院标准馆及院属科研部门、地方标准化研究院（所）及国内外相关标准化机构。目前提供查询的数据库有 13 个。现行国家标准和行业标准；国外先进标准包括英、法、美、德、日的国外标准；国外著名行业标准包括美国计算机协会，美国实验材料协会电气和电子工程师协会，美国保险商实验所；国际标准主要是国际标准化组织和国际电工委员会标准制定的标准。需要注意的是，非注册用户只能使用部分数据库资源，注册后（包括免费注册）才可以使用全部。网站提供国际标准分类和中国标准分类的浏览和检索，地方标准库的检索，正在建设作废标准库。提供标准号、中英文标题、关键词等 11 个检索项。用户注册后可以提交原文传递请求获取全文，包括标准馆的印本资源。该网站提供不同类别网员登录方式，以缴纳网员费的不同而得到不同的优惠政策。一些网员还可以下载强制性国家标准和 ATSM 的标准。同时网站提供国家标准化的发布实施、作废等的动态信息，还提供标准类期刊和图书的查询和订购，以及国内外标准的营销服务。

（4）标准网（http：//www.standardcn.com）。标准网隶属于中华人民共和国国家发展和改革委员会工业司，该网站除了提供国家标准、国外先进标准等的检索查询，主要提供 19 个工业行业标准的网上管理、服务、相关技术咨询，但不提供标准原文的获取。

5.6.2　国外标准信息检索的主要平台

（1）美国军用标准（DOD）检索（http：//www. std. cetin. net. cn/stdserch/tdod1. htm）。

（2）国际电工委员会标准检索（http：//www. std. cetin. net. cn/stdserch/tiec1. htm）。

（3）国际标准化组织标准检索（http：//www. std. cetin. net. cn/stdserch/tiso1. htm）。

（4）欧洲标准信息检索（http：//www. std. cetin. net. cn/stdserch/ten1. htm）。

（5）德国标准信息检索（http：//www. std. cetin. net. cn/stdserch/tdin1. htm）。

5.7　政府出版物信息检索

政府出版物是各国政府及其所属机构颁布的文件，包括书、期刊、小册子、影片、磁带以及其他声像资料等，如政府公报、会议文件和记录、法令汇编、条约集、公告、调查报告等。它所包括的内容范围十分广泛，几乎涉及整个知识领域，但重点主要在政治、经济、法律、军事、制度等方面。政府出版物具有正式性和权威性的特点，对于了解各国科学技术发展状况具有独特的参考价值。

5.7.1　国内政府出版物信息检索的主要平台

目前几乎所有的国家级政府机构及各级地方政府都开通了相关网站，中国的政府上网工程于20世纪90年代末期启动。据中国因特网络信息中心（CNNIC）编制的《2003年中国因特网络信息资源数量调查报告》显示，相当多的政府部门通过网站发布政策、公告、新闻等信息。

面对丰富的网上政府信息，要进行准确的检索也需要借助相关检索工具。目前专业提供我国政府信息检索服务的平台或专业搜索引擎还比较少，一般可以利用一些综合性的搜索引擎（如百度等）来检索有关政府的各种动态新闻，国家重大政策、法规的变动等信息。还有许多综合性网络信息门户（如搜狐、新浪等）的分类导航体系中均有相关类目，提供对政府与国家机构网络资源的分类链接。

主要的网上中国政府出版物包括如下。

（1）中国政府网（http：//www. gov. cn/）。中国政府网是国务院和国务院各部门，以及各省、自治区、直辖市人民政府在国际互联网上发布政府信息和提供在线服务的综合平台。中国政府网现开通"今日中国""中国概况""国家机构""政府机构""法律法规""政务公开""工作动态""政务互动""政府建设"

"人事任免""新闻发布""网上服务"等栏目。

（2）中华人民共和国外交部（http：//www.fmprc.gov.cn/chn/pds/ziliao/1179/）。查询关于外交的声明和公告，此外，该网站上还有外交动态、新闻服务等相关信息。

（3）中华人民共和国财政部（http：//www.mof.gov.cn/）。主要提供财政新闻、财税法规库等相关信息。

（4）中国人民银行（http：//www.pbc.gov.cn/）。主要提供金融新闻等相关信息。

（5）中华人民共和国科学技术部（http：//www.most.gov.cn/）。主要提供政策法规与体制改革等相关信息。

5.7.2　国外政府出版物信息检索的主要平台

（1）美国政府出版物目录月报（http：//catalog.gpo.gov）。美国政府出版物目录月报是检索美国政府出版物的主要检索工具。该数据库收录了 1994 年以来美国政府出版的文献，几乎涵盖了所有的研究领域。

（2）美国政府期刊索引数据库（http：//www.lexisnexis.com/usgpi）。美国政府期刊索引数据库（LexisNexis™ Government Periodicals Index，LGPI）提供了促进科学研究的美国政府期刊的完全索引，是打开美国联邦政府出版的所有情报资料财富的钥匙。适用于从事美国研究的院校和科研院所。

（3）欧洲共同体信息网政府联机信息服务系统（http：//europa.eu.int/index.htm）。欧洲共同体信息网政府联机信息服务系统提供政府网址清单，通过它可检索欧盟国家官方机构信息。其他欧洲国家的政府服务器也包括在内。

（4）国际组织出版物检索工具。①经济合作与发展组织网站（http：//www.oecd.org）；②联合国贸易与发展会议网站（http：//www.unice.org）；③国际贸易中心（含世界贸易组织）网站（http：//www.wto.org）；④国际货币基金组织网站（http：//www.imf.org/external/pubind.htm）；⑤联合国工业发展组织网站（http：//www.unido.org）；⑥联合国粮农组织网站（http：//www.fao.org）。

（5）政府出版物专业数据库。目前许多国家的政府出版物经过长期的积累，已经有了相当的规模，并逐步形成了一些专业数据库。这些数据库，有些是非营利性质的，直接放在相应政府网站上对访问者免费服务；有些则采取会员制，仅对付费用户开放；而这些非营利或营利的数据库中，又有部分被一些商业数据库公司购买，从而从另一个角度为读者提供服务。例如，在 OCLC FirstSearch 数据库中，就包含了以下两个政府出版物数据库，凡是购买了 OCLC FirstSearch 数据库的用户就可以在这个数据库中查找到相关的政府信息。①ERIC。收录教育方面的期刊文章和报告，是由教育资源信息中心生产的已出版的和未出版的教育方面的资料来源的一个指南。它囊括了数千个教育专题，提供了最完备的教育书刊的书目信息，覆盖了从 1966 年到现在的资料，每月更新记录。②GPO。收录美国政府出版物，包含 52 万多条记录，报道了与美国政府相关的各方面的文件。这些文件的类型包括国会报告、国会意见听证会、国会辩论、国会档案、法院资料以及由美国具体实施部门（如国防部、内政部、劳动部、总统办公室等）出版发行的文件。它覆盖了自 1976 年 7 月以来的资料，每月更新记录。③另外，在剑桥科学文摘数据库（Cambridge Science Abstract，CSA）中，除了 ERIC，还包含了 AGRICOLA、NTIS 两个政府出版物数据库。

5.8　档案信息检索

　　检索档案信息一般可以利用分类目录和搜索引擎进行检索。分类目录检索是指各网站开发者将网络资源收集后，经过人工方法科学分类、整理和组织，然后用主题词的形式标引而成的一种信息查询方式。检索者只需在网站主页的分类目录层层单击，随着范围的逐步缩小而找到相应的信息。分类目录检索的方式有以下两种。①网络资源目录，许多网站都提供网络资源目录查询，例如，谷歌的网页目录，把网络资源分为 13 大类，在"参考"类目下有小类目"档案馆"，单击它可以链接到一些相关精选网站，如中华人民共和国国家档案局等，从而实现档案信息检索。②虚拟档案馆，是一种将互联网上某一学科的各种资料进行汇总及分类的服务器。通过这种虚拟档案馆，检索者只需用鼠标在所需内容上一点，服务器就会自动与有关资料所在网点进行链接，调出有关的资料。由于这些资料不是直接存储在该网站上，而是广泛分布在世界各地网站的服务器上，所以称为虚拟档案馆。这些档案馆内容相当广泛、专业化程度高，检准率较高。搜索引擎是利用网络自动搜索技术，对互联网各种信息资源进行标引，并为检索者提供检索服务的工具。许多网站主页都提供有检索窗，检索者只需在检索窗输入关键字，然后单位击"搜索"即可获得查询结果。

5.8.1　国内档案信息检索的主要平台

　　(1) 中国档案学术网（http：//www. idangan. com/）。含档案知识、信息交流与学术研究、教育培训等。

　　(2) 中华人民共和国国家档案局（http：//www. saac. gov. cn/）。主要包括职能介绍、政策法规、档案馆（室）业务工作、经济科技档案工作、档案科技等栏目。

　　(3) 上海档案信息网（http：//www. archives. sh. cn）。提供档案资料在线

检索、新闻报道、珍档荟萃、网上展览，问答。

（4）中山档案信息网（http：//www.zsda.gov.cn）。含档案、方志、地方志、地情、名人、政府公开信息、中山档案、中山地情、中山地方志、政府信息、政府公开信息查询、中山名人、中山故事、中山特产、中山方志、中山年鉴、中山文件等。

（5）福建档案（http：//smsy.fj-archives.org.cn/Csmsy/danganjiansuo/）。以省馆网站为中心站点，各设区市馆网站为分站点、各县（市、区）馆网站为支站点的三级网络体系结构。可以方便地查询福建省各地档案。

5.8.2　国外档案信息检索的主要平台

（1）原始资源库房（Repositories of Primary Sources）（http：//webpages.uid-aho.edu/special-collections/Other.Repositories.html）。此站点提供了通向世界上 3400 多个档案馆和手稿库房的超级链接。

（2）美国记忆（American Memory）（http：//memory.loc.gov/ammem/index.html）。收录了一切对于美国历史与文化研究有价值的图书、声音、录像、图片、档案资料等各种载体的数字化信息。

5.9　学位论文信息检索

5.9.1　国内学位论文信息检索的主要平台

1. 中国知网的硕士与博士学位论文数据库

中国知网的硕士与博士学位论文数据库分为中国优秀硕士论文全文数据库和中国博士学位论文全文数据库（即由原中国优秀博硕士学位论文全文数据库分化而来），该数据库由清华同方股份有限公司等研制开发，是目前国内相关资源最完备、高质量、连续动态更新的中国博硕士学位论文全文数据库，收录了 1999 年至今的学位论文。

这两个数据库与万方的 CDDB 有一定重复，其中，清华大学、北京大学等高校的学位论文全文比万方多。这两个数据库分为十大专辑：理工 A、理工 B、理工 C、农业、医药卫生、文史哲、政治军事与法律、教育与社会科学综合、电子技术与信息科学、经济与管理。十大专辑下分为 168 个专题。它们提供初级检索、高级检索、专业检索和二次检索方式，并可浏览学位论文、查看检索历史、根据学位授予单位导航，提供的可检索字段有主题、题名、关键词、摘要、作者、作者单位、导师、第一导师、导师单位、网络出版投稿人、论文级别、学科专业名称、学科授予单位、学位授予单位代码、目录、参考文献、全文、中图分类号、学位年度、论文提交日期和网络出版投稿时间等。其检索界面和检索方法与前文讨论的"中国学术期刊全文数据库"大同小异。

2. 万方中国学位论文据库（CDDB）

万方数据资源系统的中国学位论文数据库（Chinese Dissertations Database，CDDB）由中国科技信息所万方数据中心研建，其数据来源于各高等院校、研究生院及研究所向中国科技信息研究所送交的我国自然科学领域的硕士、博士和博士后的论文。

CDDB 提供分类浏览、简单检索、高级检索、专业检索方式，并提供多个检索词的组合检索，使用逻辑"与""或""非"组配检索，可检字段包括全文、作者、授予单位、馆藏号、导师姓名、中图分类号、作者专业、授予学位、关键词和论文标题等，同时可以对论文年度和学科进行限定。

3. NSTL 学位论文数据库

NSTL 中文学位论文数据库主要收录了 1984 年至今我国高等院校、研究生及研究院所发布的硕士、博士和博士后的论文，学科范围涉及自然科学各专业领域，并兼顾社会科学和人文科学；外文学位论文数据库包括美国 ProQuest 公司博硕士论文资料库中 2001 年以来的优秀博士论文，学科范围涉及自然科学各专业领域，并兼顾社会科学和人文科学。

4. 国家图书馆博士论文数据库

国家图书馆学位论文收藏中心是国务院学位委员会指定的全国唯一负责全面收藏和整理我国学位论文的专门机构，也是人事部专家司确定的唯一负责全面入藏博士后研究报告的专门机构。20 多年来，国家图书馆收藏博士论文近 12 万种。此外，该中心还收藏部分院校的硕士学位论文、台湾博士学位论文和部分海外华人华侨学位论文。

中国国家图书馆博士论文数据库资源库遵循边建设边服务的原则，提供免费检索，可从题名、作者、学科专业和学位级别进行检索。每篇论文提供的信息包括中文题名、副题名、外文题名、论文作者、导师、学科专业、研究领域、研究方向、学位级别、学位授予单位、学位授予日期、论文页码总数、关键词、中文摘要、英文摘要、目录和前 24 页浏览。

5. 中国科学院学位论文检索系统

中国科学院学位论文检索系统只对授权用户开放，分为基本检索、高级检索、分类浏览检索。在基本检索中用户可以任意选择三个字段进行组合检索；在高级检索中用户既可以自己输入检索表达式进行检索，又可以利用系统提供的检索表达式生成器来检索，可检字段有关键词、主题词、作者、来源刊名、分类号等；在分类浏览检索中，用户可以先找到自己要浏览的类目主题，然后再根据具体情况在此主题下检索或二次检索。

5.9.2 国外学位论文信息检索的主要平台

1. 美国博硕士论文库

美国博硕士论文库（ProQuest Dissertations & Theses，PQDT）是美国 ProQuest Information and Learning 公司（原名 UMI 公司）出版的博硕士论文文摘索引库，原名为 ProQuest Digital Dissertations（PQDD），是目前世界上最大和最广泛使用的学位论文数据库，收录了 1861 年起的美国、加拿大等北美国家和地区的 1000 多所著名大学的博硕士论文引文及摘要（北美地区的博士论文数量占 70％以上），也有少量的欧洲和亚洲的学位论文。每周更新，每年新增论文 5.5 万多篇。学科范围覆盖了数学、物理、化学、农业、生物、商业、经济、工程和计算机科学等，分为 A、B 两个专辑，PQDT（A）为人文社会科学版（The Humanities and Social Sciences），PQDT（B）为科学与工程版（The Sciences and Engineering），1997 年以来的论文可以获得论文前 24 页原文。

PQDT 数据库移至 ProQuest 平台后，实现了 PQDT 与 ProQuest 其他数据库之间的跨库检索，其检索界面也与 ProQuest 平台的检索一致，即分为基本检索（Basic Search）、高级检索（Advance Search）和出版物检索（Publication Search）三种。其中，基本检索是 PQDT 默认的检索方式，提供一个检索词检索，默认的检索字段为"题录和摘要"，可以进行时间限定；高级检索界面提供多个检索词的组合检索，并支持布尔逻辑算符（AND、OR、AND NOT）、位置算符、截词检索（＊、?）、短语检索等，可检字段包括题录和摘要、摘要、导师、作者、标题、语种、学校、学科等，可以设定时间限制和"更多检索选项"来进一步限定检索；出版物检索界面默认按学科进行浏览检索，也可按地点执行检索。学科浏览列表共有 268 个学科，可翻页浏览，也可按首字母浏览。

2. ProQuest 学位论文全文数据库

ProQuest 学位论文全文数据库是为了满足国内高校教学科研对欧美博硕士论文全文的广泛需求，CALIS 文理中心组织、中科公司——亚信公司从 2002 年起代理，组织国内各高等院校、学术研究单位以及公共图书馆建立 ProQuest 学位论文中国集团联盟，以优惠的价格、便捷的手段共同采购国外优秀博硕论文，建立了 ProQuest 学位论文全文数据库，实现了学位论文的网络共享。联盟的运作模式是凡参加联盟的成员馆均可在每年的下半年从 PQDT 中挑选部分学位论文加入 ProQuest 学位论文全文数据库中；各成员馆皆可共享 ProQuest 学位论文全文数据库的资源；各馆所订购资源不会重复；一馆订购，全国受益；且随时间的推移，加盟馆的增多，共享资源数量也会不断增长。

ProQuest 学位论文全文数据库是通过建立镜像站点的形式接受成员馆用户的访问，目前该数据库在国内建立了三个镜像站点：北大的 CALIS 文理中心镜像站、上海交通大学镜像站、中国科技信息研究所镜像站。该数据库系统通过 IP 地址控制访问权限，成员馆的用户可登录到任何一个镜像站进行访问，利用 ProQuert 学位论文全文数据库中的资源。

该数据库提供了基本检索、高级检索和分类浏览三种检索界面。基本检索和高级检索提供的可检字段包括摘要、作者、论文名称、学校、学科、指导老师、学位、论文卷期次、ISBN、语种、论文号及时间限定等。论文分类浏览界面的左端是分类导航树，分类导航树将所有论文分为 11 大类，每个大类又分为若干小的类目，然后逐级单击，就会显示出相关类的所有论文，并在相关类中进行二次检索。

3. 网络化的博硕士学位论文数字图书馆

网络化的博硕士学位论文数字图书馆（Networked Digital Library of Theses and Dissertations，NDLTD）是在由美国国家自然科学基金委支持的电子学位论文（Electronic Theses and Dissertations，ETD）的基础上发展起来的一个网上学位论文共建共享的开放联盟，目的是创建一个支持全球范围内电子论文的创作、标引、储存、传播及检索的数字图书馆，任何人都可以通过网络免费检索浏览 NDLTD 中收录的学位论文，以此来促进研究生教育的发展。NDLTD 主要收录博硕士论文，自 1996 年起，它每年在美国收集超过 4 万篇博士论文和 36 万篇硕士论文，同时邀请国际上的各种团体加入，以达到共建共享的目的。目前全球有 200 多家大学图书馆、7 个图书馆联盟、29 个专业研究所加入。根据作者的授权和要求，NDLTD 提供对这些成员馆的电子学位论文联合目录的查询，包括浏览检索、关键词检索和专家检索三种检索方式，可按题名、作者、文摘、主题、机构、发布年、语种等途径检索，可免费获得论文的题录和详细摘要，而其链接的部分全文分为无限制下载、有限制下载和不能下载几种方式。此外，来自许多国家或地区的大学学位论文也可从网上免费获得，读者可参考前面章节。

第 6 章　社会科学专业信息检索

本章各节按普通高校社会科学的常设专业介绍本专业的信息检索方法。第 2
～5 章介绍过的内容本章各节不再重复。

6.1　心理学专业信息检索

心理学是研究人的心理现象及其规律的科学，是一门从哲学中独立出来的既
古老又年轻的科学。经过一百多年的发展，心理学又逐步派生出众多的分支学
科。目前，心理学领域的研究工作进展很快，新词语、新学派、新人物层出不
穷，翻译和评介外国各分支心理学的著作日益增多，国内外专家学者的研究论著
正在不断涌现。

6.1.1　主要参考工具书

（1）《中国大百科全书》（心理学卷）。该书由中国大百科全书出版社 1994 年
出版，是 300 多位专家、学者编纂而成，内容全面，书中关于中国心理学史、汉
字心理学等方面的条目，突出了中国特色。

（2）《心理学大辞典》。由我国著名心理学家林崇德、杨治良和黄希庭三位教
授领衔编纂的《心理学大辞典》（上海教育出版社，2003）是目前为止国内收词
规模最大、内容最新的一部心理学专科辞典，可以反映出心理学前沿动态。

（3）《国际心理学手册》。华东师范大学出版社 2002 年出版，该书是由世界
多国的著名学者共同完成，可反映国际水平的权威性工具书，是献给 2004 年在
中国北京召开的第 28 届国际心理学大会的一份厚礼。

（4）《牛津心理学词典》。该书由（英）科尔曼主编，上海外语教育出版社
2007 年出版，收词目 11000 多条，涵盖心理学的诸多分支及相关学科的术语和
概念，提供词源和派生词，配插图 90 多幅，附录汇集了各种恐惧症（phobias）
及恐惧症刺激因素（phobic stimuli）名称，并提供常用缩略词和符号 800 多个。

6.1.2　主要信息检索平台

（1）中国心理学网（http：//www.psych.org.cn）。该网站主要提供文字频

道、下载频道、图片频道、交流论坛、最新动态、心理学知识、心理咨询、心理文粹、职场心理、心理人生等专题栏目。

（2）中国心理学会（http：//www.psych.org.cn）。中国心理学会（Chinese Psychological Society）是由中国心理学工作者组成的公益性、学术性社会团体，是中国科学技术协会的组成部分。它创建于 1921 年，是我国现有的全国性学会中最早成立的学术组织之一。其宗旨是团结全国广大心理学工作者，开展学术活动，加强学术研究，以促进心理科学的繁荣和发展，为实现中国社会主义现代化作出贡献。

（3）中国高校心理在线（http：//www.chinapsy.net）。由中南大学大学生心理健康教育中心于 2002 年 4 月创办。该网站面向全国高校学生，是中南大学大学生心理健康教育中心开展心理健康教育的一个平台，是全国大学生相互交流的窗口和心灵家园。它既有中南大学湘雅医学院精神卫生系长期提供学术支持，也有中南大学卫生研究所和社科部专家提供的在线心理咨询。该网站栏目主要包括大学心海、温馨旋律、心理全书、心理测试、心理家园、心理社区等。同时提供心理测试、网上心理咨询等服务。

（4）心理学百科全书 Encyclopedia of Psychology（http：//www.psychology.org）。由美国阿拉巴马州大学心理学系主办，收录心理学史、心理学家、心理出版物、心理学网络信息资源、心理学机构、心理学方法与理论、心理现象行为、心理学职业等方面的链接近 2000 个。其中，心理学出版物与心理学网络资源的链接对学术研究人员尤其实用。而心理学机构的链接则为人们了解国外心理学研究学术机构提供了可靠的资源。

（5）美国心理学协会（American Psychological Association）（http：//www.apa.org）。

6.2 管理专业信息检索

管理学是一门综合性的交叉学科，不同方向的管理学科涉及不同的学科内容。例如，工商管理涉及经济学、教育管理涉及教育学等。本节只介绍一般性管理的工具书和检索工具的检索方法，各行业管理的工具书和检索工具的检索方法在其专业信息检索中介绍。

管理学文献信息在《中图法》中被分在 C93 类，其下位类目是：

（1）C931：管理技术与方法。

（2）C932：咨询学。

（3）C933：领导学。

（4）C934：决策学。

（5）C935：管理计划和控制。

（6）C936：管理组织学。

（7）C939：应用管理学。

6.2.1　主要参考工具书

（1）《管理百科全书》。（美）海耶尔主编，徐宗士等译，上海辞书出版社1991 年出版。该书收录条目 400 多条，内容包括管理学基本概念、管理的先驱者、管理与经济环境、公司计划工作、管理中的法律问题、组织、创新、制造、决策与数量管理科学、财务管理、企业后勤学、管理与行为科学、公共关系等28 个核心主题。书中有图表 200 多幅。

（2）《美国管理百科全书选编》。（美）海耶尔主编，力编译，时事出版社1984 年出版。该书从《美国管理百科全书》中选译了 61 个条目，内容包括管理理论、企业组织机构、企业决策、计划管理、财务管理、销售管理、工程项目管理、职工培训和科学技术在管理上的运用等方面。

（3）《世界管理学名著速读手册》。封新建、肖云编，企业管理出版社 2001年出版。该书精选了 48 种管理学名著，每种名著均分作者简介及其在管理学领域的主要贡献、主要内容、观点、本种名著的精彩语录。

（4）《现代管理科学词库》。朱新民等编，上海交通大学出版社 1986 年出版。该书分三篇：①管理科学理论；②现代管理科学基础；③部门与专业管理。共收管理科学的常用词汇约 5000 条，此外还收入了国外现代管理科学各个学派的有关理论、方法的资料。

（5）《现代管理科学词典》。王振泉主编，吉林大学出版社 1987 年出版。该词典收词目 2100 条，包括管理理论、系统工程、价值工程、网络技术等 26 方面的内容。

6.2.2　主要信息检索平台

管理学专业属于社会学科，查找学术性的信息，在一些综合性的或是社会学科方面的信息检索平台上都可以检索到管理学相关的信息。索引类的数据库如英文索引 SSCI 和中文索引 CSSCI。全文类的如英文数据库 EBSCO host、Emerald，中文数据库中国知网、万方数据等。除了这些学术性的信息平台，还可以利用一些网站获得管理学方面的信息，具体如下。

（1）美国管理协会（http://www.amachina.com）。美国管理协会是全球最大的管理教育机构，有着 91 年的历史，在 14 个国家 26 个重要城市设立分支。开发了完善的管理培训课程体系，主题涵盖领导力发展、销售、营销、培训、行政等多个领域，向企业和个人提供培训和咨询服务。

（2）经理人网（http：//www. sino-manager. com）。以《经理人》杂志为基础的网络平台，包括经理人社区服务业务、新媒介产品及猎头咨询、管理培训业务等。

（3）世界经理人（http：//www. icxo. com）。它是世界经理人集团旗下网站，既提供管理实务、营销策略、经理文库等工具型的文章文案，又快速报道财经消息、企业动态、商业领袖等经过加工的商业资讯，特别是还设立了商人博客、管理社区、商务沙龙、电子名片等实用型的商务互动平台。

（4）中国人力资源网（http：//www. hr. com. cn）。提供媒体宣传、管理咨询、高级人才搜寻、培训、人才测评、职业规划等的人力资源咨询服务。

6.3　政治专业信息检索

政治专业信息检索，包括政治学研究成果和政府出版物的检索。

政治学是以国家及其活动为研究对象的学科，从一定意义上说，政治学研究就是政治的一部分，包括国家的起源及其发展和消亡、国家本质、国家制度、国家结构、国家职能、政治制度、政治制度史、政治思想史等。

政府出版物（government publication）是指各国政府及其所属部门发表的各种文献的总称。又称官方文件或官方出版物。政府出版物反映政府的活动和观点，许多是政府在决策过程中产生的文献。因此，它对于研究出版国的政治和社会经济情况具有重要意义。

检索政治学研究成果和政府出版物信息，应尽可能利用政府、权威机构出版和主办的书刊、网站，学（协）会站点、专家或学者的主页以及各种商业化的网络信息检索系统。

6.3.1　主要参考工具书

查政治学的名词术语、人物事件、研究资料等主要利用各种专业词典、年鉴等参考工具书。

1. 词典

（1）《政治学词典》。由王邦佐等编著，上海辞书出版社 2009 年出版。该书是一本以系统介绍政治学知识为内容的专科辞典，较为全面地反映了这一学科的基本情况。全书分为七个部分：总论、政治主体、政治活动、政治思想和学说、政治制度、国际政治和行政学。一些国内国际较新和时下经常用到、查阅可能性较大的词目也进行了收录，如"全球治理理论""民主和平论""两枝世界政治论""政治知识化""政治民主"等，在编排上，全书按分类编排，反映出政治学体系的概貌。

(2)《政治学新词典》。由潘小娟、张辰龙主编,吉林人民出版社 2001 年出版。主要反映 20 世纪特别是 50 年代以后西方政治学理论界研究的新进展,收录相关条目 466 个,涉及当代政治学的重要流派、人物、著作和概念、术语等。附有音序、主题词、外文三种索引。

(3)《中国共产党历史大辞典》。由李景田主编,中共中央党校出版社 2011 年出版,以 2001 年版为基础,根据近十年来党的历史发展进程及党史历史资料的不断披露、广大党史工作者的探索研究,党史领域有许多新材料、新内容、新说法、新结论,由中央党校、中央党史研究室、国防大学等权威部门的专家精心编写而成,并根据中央有关精神和党史研究权威性结论特对《中国共产党历史大辞典》进行补充、完善和订正。《中国共产党历史大辞典》分为三卷,包括总论和人物;党的创立、大革命时期;土地革命战争、抗日战争、解放战争时期;基本完成社会主义改造、开始前面建设社会主义时期;"文化大革命"时期;社会主义现代化建设和改革开放时期,比较全面地反映了党的发展历史。

(4)《中国行政管理大辞典》。由黄达强、王明光主编,中国物资出版社 1995 年出版。该书共分 17 个部分。分别反映中国行政管理的历史与现状,反映行政管理科学发展的现状。

2. 百科全书

(1)《布莱克维尔政治学百科全书》(修订版)。由中国政法大学出版社 2002 年出版。该百科全书是《布莱克维尔政治思想百科全书》和《布莱克维尔政治制度百科全书》两部姊妹作的合译本。所有条目均按英文字母顺序排列;为研究政治思想的专业学者和非专业学者了解有关影响当今世界的各种重要观点和理论提供一种指南。它综述了古今政治理论家的思想,历史地考察了各种政治思想的演化和走向。该书描述重点是西方政治思想,同时也收录有关中国、印度和伊斯兰政治思想传统的概述性条目。

(2)《当代世界政治实用百科全书》。由刘国平主编,中国社会科学出版社 1993 年出版。该书是一部包容第二次世界大战后世界政治各个领域的大型综合性工具书,分为马列关于世界政治的基本理论、各国主要政党、重要国际组织、世界政治大事记等 18 个栏目。

(3)《中国政府公务百科全书》。由王嵩山等编著,中共中央学校出版社 1994 年出版。该书内容分为基础理论、综合行政管理、财政经济管理和社会事务管理四大类,103 科 2 万余条。

(4)《中国政府管理百科全书》。由张郎等主编,经济日报出版社 1992 年出版,该书囊括政府管理的理论,详尽介绍了政府管理理论与实践的发展历史、我国政府管理的各项政策、我国政府管理各专门领域的业务要求和我国政府的运行情况。有助于政府工作人员和关心政府管理的同志学习和掌握现代政府管理的各种理论知识和业务实践，了解我国政府管理历史和现状，把握政府功能、政府管理一般规律和政府运转机制，熟悉我国政府工作的各种政策和政府管理各个领域的专门业务，建立完备的、先进而科学的知识结构，以适应社会主义现代化建设和当前政府管理工作的需要。全书约 300 万字。

3. 年鉴

（1） *The Europe World Year Book* （《欧罗巴世界年鉴》）。该书是一部世界范围的政治性年鉴，由英国以出版工具书著称的欧罗巴公司编辑出版。资料来自各国统计局、政府各部门、外交使团和国际组织的出版物。涵盖 250 多个国家和地区的政治和经济信息。该书特点是眉目清晰、出版及时、信息量大，尤以新闻媒介内容丰富，且资料来源较为权威，经过反复核实和修正。目前该书已有网络版 Europa World Online （www. europaworld. com），为用户提供了更新更及时的信息和更多的检索入口。

（2） *Statesman's Yearbook，Statistical and Historical Annual of the States of the World*，1864-. London：Macmillan （《政治家年鉴》）。它是一本内容侧重政治和历史，了解世界各国诸方面的情况的简明、实用的统计性工具书。每个国家的内容均按下列顺序叙述：历史、面积和人口、宪法和政府、国防、国际关系、经济、能源和自然资源、工业和贸易、交通、司法、宗教、教育、社会福利以及外交使节等。各国内容虽详略不同，但体例保持一致。统计数据、回溯性资料和参考书目比较丰富。在所介绍的 100 多个国家中，该书侧重美国、英国、加拿大和英联邦成员国以及中、俄、日、法等大国，而众多第三世界国家的资料则甚简略。该书另一个特点是出版迅速、内容及时，关于我国的人名、地名采用汉语拼音。每一国家甚至每一国家的各个章节附质量较高的参考书目。

（3）《国际形势年鉴》。由上海国际问题研究所编著，上海社科院出版。该年鉴自 1982 开始出版至今，以国际政治经济形势为宗旨，以日期、国别为线索，罗列了中国与世界其他国家、世界各国之间、国家与国际组织内发生的、对国际政治经济有一定影响的大小事件，为各研究单位与个人及国际问题的爱好者提供了一份详细、全面、可靠的国际形势的资料。

（4）《中国政治学年鉴》。由中国文联出版社出版，是一部集文献性、资料性、实用性于一体的专业性工具书。全面介绍和评价中国政治学的发展情况；并对政治学研究各个领域或热点问题的研究情况予以述评。

6.3.2　主要信息检索平台

1. 政治学研究信息检索

（1）ICPSR。美国校际社会科学数据共享联盟（Inter-University Consortium for Political and Social Research，ICPSR）成立于 1962 年，位于美国密歇根大学安娜堡分校，储存超过 17000 种调查研究资料，如军队官兵总名册、遗嘱、遗嘱查验与税收纪录，是现在世界上最大的社会科学数据中心。

（2）*The CIA World Factbook*。《世界概况》（*The World Factbook*，又译为《世界各国纪实年鉴》）是由美国中央情报局出版的调查报告，1975 年起在美国国内公开发售，自 1997 年起开始有线上版本。在 2001 年以前，内容只随印刷本每年更新，目前线上版为每两周更新一次。发布世界各国及地区的概况，如人口、地理、政治及经济等各方面的统计数据。因中央情报局属美国政府部门，所以其资料格式、体例、内容皆需符合美国政府的官方需要及立场，资料则是由美国国务院、美国人口调查局、美国国防部等部门及其辖下的相关单位提供。如同其他美国联邦政府作品一样，该报告内容均属公有领域资源。包含 250 个国家和地区的基本概况和详细数据；国际组织的基本介绍；各种区域的地图、PDF 格式，可矢量缩放；国家和地区的人口、经济、领土等排名，大部分国家和地区都有图库展览。

（3）中国共产党资料库。收录中国共产党的档案和重要文献，信息来源于人民日报社、中共中央文献研究室、全国人大、中国人民政治协商会议全国委员会常务委员会。提供从中国共产党的创立伊始至今的重要的历史信息和当今最新信息，月度更新或实时更新。收录内容为自 1921 年建党以来发表的所有党和国家的重要文献和档案，主要内容包括重要档案、历史文献。例如，中国共产党多年来的章程和内部档案；自 1921 年建党以来，中国共产党历次党代会资料，包括报告、名单、图片、新闻报道、评论、音频/视频和其他研究资料，共计 300 多万字；领袖著作，领袖包括毛泽东、周恩来、刘少奇、朱德、任弼时、邓小平、陈云；自 1989 年以来党的日常活动；自 1921 年以来党的历史事件党内名人录。

（4）中国共产党文献资料库。中央党校出版社和中央文献出版社联合出版的只读光盘。这是我国出版界首次将党的历史文件和文献系统地录制成电子出版物。该光盘一套两张，共收集了 4584 份重要文献，2000 多万字，内容囊括了从党的各次全国代表大会的大会文件，中共中央、全国人大、政务院或国务院、中央军委发出的文件及批转所属部门的一些重要文件，还有中央重要领导人和一些部门的负责人发表的重要讲话和文章，以及通过报刊传达中央精神的重要社论，历史上曾产生过较大影响的或具有重要理论意义的非正式文件和讲话记录等。该光盘设置了目录和全文双重检索功能。包括中国共产党自建立到新中国成立前的2733份重要文件；新中国成立以来至1965年1232份重要文献；以及十一届三中全会以来直至1997年619份重要文献，总计2000多万字。

（5）中国资讯行——中国中央及地方政府机构库。收录中央国务院部委机构及地方政府各部门资料，包括各机构的负责人、机构职能、地址、电话等主要资料。

（6）中国社会科学网（http：//www.cssn.cn/）。它是中国社会科学院主办、中国社会科学杂志社承办的高水平的马克思主义理论宣传网、国家级社会科学学术研究网、特大型国内外综合信息网。2014年1月1日全新改版。设置资讯、学科、综合和互动四大版块，开设54个频道、1300多个栏目，开办论坛、博客、微博，开通安卓和iPad等移动客户端，吸引学者开设自媒体平台，全面呈现学术互动功能。

（7）中国政治学网（http：//chinaps.cass.cn/）。它由中国社会科学院专职政治学研究的学术机构中国政治学研究所主办。以马列主义、毛泽东思想、邓小平理论为指导，按照"三个代表"要求，坚持"二为"方向和"双百"方针，注重古为今用、洋为中用，主要致力于加强中国政治学科的基本理论建设，积极开展对国内外重大现实问题的政治学研究，努力为党和国家顺利推进政治体制改革、发展社会主义民主政治、保障社会政治稳定提供有决策参考价值的科研成果，同时高度重视培养和促进政治学科优秀人才的成长。

（8）中国行政管理研究（http：//www.cpasonline.org.cn/gb/）。中国行政管理学会版权所有，主要研究行政管理的理论和实践，发展行政管理科学，为政府改进行政管理服务的全国性学术团体。

2. 政府出版物检索（参见5.7节）

政府出版物文献信息按性质一般可分为如下两大类型。

第一类是行政类政府出版物（包括立法、司法出版物）。这类文献主要有国家人民代表大会、议会或国会的会议公报、议案和决议、听证和辩词记录、法律和法令、解密的法院文档、司法文件、规章制度、各项政策、条例规定、调查和统计资料等。这类政府出版物往往涉及政治、经济和法律等方面，如各级政府工作报告、各级财政部门的国民经济预算和决算等。

第二类是科学技术类政府出版物。这类文献主要有政府出版的有关科技发展政策文件、科技研究报告、专利文献、标准文献、地质水文和航空航海线图以及解密的科技档案等。许多国家设立出版发行政府出版物的专门机构，如美国政府出版局（Government Printing Office）、英国的皇家出版局（HMSO）等。

1）中国政府出版物

目前几乎所有的国家级政府机构及各级地方政府都开通了相关网站。中国的政府上网工程自 20 世纪 90 年代末期启动。中国的政府出版物大部分是由政府有关部门编辑，并由指定出版社出版。其中，行政类政府出版物占大部分。随着改革开放和建立社会主义市场经济，我国政府出版物，特别是有关经济方面的出版物越来越多，如《中华人民共和国物价公报》《中国对外经济贸易白皮书》《中华人民共和国税收法规公告》等。

面对丰富的网上政府信息，进行准确的检索也需要借助相关检索工具。目前专业提供我国政府信息检索服务的平台或专业搜索引擎还比较少，一般可以利用一些综合性的搜索引擎（如百度等）来检索有关政府的各种动态新闻，国家重大政策、法规的变动信息。还有许多综合性网络信息门户（如搜狐、新浪等）的分类导航体系中均有相关类目，提供对政府与国家机构网络资源的分类链接。较有代表性的政府主办网站和政府授权网站如下。

（1）中国政府网（http：//www.gov.cn）（5.7.1 节）。2006 年 1 月 1 日正式开通，由国务院办公厅负责，新华社发布更新内容。该网站是国务院和国务院各部门，以及各省、自治区、直辖市人民政府在国际互联网上发布政府信息和提供在线服务的综合平台，是我国电子政务建设的重要组成部分，对于促进政务公开、推进依法行政、接受公众监督、改进行政管理、全面履行政府职能具有重要意义。

（2）中国网（http：//www.china.com.cn/）。始建于 1997 年，由国务院新闻办公室主管，是国家六大重点媒体网站之一。其内容来自于各大新闻媒体，具有权威性和可靠性，同时它还拥有一支由中央和地方政府部门及学术机构的专家组成的庞大的作者队伍。在这里，可以找到我国国情的方方面面，既有基本情况，也有最新的事实与数字。

（3）中华人民共和国国家统计局（http：//www.stats.gov.cn）。中华人民共和国国家统计局是国务院直属机构，主管全国统计和国民经济核算工作，拟订统计工作法规、统计改革和统计现代化建设规划以及国家统计调查计划，组织领导和监督检查各地区、各部门的统计和国民经济核算工作，监督检查统计法律法规的实施。

（4）中国资讯行——中国中央及地方政府机构库。中国资讯行是香港专门收集、处理及传播中国商业信息的高科技企业，其数据库系统 China InfoBank（中文）建于 1995 年，该商业数据库系统适合经济、工商管理、财经、金融、法律、政治等专业使用，包含各类报告、统计数据、法律法规、动态信息等内容。《中国中央及地方政府机构库》专门收录中央国务院部委机构及地方政府各部门资料，包括各机构的负责人、机构职能、地址、电话等主要资料。

（5）人民数据（http：//www.people.com.cn/GB/43063/index.html）。该网站由人民日报社网络中心（人民网）、金报电子出版中心联合编辑出版，是我国最大的党政数据平台，提供有关政府的权威信息，如中国共产党历次全会文献信息、中国共产党重要文献信息、中国共产党重要事件/人物、国家政策信息、各地政策信息、政府工作报告、历届全国人大会议、历届全国政协会议等，具有权威性、全面性和新颖性。

2) 外国的政府出版物

国外许多国家非常重视政府出版物文献信息的出版和发行。美国政府出版物文献信息，数量之多、内容之广在全世界首屈一指。美国在国际事务中所处的超级大国地位，及其在科学技术、经济管理等各方面的优势，使它的政府出版物文献信息具有很高的价值。英国政府出版物文献信息分为议会出版物和非议会出版物。英国两院文件很多，其中，以下院文件、报告、议案、会议记录、特设委员会（如财政支出委员会、科学技术委员会、国有化工业委员会等）的报告尤为重要，具有较高的文献价值。法国政府出版物主要由法国文献处出版发行。德国和日本的政府出版物分别由政府各部门自行出版发行。

获取外国政府出版物信息的检索平台主要包括如下。

（1）联合国机构 Web Site Locator for the UN System of Organizations（http：//www. unsceb. org/directory）。该网站为联合国及其专门机构站点，提供联合国及其主要国际组织的站点链接。通过该网页目录，可以按照各机构名称的字母顺序，或机构的专业分类查找到各专门机构网站的地址与链接。除主要收录联合国机构站点，还包括与联合国相关的其他国际组织的网站信息。

（2）各国政府及国际组织网站指南（http：//www. library. illinois. edu/doc）。该站点源于美国图书馆协会（ALA）的政府文献圆桌会议（GODORT）特别工作小组的研究活动，是一个有关各国政府及国际组织目录站点的指南页。收录的目录站点分为外国政府、国际政府组织、非政府组织及相关权威站点四类，提供各机构网站及其主要出版物、新闻发布、图书馆及有关文献服务的链接。

（3）美国政府公共搜索服务——USASearch（http：//search. digitalgov. gov/index. html）。USASearch 服务依托于微软公司 Bing 搜索引擎所提供的最先进的搜索技术，面向美国联邦、州、地方、部落、区域性政府网站免费提供搜索支持。还辅助提供政府部门的 FAQs（frequently asked questions）服务、召回库搜索、政府博客搜索、视频搜索、政府移动应用搜索等功能，整个搜索功能非常完善，受到公民的广泛关注。

6.3.3　主要检索工具书

（1）《当代国际共产主义运动史中文书目和论文资料索引》（1949～1984）。由中国社会科学院马列主义毛泽东思想研究所共运研究室，甘肃省西北师范学院马克思列宁主义教研室编，中国社会科学院出版社 1984 年出版，共 3 册。资料选自国内公开和内部出版发行的书籍和报刊，也收录了港台地区出版的有关中文书目。

（2）《国外中共党史中国革命史论著目录大全》。由中共党史出版社 1993 年出版，是中共中央党史研究室科研局编译处同北京图书馆外文图书采编部、中共中央党校国外社会科学情报研究室的同志合编的大型工具书。重点收录了新中国成立以来特别是 20 世纪 80 年代以来国外发表的有关论著目录，其中包括部分港台学者的外文论著目录。为使读者对国外发表的论著有个全面的了解，还收录了 1919～1949 年国外发表的主要论著目录。全书共收目录近 7000 条。本书正文分西文、日文、俄文三大部分。每个部分按通常采用的党史阶段和时期划分法编排。跨新民主主义革命阶段和社会主义革命社会主义建设阶段的论著收录总论；在同一阶段内跨两个时期的论著，视其内容侧重，收录前一个时期或后一个时期；跨两个以上时期的论著收录所在阶段的总论。总论和每个时期的论著目录都按历史事件顺序排列并按政治、军事、经济、对外关系等内容相对集中。论述同一事件的同一作者的论著按作者集中。除按阶段和时期分类，还分出“毛泽东和毛泽东思想研究”“人物研究”“文献资料”等专题部分。

（3）《行政学论著目录与提要》（1891～1988）。由刘绍华主编，能源出版社 1989 年出版。该目录收录了近百年间国内外出版的有关行政学方面的专著与论文。其中，收专著 920 多种，论文篇目 3300 多篇，全书分为两大部分：行政学专著；报刊资料。每类之下按内容主题分别编排，外文部分先注译文后录原。书前有的分类目录。

（4）《中华人民共和国行政管理文献资料汇编》（1949～1993）。由该书编委会编著，山西经济出版社 1996 年出版。该书收录 1949～1993 年以来全国人大、中共中央、国务院有关行政管理改革、调整等方面的重要政策、法规与条例等。分为总论、国家权力结构、政府组织结构、中央与地方的关系、干部从事管理体制与制度、政策的组织与实施以及附录等部分。

（5）《近代中国社会研究论著类目索引》（*Modern Chinese Society An Analytical Bibliography*）。由（美）施坚雅（Skiner）主编，美国斯坦福大学出版社 1973 年出版，共 3 卷。该书是一部大型分类目录索引，是从 9 万多种文献中筛选出来的，共计 31441 种文献。包括图书、论文、研究报告、学位论文以及专著中的有关章节。第 1 卷西文篇（1644～1972），收录了 20 多种文字（不包括俄文）的西方文献 13057 种。第 2 卷中文篇（1644～1969），收录了中国文献 11215 种。第 3 卷日文篇（1644～1971），收录了日本文献 7169 种。每卷各自按类编排，同时还附有 6 种索引。

6.4　法律专业信息检索

法律与政治一样，同属上层建筑领域。其内容包括法学、宪法、法令、行政法规、条例、章程、判例、习惯法等成文法。查检法律专业信息，就要善于利用各类网站及专科性书目、索引、文摘。

6.4.1　主要参考工具书

1. 词典

(1)《朗文法律词典》。(英)科尔森，(英)理查兹著，法律出版社 2007 年出版，《朗文法律词典》由英国著名出版机构——培生教育出版集团出版，"朗文词典"已成为世界著名词典品牌。《朗文法律词典》自 1979 年第 1 版面世以来，一直广受普通法学习者的追捧，它已经深深影响了世界各地众多的法学院学生、执业律师和学者。

(2)《布莱克法律词典》。自 1891 年出版以来一直是一部权威性的美国法学词典，不断修订，2004 年已出版到第 8 版。每一语词提供英文和部分其他外文的读音。词条中包括许多拉丁文、德文、法文、撒克逊语及其他古代法律术语，还包括许多法律警句(格言)，其中许多定义出自司法判词和案例所援引的法律文件。词典所附的参考资料，如判例报告、法律期刊及其他法律出版物目录等，对法学研究有一定的参考价值。该词典可以通过西方出版公司法律文库(Westlaw) 的数据库进行联机检索。

(3)《牛津法律大辞典》(*Oxford companion to law*)。戴维·M·沃克著(David M. Walker)，李双元等译，法律出版社 2003 年出版，该书是世界权威性的法律专业工具书。共收词条 8400 多条。内容包括法学理论、法律哲学、法律制度、法律史、法律思想、刑事法、民商法、国际法、法学流派、法学家等。全书按原著的英文字顺排列，每条词目均附有原文。正文前译者编有词目汉字笔画目录。

(4)《法学大辞典》。由曾庆敏编著，上海辞书出版社 1998 出版。收录词目10837 条，450 多万字。按词目笔画编排。包括法理、宪法、行政法、刑法、民商法、婚姻法、经济法、劳动法、诉讼法、国际公法、国际私法、国际经济法、海商法、犯罪侦查学、侦查语言学、法医学、司法精神病学、中国法律史、罗马法、司法组织等学科中的术语、学说、学派、思想、人物、著作、机构等。内容全面，查阅方便，是法学工作者必备工具书之一。

2. 年鉴

(1)《中国法律年鉴》。由该书编辑部编著，法律出版社出版，1987 年创刊。介绍中国法制建设工作概况、法律法规、地方性法规和民族自治地方自治条例、司法文件选载、案例选编、重要会议以及法学各学科发展概况、统计资料等资料，全面反映了我国法制建设的基本情况。其《中国法律年鉴全文数据库》收录 1978 年至今的信息，按每本年鉴作为一个分库，完整再现了年鉴的全部内容。

(2)《人民法院年鉴》。由最高法院年鉴编委会编著，人民法院出版社出版，1988 年首卷发行，内容包括法院工作报告、各项审判工作、法律和司法解释、最高法院文件、重要讲话、重要会议、案例、法院建设、外事活动、人民法院大事记、司法统计资料、调查研究等。

(3)《中国检察年鉴》。中国检察院出版社出版。从 1988 年创刊开始，每年编辑出版一期。资料未包括台湾省和香港、澳门特别行政区。这是一部记载中国检察工作情况，及时反映检察工作全貌和各个年度的新发展、新成就的大型资料性年刊。年鉴所采用的资料都是由最高人民检察院各业务部门和省、自治区、直辖市人民检察院组织专业人员撰写和提供的，具有准确性和权威性。

(4)《中国法学研究年鉴》。由中国社会科学院法学研究所编著，中国政法大学出版社 1993 年出版。全面反映我国法学研究总的状况和各个学科的年度成果，为读者提供一部大信息量的工具性、学术性、知识性和资料性的书籍。

3. 名录

(1)《中国注册律师（律师事务所）名录》。由该书编委会编著，新华出版社 2004 年出版，全面收录在中国注册的各省、市、自治区的师事务所和律师，包括律师事务的名称和律师的姓名、办公地点、联系资讯等相关信息资料。

(2)《中国律师事务所及相关法律服务机构名录》。由张承兵编著，人民法院出版社 2005 年出版，该书共分三大部分：第一部分为全国各省、市、自治区（不包括港、澳、台）的律师事务所名录；第二部分为全国省、市、自治区的公证处名录；第三部分为全国省、市、自治区的部分仲裁委员会名录。

4. 百科全书

(1)《中国大百科全书·法学》。由该书编委会编著，中国大百科全书出版社 2006 年出版。这是我国最权威的法学工具书。该书涉及法学的各个门类。条目全部由各门类专家撰写。该书的编排顺序为：凡例、法学、条目分类目录（附彩图插页目录）、正文、条目汉字笔画索引、条目外文索引、内容索引。该书是一本检索途径最为详细、最为方便的大型工具书。

（2）《北京大学法学百科全书》。由该书编委会编著，北京大学出版社 2000 年出版，该书包括中国法律思想史、中国法制史、外国法律思想史、外国法制史四个学科。编纂体例吸收大百科全书和一般辞书的编纂方法之长，并有较完备的检索手段：每卷设有辞条学科分类目录、辞条汉语拼音索引和辞条汉字笔画索引；其中，学科分类目录的辞条名称除少数几个学科，均括注了外文，以供参照。

（3）《中华人民共和国法律大百科全书》。由许崇德、杨炳芝、李春霖编著，河北人民出版社 1999 年出版。以新颖的视角介绍了中国法律的基本知识、基础理论、解释指南，在具体内容的编写上采用了词典与法典结合，法理与司法实践相结合的体例。以辞条的形式出现。表述的内容清晰具体，是一部内容全面、资料丰富，实用方便的大型工具书。

5. 法规汇编

法规汇编就是将各种法律和规章汇编在一起的文献。法规是一种政府出版物，法规是具有的行为规范，因此，法规是法律文献中非常重要的一类文献，使用率很高。

法规汇编有综合性法规文献汇编、专题法规文献汇编、各种公报等。

（1）综合性法规文献汇编。①《中华人民共和国法库》由江泽民同志作序，原中华人民共和国首席大法官、最高人民法院院长肖扬担任总主编，全国人大常委会法制工作委员会审定。2002 年由人民法院出版社出版发行。全书 9 卷 16 册，收录全国人民代表大会及其常务委员会通过的法律和有关法律问题的决定、决议和解释 264 件，国务院发布的行政法规和行政法规性文件 703 件，最高人民法院和最高人民检察院发布的司法解释及司法解释性文件 888 件；选收国务院各部委发布的部门规章和部门规章性文件 1810 件，我国缔结或加入的国际条约以及常用国际惯例 208 件，以及部分国家标准，共计 3800 多件。全书总字数约 2600 万。②《中华人民共和国常用法律法规全书》由中国民主法制出版社出版。收录了我国现行有效的法律、行政法规，并按照我国关于法律体系的分类将全书分为宪法国家法、民法商法、行政法、经济法、社会法、刑法、诉讼及非诉讼法七大类。2010 年版收录了 2010 年 3 月以前现行有效的法律、行政法规，《中华人民共和国常用法律法规全书》是公、检、法、司等部门必备的法律工具书，也是律师、企业法律顾问及广大法律爱好者信任的权威法律工具书。③《世界各国法律大全》由吴新平主编，中国社会科学出版社 1993 年起出版，是一部超大型的系列法律汇编，已经出版的《美国法典》按 1988 年英文版全文翻译，共 10 余卷。④《世界宪法大全》（上、中、下卷）由陈玮主编，中国广播电视出版社 1989 年出版。本书收录世界所有国家的现行宪法和宪法性文件。

（2）专题法规文献汇编。《中华人民共和国法律法规及司法解释分类汇编》由中国法制出版社 2002 年出版，它汇集了中华人民共和国成立至 2000 年期间，全国人民代表大会及其常务委员会公布的法律、国务院发布或批准发布的行政法规和法规性文件、国务院各部委发布的规章以及最高人民法院、最高人民检察院发布的司法解释、条文释文，全套书分宪法及宪法相关法、民商法、行政法、经济法、社会法、刑法、诉讼法七大部分。收集了现行有效的法律、有关法律问题的决定、行政法规、法规性文件、部门规章和司法解释及条文释文等。全套 36 册，附光盘，近 5000 万字。

（3）公报。①《中华人民共和国国务院公报》（月刊）是 1955 年经国务院常务会议决定创办，由国务院办公厅编辑出版的面向国内外公开发行的政府出版物，不定期连续出版，专门刊登国家重要法律、法规和一些重要的部门规章。2012 年 11 月 10 日，"国务院公报"实名认证微博在新华网开通并上线。②《中华人民共和国最高人民法院公报》是最高人民法院公开介绍我国审判工作和司法制度的官方文献，由最高人民法院办公厅主办，是最高人民法院对外公布司法解释、司法文件、裁判文书、典型案例及其他有关司法信息资料的法定刊物。其主要内容包括重要法律、司法解释、司法文件、司法统计、任免事项、文献、裁判文书和案例等。1985 年创刊，季刊；1989 年 1 月改为双月刊；2004 年起改为月刊，每月 10 日出版。③《中华人民共和国最高人民检察院公报》，创刊于 1989 年，由中华人民共和国最高人民检察院主办，月刊。主要刊登国家颁布的有关法律、决定和立法解释；最高人民检察院有关具体应用法律问题的批复、解答等司法解释文件；高检院制定并需公开公布的通知、决定等重要文件；检察机关查办的有影响的重大典型案件等。

6. 案例汇编

案例是另一类重要的法学信息资源。案例是指司法机关针对涉及某类法律问题而受理立案的事件。在法学研究、审判实践、法制宣传中，人们经常要使用法律案例。按案例的来源和用途，可分为法院案例、教学案例、宣传案例。按性质划分，可分为真实案例和虚假案例。可用于查案例的工具体书很多。

（1）《最高人民法院公报》。由《人民司法》杂志社发行，每月 10 日出版，是最高人民法院公开介绍我国审判工作和司法制度的官方文献，由最高人民法院办公厅主办，是最高人民法院对外公布司法解释、司法文件、裁判文书、典型案例及其他有关司法信息资料的法定刊物。《最高人民法院公报》的主要内容包括重要法律、司法解释、司法文件、司法统计、任免事项、文献、裁判文书和案例等。

（2）《人民法院案例选》。该书是最高人民法院中国应用法学研究所定期编辑的反映全国各级人民法院审判活动的资料性、学术性和指导性图书。

6.4.2　主要信息检索平台

1. 搜索引擎

若不知所需信息所属的确切类目，则可从搜索引擎的分类目录开始，许多搜索引擎将法律归入法律政府类或政治法律类。顺着其目录逐层浏览下去，直到找到所要的信息为止。在分类目录上做得最好的当推雅虎（http：//dir. yahoo. com/？skw＝directory＋yahoo）。如果知道自己确切的信息需求，可利用搜索引擎的关键词（主题）查找功能。但是，利用搜索引擎有时搜索出来的结果太多，需要花时间去筛选。

（1）百度法律搜索（http：//law. baidu. com/）是百度与北大英华科技有限公司合作推出的针对法律方面的专业搜索，提供了自新中国成立以来中央和地方的各项法律条文，大量丰富的法律案例、裁判文书以及法律词典，为用户查找相关法律资料提供便利。

（2）专业的搜索引擎是 CNKI 的搜法（http：//soufa. cnki. net/）基于中国法律数字图书馆的文献资源而建设搜索引擎式的法律知识查询平台，使用简单，更适合于非法律专业人士查询使用。

2. 官方网站

官方网站指各国、各级法律制定部门或相关政府机构的网站。例如，中国的全国人民代表大会常务委员会、公安部、检察院、法院、国家知识产权管理局，以及美国的国会、联邦法庭、联邦调查局等，这些网站提供的信息新，权威性强。

（1）中央人民政府（http：//www. gov. cn）。

（2）全国人民代表大会（http：//www. npc. gov. cn）。

（3）中华人民共和国最高人民法院（http：//www. court. gov. cn）。

（4）中华人民共和国最高人民检察院（http：//www. spp. gov. cn）。

（5）国务院法制办公室（http：//www. chinalaw. gov. cn）。

（6）中共中央纪律检索委员会（http：//www. ccdi. gov. cn）。

（7）中国普法网（http：//www. legalinfo. gov. cn）。

（8）中华人民共和国公安部（http：//www. mps. gov. cn/n16/index. html？_v＝1393076451921）。

3. 法律检索系统

（1）中国法律查询系统——北京大学法宝（http：//vip. chinalawinfo. com）。该系统是由北京大学法制信息中心与北大英华科技有限公司联合推出的智能型法律检索系统。包括法律法规、司法案例、法学期刊、专题参考、英文译本五大检索系统，不仅能直接印证法规案例中引用的法律法规和司法解释及其条款，还可链接与本法规或某一条相关的所有法律、法规、司法解释、条文释义、法学期刊、案例和裁判文书；不仅让用户方便地查到法条，更能进一步帮助用户理解、研究、利用法条，创造了全新的信息呈现体系。

（2）北京大学法意（http：//www. lawyee. net）。提供 17 个数据库检索服务：法院案例库、法律法规库、法学论著库、合同文本库、法律文书库、法律咨询库、法学辞典库、统计数据库、金融法库、WTO 法律库、政报文告库、审判参考库、立法资料库、行政执法库、法务流程库、司法考试库、法律人库。

（3）CNKI 中国法律数字图书馆（http：//law. cnki. net）。为各类法律机构、政府、学校、企业、法律科研工作者、社会大众提供全面、权威、个性化的法律知识综合服务平台，提供法律信息查询、专题推荐、法律刊物阅读、行业数字图书馆建设、法律个人馆建设等一站式知识服务。

（4）中国法律信息网（http：//law. law-star. com/html/lawsearch. htm）。提供法律信息、法规查询、法律图书、法律论文、案件追踪、法律图书、谈法论道、律师介绍、产品服务、公报文告汇集和政府机构连接等信息。

（5）中国资讯行——中国法律法规数据库。收录以中国法律法规文献为主，兼收其他国家法律法规文献。数据库收集中华人民共和国自 1949 年以来的各类法律法规及条例案例全文（包括地方及行业法律法规）。数据库每日更新。需付费使用。

（6）月旦法学知识库。完整收录全球华文法学文献，包括期刊、文献专论、影音论坛、教学资源、词典工具书、法律分析、实务判解精选、常用法规、法学名家、博硕士论文、考试题库热点。

（7）法律门（http：//www. falvmen. com. cn/falvm/index. jsp）。由法律出版社与香港中华法律网合资组建的电信信息增值服务企业——北京法讯网络技术有限公司倾心打造的法律门户网站。既着重于为法律专业人士服务，也为社会大众服务的内地的网上法律服务，法律培训、法律资讯产品网上销售中心。

（8）LexisNexis（律商联讯）（http：//www. lexisnexis. com. cn/zh-cn/home. page）。为 Reed Elsvier 集团下属公司，专业从事法律、商业、新闻资讯和出版服务，是世界上最大的全文数据商之一，在全球传递综合性和权威性的法律、税务、商业和政府信息。包括 Lexis. com 和 Nexis. com 两个子数据库。

（9）威科先行法律信息库（http：//law.wkinfo.com.cn）。威科集团（Wolters Kluwer）于 1836 年起源于荷兰，作为专业人士首选，为全球财税、会计、法律法规、金融和医疗卫生领域的专业人士提供信息产品、服务及工作流程解决方案，帮助专业人士进行高效决策。威科先行法律信息库是专为中国法律、财税、人力资源专业人士倾力打造的强力法律助手，拥有高质量的双语法律专业信息库、最新的法律新闻、权威的专家文章、独家的 CCH 实物指南等。

（10）WestLaw 法律数据库（http：//www.thomsonreuterslegal.com.cn/index_cn.html）。是全球最强大的在线法律研究工具，它提供来自全球的大量法律信息以及时事新闻和商业资讯，是快速、有效法律研究的平台。目前，Westlaw 提供约 32000 个即时检索数据库，其中包含判例法、法律报告、法律法规、法律期刊、法院文档、法律专著以及法律格式文书范本，覆盖几乎所有的法律学科。包括法学期刊、判例、法律法规。内容每天更新。万律（Westlaw China）中国法律法规双语数据库是汤森路透法律信息集团为中国和英语世界的中国法律执业人士提供智能的法律信息检索、全面的法律知识及中国法律研究解决方案的平台。

（11）HeinOnline（http：//home.heinonline.org）。由 William S.Hein & Co.，Inc. 出品。该公司从事法律出版及信息服务已有近 80 年的历史，在美国乃至全球均享有盛名，现为全球最大的法律期刊的提供商、订购商和法律图书馆界的服务商。HeinOnline 现有近 1700 种法学期刊，675 卷国际法领域权威巨著，100000 多个案例，1400 多部精品法学学术专著。美国所有法学院均已订购。该数据库是法学教学、研究和学习的必备资料库。

4. 法学主题导航网站

这些网站多由兼备法学知识和网络检索经验的人创建。将网上与法学有关的重要资源按照一定的结构有机地组织起来，便于人们在短时间内获取所需的该领域信息。除了综合性的 CALIS 和 CNKI 的学科导航，国内很多高校图书馆都设有学科导航或指南系统，都可以快速地找到与专业相关的各类信息资源。在互联网上，也有法学主题的各类导航资源。

（1）网络法律资源指南（internet legal resource guide，ILRG）（http：//www.ilrg.com）。搜集了来自 230 多个国家或地区的 4000 多个与法律密切的网站，是 Internet 上早的法学网络数据库之一。ILRG 的内容包括法学研究、法律实务和教育三部分。收录的内容包括世界各国和美国各州法学机构、法律期刊、法律课程教学大纲、法学院排名和介绍、学术和职业团体、法学继续教育、法律专家索引、各种法规条文、法律范文和表格、各种法律判决、法律事务报道分析、法律案件报道、民事诉讼、刑法、证据、破产、税务等。

（2）全球法律信息网（global law information network，GLIN）（http：//memory. loc. gov）。它是美国国会图书馆法律图书馆管理的严格的国际合作网络，其成员国将自己所有权威的法律文本和立法建库挂在图书馆上，已经有近40个成员国通过因特网向该网站提供资料并进行共享。它是一个维护法律、提供法律、法规以及重要法律资源的法律信息系统。

（3）寻找法律（http://www. findlaw. com）。WEST GROUP 的组成部分之一，是一个免费的法律与政府网络信息的指南性网站。按不同的使用对象进行组织法律资源，如法律专业人员、法律学生、商业者、公众。每日更新。法律指南收录了30多个法学领域，共计美国各州、联邦和国际的法律网站5万多个。判例收录了1983年以来美国最高法院判例数据；名录收集了过百万的律师和律师事务所的信息；文献中心收录200多个主题的法学法律文献，有部分全文信息。

（4）国外法律期刊索引（the index to foreign legal periodicals，IFLP）（http：//www. law. berkeley. edu/library/iflp）。它是美国法律图书馆协会的一个题录型的数据库产品。网络版数据始于1985年，同名印刷版工具书创刊于1960年，收录540多种法律期刊，80多种法律文集、纪念文集、国会报告等。文献来源主要依据美国加利福尼亚大学伯克利分校法律图书馆的收藏，收录范围广、多语种、跨国界，是一个收费数据库。

5. 各类法学信息网站

1）教育科研机构网站

一般而言，大学的网站专业性和学术性较强，利用大学网站不但可以检索原始资源和二次资源，而且作为查找的路径网站，通过它的链接可迅速查到更多的其他信息资源。有些大学甚至有自己专门的法学研究网站。

（1）中国人民大学法学院主办的中国民商法律网（http://www. civillaw. com. cn）。

（2）中国人民大学刑事法律科学研究中心的中国刑事法律网（http://www. criminallaw. com. cn）。

（3）华东政法学院的经济法网（http：//www. cel. cn）。

（4）中南财经政法法学院的中国知识产权研究网（http://www. iprcn. com）。

（5）北京大学的北京大学法意和北京大学法宝。

（6）吉林大学理论法学研究中心的中国理论法学研究信息网（http://www. legal-theory. org/）。

（7）中国政法大学诉讼法学研究中心的中国诉讼法律网（www.

procedurallaw. cn/）。

2）法律学术研究信息网站

（1）中华人民共和国最高人民检察院、中国检察日报主办的正义网（http：//www. jcrb. com）。

（2）中国科学院的中国法学网（http：//www. iolaw. org. cn）。

（3）东方法眼（http：//www. dffyw. com/）。

（4）浙江省法律专业书店的法律图书馆（www. law-lib. com）。

3）司法考试网站

网上能集中反映司法考试信息的网站包括：

（1）国家司法考试网（http：//www. cnsikao. com/）；

（2）国家司法考试培训网（http：//www. peixunwang. com/index. htm）。

其他一些权威性的法律网站和高校也设有相关栏目。

4）其他

（1）《中国法学文献题录索引汇编》数据库（光盘）。汇集了华东政法学院、中国政法大学、人大书报资料中心处 1978～2002 年以来编选的 24 万多条法学题录。华东政法学院部分分 17 大类，几百个子类；人大索引部分分 11 个专题的学术文献索引；中国政法大学部分分 20 多个专题。采用博利群电子信息公司的 CGRS 系统作为检索平台。

（2）民事诉讼法学参考资料数据库 ［1949～1999（光盘）］。选录 1949～1999 年中华人民共和国民事诉讼法学、中国台湾民事诉讼法学、外国民事诉讼法学参考数据。包括民事诉讼法学的历史数据、司法部门文件、专著、教材、论文、国际学术会议、专业文献的全文资料。共分两个部分：民事程序法学参考资料和民事事实体法学参考资料。共 3700 万字。

（3）中国法律法规大典数据库 ［1949 年至今（光盘）］。由中国政法大学与博利群电子信息有限责任公司联合开发制作，电子工业出版社发行。收录 1949 年至今颁布的各类法律法规及条例案例全文 5.7 万篇，同时也包括地方及行业法律法规，共划分 7 个大类，总计 2 亿多字。

6.4.3 主要检索工具书

1. 专科性书目

（1）《中国法律图书总目》。由中国政法大学图书馆编著，中国政法大学出版社 1991 年出版。全面收录了我国古今法律法学类图书，并重点反映 1986 年以来出版的各类图书，共收法律图书 28000 余种，还收录香港和 1949 年后台湾出版的法律图书 2900 种。

（2）《中文法学与法律图书目录》。由西南政法学院图书馆 1984 年编印，共收法律图书 15173 种，其中，1、2 册系 1949～1982 年的法学与法律图书目录 4165 种，3～5 册系新中国成立前的法学图书目录（包括古代和近代）11008 种。

（3）《中国法学图书目录》。由中国法学会编著，群众出版社 1986 年出版。它是一部大型回溯性法学图书检索工具书，收录我国 40 多个单位馆藏中文法学图书 20000 多种，30000 多个版本，分为 21 个专题，480 个全部图书均编有序号和注明其收藏单位代号，附书名索引和著作索引。

（4）《法学在版书目》（*Law Book in Print*）。由 R. L. 布克华尔特编，格兰维尔公司出版。全世界英文版法律图书资料及相关文献。包括辞典、百科全书、年鉴、手册、综述、专论、文集、教科书、法规判例、目录、索引、文摘等。1957～1961 年出版 3 卷本。1982 年出版 5 卷本。条目目录完善，可向读者提供准确的法律信息。

2. 专科性索引

（1）《全国主要报刊法学资料索引》。由西南政法学院图书馆编印，全书四册收录 1950～1984 年报刊上的法学资料 2 万多种。

（2）《法学资料索引》（1950～1984）。由兰州大学图书馆 1985 年编印。全书分为 3 辑。第 1 辑收录 1950～1980 年报刊上有关的论文篇目，第 2 辑收录 1981 年发表的法学论文篇目，第 3 辑收录 1982～1984 年的法学论文留目。可按时间顺序或专题类目检索出有关论文。

（3）《中国法律期刊文献索引》（2001 年至今）。由邹育理主编，法律出版社出版，是一种连续出版的检索工具书，按年代报道当年发表在国内各种期刊中的法律专业论文信息。2001 的索引收录该年国内期刊 180 种，其中，66 种是《中文核心期刊要目总览》（2000 年版）选定出来的核心期刊，共计收录篇目 7943 条。2002 年版收录 2002 年国内 666 种学术刊物，选录篇目共计 15864 条。2003 年版在 2001 年版的基础上扩大了收录的范围，共收录 848 种学术刊物，130 种法律论文连续出版物，选录文章篇目 17224 条，提供分类检索、主题词检索、著者检索、外国法论文检索四种检索方式。

（4）《法律期刊索引》（*Index to Legal Periodicals*）。1908 年创刊，月刊。美国威尔逊公司出版，有年度累积本。该索引收录美、英、加、澳等国出版发行的 500 多种法律期刊文章。全书包括刊名缩写、刊名索引、缩写词表、主题词表以及主题、作者、判例、法规、书评八项，均按字顺编排。

（5）《近期法律文献索引》（*Current Law Index*）。由美国法律协会主编，Cale Group 出版。按主题、著者标引美国、加拿大、澳大利亚和新西兰出版的法律期刊的文献索引。每年 8 期，附有季度和年度累积本。

3. 文摘

法学文摘（1985 至今）。由中国人民大学主办，中国人民大学书报资料中心出版，1985 年创刊，内部不定期发行。摘编法学研究最新学术成果，浓缩基础理论法学与各部门法学的新思想、新观点；注重代表性、创新性、学术性、指导性；关注亮点、热点、难点，反映基本点；深度加工、引领阅读新潮流。

6.5　经济专业信息检索

经济学是社会科学中最有实用价值，成熟且研究的人最多的一门学科。它包括政治经济学理论、经济史、经济概况、经济地理、经济计划与管理、各部门经济（工业、农业、交通运输、邮电、贸易、财政金融等）及其他分支学科。经济信息可以通过商业数据库、电子图书及期刊、各种经济类年鉴以及网站等资源工具获取。

6.5.1　主要参考工具书

1. 词典

（1）《经济大辞典》（汇编本）。由于光远编著，上海辞书出版社 1983～1996 年出版，1992 年出版汇编本 2 册，2002 年出版了补编本。辞典按学科分类，收辞目 35000 余条，共 20 卷。主要收录经济学理论和经济生活的基本词目。对古今中外辞目兼收，但以中国特色和现代经济词目为主。

（2）《现代经济辞典》（*Dictionary of Modern Economics*）。由刘树成主编，凤凰出版社 2005 年出版。国家"十五"重点图书。涉及 20 多个经济学专题，共收词条 6000 多个，其中，1000 多个词条为改革开放 20 多年我国经济生活中新出现的，在其他任何经济辞典中从未收录过。

（3）《现代西方经济学辞典》。由胡代光、高鸿业主编，中国社会科学出版社 1996 年出版。涵盖西方经济学的全部内容，按学科分类编排，学科次序又依内容遵循从古到今、从微观到宏观、从国内到国际、从理论到应用学科的原则排列。各学科的经济学家另集中排列为最后部分。共精选了 3000 多个条目。

2. 百科全书

（1）《中国大百科全书·经济学》。由该书编委会编著，中国大百科全书出版社 2004 年出版。全书分九个部分：经济学、政治经济学、中国经济史、外国经济史、马克思主义政治经济学说发展史、中国经济思想史、外国经济思想史、部门经济学、专业经济学。按条目标题的汉语字母顺序和汉字笔画顺序排列。

（2）《经济学百科全书》（*International Encyclopedia of Economics*）。由 Magilll 主编，吴易风主译，中国人民大学出版社 2009 出版，该书包罗万象，涉及经济学学科的方方面面。它不仅涵盖诸如《关税和贸易总协定》这类专业性较强的论题，也包括像消费者满意度测量这类理论性较强的论题等。该书的 393 个词条源自经济学的 12 个领域，从货币理论到国际贸易，从福利经济学到经济思想史，都包括在内。

（3）《中国入世大百科全书》。由王忠明主编，国务院国资委经济研究中心编，北京中经数据电子出版中心 2003 年出版。是我国入世后由国家权威部门主编的第一部最全面、最系统、最实用的入世工具书。全书 6 大部，10 卷。介绍了关贸总协定回顾，从关贸总协定到世贸组织，WTO 术语以及世界贸易组织有关文件及国际合约。

3. 年鉴

（1）《世界经济年鉴》。由中国社会科学院世界经济与政治研究所主办，《世界经济年鉴》编辑部编辑出版。创刊于 1979 年，是一部反映世界各国和地区经济概况、考察世界经济发展动向、追踪世界上各经济部门的发展状况、介绍中外企业经营情况的大型工具书。其统计资料来源具有权威性，主要引自联合国及其他重要国际经济机构的出版物、各国政府的有关经济报告和官方统计资料、各国报刊等。全书引用的系统统计资料及一些主要资料均注明出处。

（2）《中国经济年鉴》。由国家经济贸易委员会主管、主办，《中国经济年鉴》编委会编纂，先后由经济管理出版社、经济年鉴出版社出版。1981 年创刊。它是一部客观评价我国经济贸易运行状况和主要行业及企业改革与发展的大型工具书和资料性年刊。展示地区经济特色，突出行业发展特点，数据翔实，内容丰富。

（3）《中国企业管理年鉴》（1990 至今）。由该书编委会编著，企业管理出版社出版。自 1990 年创刊以来，已经连续出版了 16 卷，约计 2600 万字。2001 年改版后，每卷同步出版多媒体全文检索电子光盘，是一部反映和纪录中国企业改革与发展历程的史鉴，融政策性、权威性、资料性和实用性于一体，从不同层面各个领域真实再现了中国企业改革、管理和发展的新成就和新经验。

（4）《中国经济学年鉴》。由中国社会科学院经济学部编著，中国社会科学出版社 2008 年起出版。收录有关经济学的重要文献、研究课题、研究生教育、学术活动、学术机构等信息。反映前一年中国经济学学术研究的新进展、新变化和新面貌。

4. 手册、指南

(1)《中外经济数据信息大全》。由胡汉章、潘金生主编，中国金融出版社1997年出版。该书为每年一期的连续出版图书。资料基本源于国内公开出版的各类报纸，其数据资料既有官方公布的数字，又有专家的预测。

(2)《经济学工具书指南》。由中国社会科学院经济研究所图书馆编著，经济科学出版社1989年出版。该指南收中外经济类工具书约1000种，分10类编排。书首有概论，简要介绍经济学工具书的功能、类型和使用方法；书末附分类索引和中、日、俄、西文书名索引。

(3)《经济科学工具书指南》。由左大钺、王定芳主编，湖南人民出版社1987年出版。该书目收经济学工具1194种，其中，中文工具书704种，外文工具书490种。分中文和外文两个部分编排。各部分均包括政治经济学、世界经济、计划经济与管理、交通运输经济、统计等12类。书本附书名笔画索引。

(4)《世界各国商务指南》。由滕藤主编，中国社会科学出版社1996年出版，5册5卷。收录世界上88个国家的商务信息。

(5)《经济学手册》(*The IEBM of Economics*)。由（美）拉佐尼克编著，英国汤姆森学习出版集团2002年出版，人民邮电出版社出版2006年翻译版。该书是以制度经济学为导向，并从全球经济着手的经济学参考书。各词条的作者均为全球著名高校的经济学家和全球经济学权威，内容涉及各个产业及其制度在全球的发展。

5. 名录

(1)《中国工商企业名录大全》（汇编）。由中国工商企业名录大全编委会编著，中国国际广播出版社1992年编辑出版。全书共8册，是一部大型的最新版本的商务业务情报信息工具书，共编入了全国近30万个工商企事业单位的名称、地址、电话、电报挂号、直拨电话、邮政编码、图文传真及部分企业的产品简介和经营范围。

(2)《中国对外贸易机构大全》。由该书编委会编著，中国商业出版社1996年出版。该书是一部集中中国对外经贸行业及相关部门机构名录之大成的工具书。全书共收入6000个条目，包括中国对外经贸部门和驻外机构、种类贸易促进机构和商会、经过整顿后保留进出口经营权的各类外贸公司、工贸公司自营出口生产企业和国际经济技术合作公司，与经贸业务相关的海关、商检、保险、中国银行、国际运输、动植物检疫机构等。全书中英文对照。

6.5.2　主要信息检索平台

1. 搜索引擎

综合性的搜索引擎包含了大量的经济信息，有的搜索引擎还设有与经济相关的专类，便于浏览和检索。综合性的搜索引擎对于检索经济新闻、人物、数据、相关事件、公司及机构网址、图书及报刊论文、研究报告等都有着重要作用。常用的有百度、谷歌、搜狐、新浪等。一些综合性的搜索引擎同时也是大的门户网站，因此设有专门的经济频道，为经济专题的搜索提供了方便，如新浪财经（http：//finance.sina.com.cn/）、网易财经（http：//money.163.com/）、搜狐财经（http：//business.sohu.com/）、百度和讯财经网（http：//baidu.hexun.com/stock/）等。

经济类也有专业独立的搜索引擎，经济信息相对集中，查找速度快。

（1）和讯搜索（http：//search.hexun.com/）。可对博客、股票/基金、视频、股吧/基金吧等进行标题或全文搜索。后台数据库巨大，能提供准确的财经搜索结果。

（2）中金在线（http：//www.cnfol.com/site/）。财经专业搜索引擎，提供财经、股票、证券、金融、港股、行情、基金、债券、期货、外汇、保险、银行、博客、股票分析软件等多种面搜索服务。

（3）经济学搜索引擎（Economics Search Engine，http：//ese.rfe.org/）。它是一个利用谷歌来搜索超过 23000 个经济学站点的搜索引擎。

（4）世界贸易搜索引擎（World Trade Search）（http：//www.world-trade-search.com/）。提供包括中文在内的 18 种语文的搜索。可查询亚洲、美国和欧洲等地世界各种公司的信息。

（5）商务网（Businese.com，http：//businese.com）。它是在商业方面处于领先地位的搜索引擎，可查找公司及产品、商贸服务等信息。

（6）Hoover's 在线（Hoover's Online，http：//www.hoovers.com/）。工商企业信息的专门搜索引擎，覆盖全世界范围的各类公司，提供各类商业报告和产业概况在内的各种公司信息。

（7）搜寻网（Find What，http：//www.findwhat.com/）。它是提供产品和广告信息服务的搜索引擎。

（8）超级网页（SuperPages，http：//www.superpages.com.au/）。它是商用搜索引擎，查找企业、人物等。

2. 数据库检索系统

（1）中国经济信息网（http：//www.cei.gov.cn）。简称中经网，是国家信息中心组建的、以提供经济信息为主要业务的专业性信息服务网络，1996年年底开通。主要提供宏观经济、行业经济、区域经济、法律法规等方面的动态信息、统计数据和研究报告。中经网提供了部分动态信息和免费资源，但也有一些资料需付费使用。

（2）国务院发展研究中心信息网（http：//www.drcnet.com.cn）。简称国研网，1998年3月创建。全面汇集、整合国内外经济金融领域的经济信息和研究成果，有《国研视点》《宏观经济》《金融中国》《行业经济》《世经评论》《国研数据》《区域经济》《企业胜经》《高校参考》《基础教育》10个数据库，为中国各级政府部门、研究机构和企业准确把握国内外宏观环境、经济金融运行特征、发展趋势及政策走向，进行管理决策、理论研究、微观操作提供有价值的参考。

（3）中国宏观经济信息网（http：//www.macrochina.com.cn）。简称中宏网，是宏观经济专业网站，是由中华人民共和国原国家计划委员会（现为国家发展和改革委员会）所属的中国宏观经济学会、中宏基金等机构联合创建的。中宏数据库由19类大库、74类中库以及500类细分库组成，每日更新。内容涵盖20世纪90年代以来的宏观经济、区域经济、产业经济、金融保险、投资消费、世界经济、政策法规、统计数据、研究等方面的详尽信息。数据库根据读者对象提供多种专业版，如银行版、证券基金版、政府版、高教版等。

（4）中国资讯行高校财经数据库（http：//www.bjinfobank.com/）。高校财经数据库资料搜集来自超过1000份的中国报纸、杂志、贸易刊物及政府出版物。内容涉及经济、工商管理、财经、金融、法律、政治等。高校财经数据库平台包括有12个子库，内容涉及19个领域，197个行业。大部分为1990年以来的文献。

（5）万方数据企业信息网（http：//www.ei86.net/index.asp）。它是万方数据下属的商务信息门户网站，《中国企业、公司及产品数据库》（CECDB），收录了国内各行业近20万家主要生产企业及大中型商贸公司的详细信息及科技研发信息。全部数据坚持月度更新。

（6）中国知网《中国经济信息期刊文献总库》（http：//www.jingji.cnki.net）。简称《经济信息库》，收录1979年至今的财经类期刊112种以及其他期刊（4000多种）中的财经类文献。

（7）维普《中国科技经济新闻数据库》（http：//www.cqvip.com/productor/pro_news.as p）。它是国内第一个电子全文剪报产品，包括1992年至今的420多种中国重要报纸和9000多种科技期刊，累积数据量超过305万条，分为九个专辑，每周更新。

（8）EBSCO *Business Source Premier*。收录经济类3319种期刊索引及摘

要，其中，2300 种为全文期刊（包括 1100 多种同行评审全文期刊）及 10000 多种非刊全文出版物（如案例分析、专著、国家及产业报告等），1400 种各种知名出版社的国家/地区报告（全文）。收录文献的主题范畴包括金融、银行、国际贸易、商业管理、市场行销、投资报告、房地产、产业报导、经济评论、经济学、企业经营、财务金融、能源管理、信息管理、知识管理、工业工程管理、保险、法律、税收、电信通信等。收录年限为 1886 年至今。

（9）EIU（Economist Intelligence Unit）（http：//www.eiu.com）。它成立于 1946 年，总部设在伦敦，在全世界有 40 多个分支机构，提供针对 200 多个国家或地区的经济分析和预测，是一个商业的大型数据库。

（10）经济学家网络资源（resources for economists on the internet）（http：//www.rfe.org）。它是设在美国经济协会网站上的一个经济学专业网络目录，由美国纽约州立大学（SUNY）Oswego 分校经济系主办。分 16 个栏目收录 1300 多个经济类网站资源的信息。主要包括数据库、词典、百科全书、大学经济系、经济学家、预测与咨询、新闻组、会议、新闻媒体、机构与协会、学术团体、教学资源、计算机软件等，是个有参考价值的专业搜索引擎。另外，经济学期刊列表（The List of Economics Journals）（http：//www.helsinki.fi/WebEc/journal2.html）和网上经济学期刊（Economic Journals on the Web）（http：//www.aeaweb.org/rfe/）也提供了大量的经济学期刊网址。

（11）经济学图书馆（The library of Economics and Liberty）（http：//www.econlib.org）。它是由美国自由基金会公司（Liberty Fund，Inc.）建立的网站，集原始信息资源与搜索引擎于一体，提供经济学、市场和民主自由方面的信息及线索。网站内的经典经济学图书和文集可直接链接到原著的全文，供免费阅读，并不断增加新书。还有大量的现期期刊和网站资源信息供用户浏览。学术价值较高。

（12）CNNfn（http：//money.cnn.com）。它是一个提供最新国际金融信息的网站。用户可浏览其标题新闻，或者选择热点新闻、市场信息、理财报道、公司管理、金融检索、花边新闻等专栏，从中找到金融界的最新新闻。

（13）威尔逊商务期刊数据库（Wilson's Business Periodicals databases）（http：//www.hwwilson.com）。它是起源于美国著名的经济和设备检索刊物《商务期刊索引》（Business Periodicals Index）的网络数据库，收录英语商务和贸易类具代表性期刊 780 多种以及少量报纸的商务版。内容涉及管理、会计、广告、市场、银行、金融、投资、保险、娱乐、商业经济学、贸易经济善、商业税收、交通运输、信息技术、公共关系、商业自动化等，关注企业、公司、近期新闻、经济领域内的大事，公众关注的政策和管理实践。这是个收费数据库。分为全文版、文摘版和索引版。

(14) 托马斯美加制造商名录（Thomas' Register）（http://www.thomasregister.com）。该数据库目前收录美国和加拿大超过 17 万家企业的超过 15 万种产品的信息。印刷版至今已有近百年历史。它是个免费数据库，免费注册后使用。

(15) D&B 百万企业数据库（The D&B Million Dollar Database）（http://www.dnbmdd.com/mddi）。它是美国较大、较权威的制造商数据库，包括北美公司和国际公司两个子库。北美公司子库收录美加 160 万个大型公司的指南数据库；国际公司子库收录 160 万个国际公司。该数据库可用来查找一个公司的基本信息，也可查找某一行业或某一特定地点某一确定销售额的公司。

(16) 邓氏电子商务指南（Dun's Electronic Business Directory，Dun's Marketing Services）（http://library.dialog.com/bluesheets/html）。它是美国 D&B 公司的网络产品，季更新。它是一个提供全美 850 多万家工商企业及其专业人员的联机名录型数据库，原名《邓白氏电子黄页》（D&B-Dun's Electronic Yellow Pages），每篇记录包括企业名称、详细地址、电话号码、SIC 码及其说明和雇员规模等。收录的企业不限规模大小和类型，公私营都有。数据来自邓白氏公司 2000 名商业分析员的每年至少一次的电话采访和邮寄问卷。它是收费数据库。

(17) 世界市场研究数据库（FINDEX）（http://www.csa.com/e_products/databases-collections.php? SID = 1aj7i4k8rc5olnhdm2nm9cbms6）。它是在原有印刷版《世界市场研究与调研》（FINDEX: The Worldwind Directory of Marker Research Reports）基础上扩充的网络版。由美国科学剑桥文摘公司提供。收录一些由美国和国际出版商发行的工业与市场研究报告、专著、调查报告及评述资料，另外还收录对消费与生产方面所作的多种调研、投资公司的报告的索引与文摘。数据自 1991 年始，是一个收费数据库。

(18) 美国经济评论（American Economic Review）（http://www.aeaweb.org/aer/contents）。它是美国经济协会网站中的一个期刊网页（AEA Journals）。每种期刊都可以单击阅读其各期文章的题录。协会会员可在线阅读全文。

3. 经济信息网站

经济信息网站是指经济领域以某特定内容为主题的服务性网站、研究性网站、行业性经济网站。主要由政府、企业或信息服务机构组建。具体访问网站可通过各种搜索引擎、网络导航、学科导航查得。

国外的经济信息可借助于网络资源导航及专题的站点指引。目录可利用经济学家网络资源（Resources for Economists on the Internet，http://www.rfe.org）查得相关链接。它是设在美国经济协会网站上的一个经济学专业网络目录，由美国纽约州立大学（SUNY）Oswego 分校经济系主办。分 16 个栏目收录 1300 多个经济类网站资源的信息。主要包括数据库、词典、百科全书、大学经济系、经济学家、预测与咨询、新闻组、会议、新闻媒体、机构与协会、学术团体、教学资源、计算机软件等。它是个有参考价值的专业搜索引擎。

1）政府机构网站

由各级政府组建，提供权威性强的政府信息资源，包括政策、法规、政府报告、统计资料、管理及其他指导性文件等。具体机构可通过机构导航类资源查得。

（1）中华人民共和国商务部（http：//www. mofcom. gov. cn）。

（2）中华人民共和国国家发展和改革委员会（http：//www. sdpc. gov. cn）。

（3）中华人民共和国财政部（http：//www. mof. gov. cn/）。

2）企业网站

查找各类商贸、企业机构网站，可利用各种黄页和名录。

（1）中国 114 黄页（http：//www. 114chn. com）。

（2）中华企业黄页（http：//www. sunqitun. com）。

（3）中国黄页在线（http：//www. yp. net. cn/schinese）。

3）信息服务机构

具体可通过学科导航网站查得。

（1）中国财经信息网（http：//www. cfi. cn）。

（2）和讯网（http：//www. hexun. com）。

4）教育科研机构

具体可通过学科导航网站查得。主要包括各大学相关学科的研究性网站、学院，如北京大学国家发展研究院、北京大学经济学院、清华大学经济学院、清华大学中国金融研究中心、中国人民大学经济学院、复旦大学经济学院等。

5）大众传媒机构

它是由新闻机构、杂志社及报业集团建立的网站。它们提供大量的新闻、报刊文章。可通过搜索引擎或网址导航获得这些机构名录和链接。

（1）中国经济网（http：//www. ce. cn，《经济日报》网络版）。

（2）经济观察网（http：//www. eeo. com. cn/，《经济观察报》网络版）。

（3）21 世纪网（http：//www. 21cbh. com，《21 世纪经济报道》网络版）。

（4）The Wall Street Journal（http：//www. wsj. com，美国《华尔街日报》的网络版）。

6）个人网站、博客或专题论坛

个人创办的经济信息网站是由经济学理论研究者、经济工作者及其他相关人士或群体创建的经济信息网站。相对于门户网站、企业网站和学术网站，这类网站分散性大，稳定性较差，可通过学科导航类资源获取。

（1）经济学家（http：//bbs. jjxj. org）。

（2）ECO中文网（http：//www. ecocn. org/portal. php），国外的经济信息可借助于网络资源导航及专题的站点目录指引。

6.5.3　主要检索工具书

（1）《中国经济学图书目录（1900～1949）》。由谈敏主编，中国财政经济出版社1995年出版。该书搜集1900～1949年我国国内公开出版的（包括少量非公开出版的）有关理论经济学和应用经济学的专著、论文集、教材、资料、工具书等著作约12000种。全部图书按学科、专题分为18个大类。

（2）《全国经济科学总书目》。由辽宁大学图书馆编著，1986年出版。该书汇集1949年10月～1985年12月全国公开出版的经济类书目16000余种。全书分为经济、世界各国经济概况、经济史、经济计划与管理、农业经济、工业经济、交通运输经济、邮电经济、贸易经济、财政金融十个小类。附有音序索引以供检索，是从事经济理论工作和实际工作的人们必不可少的大型工具书。

（3）《中国社会经济史论著目录》。由中国科学院历史研究所经济史组编著，齐鲁书社1988年出版。该书收录1900～1984年上半年国内发表的有关中国社会经济史的论文和著作（包括台湾、香港）目录，约20000条。论文收自国内近3000种报刊以及论文集。以内容和时代顺序为主，发表时序为辅。

（4）《国际经济学文献书目》（*International Bibliography of Economics*）（1955～1987）。年刊，原为联合国教科文组织出版的《国际社会科学书目丛刊》之一。1960年第9卷起，改由国际社会科学文献委员会出版。该书收录了世界各国有关经济学方面的图书、小册子、报刊论文和政府出版物。按类编排。书前有详细分类表，类下按作者姓名字顺排列。每期均附有主题索引和作者索引。

（5）《国外经济文献索引》。由中国科学院世界经济研究所经济资料中心编著，半年刊。它创刊于1978年。广泛选辑多种外文经济专业刊物中的资料。除收经济理论文章和介绍各国经济概况，还兼收与经济相关的论文附于后面。每期索引收录国外出版的经济刊物，按英、法、德、日、俄、西国别排列。附刊物名称及国内馆藏单位表。

（6）《经济学文摘卡》。原名《经济学文摘卡片》，2001年后更名为《经济学文摘卡》，季刊，对国内外公开出版的近3000种报刊上的社会科学、人文科学文献进行不同层次的整理和加工，追踪学术的前沿，以经济领域的研究人员、各级行政管理部门为主要读者对象，主要版块栏目有理论经济学、社会主义经济理论与实践、部门经济、国企改革、区域经济、新经济参考资料等。

（7）《经济改革文摘》。由北京《经济改革文摘》杂志社编著，1985年创刊，半月刊。

（8）《经济学情报》（1985～2000）。由中南财经大学经济研究所、中南财经大学图书馆主办，是报道国内财经方面信息的专题性文摘，双月刊。它广泛摘录国内报刊上的有关资料，按其内容性质分类编排，分为政治经济学、国民经济计划、第三产业问题、农林经济、基本建设经济、企业管理、商业经济、价格、财政金融、会计与审计、统计、城市经济、特区经济、劳动工资、经济法、世界经济问题、学术动态书评等 19 个专题。

6.6　新闻传播学专业信息检索

新闻传播学是一门新兴的学科。它与文学、史学、哲学、社会学、政治学、经济学、法学、心理学、伦理学、艺术学，以及自然科学中的印刷、通信、航天、电子、信息、网络等众多的学科，都有着十分密切的联系，是一门边缘性和交叉性都很强的学科。

6.6.1　主要参考工具书

1. 词典

（1）《新闻学简明词典》。余家宏等编著，浙江人民出版社 1984 年出版。该词典共收入 1600 多个词目，包括新闻工作文献、新闻理论一般词汇、记者业务等。附录包括报刊、通讯社、无线电广播、电视广播四个年表。

（2）《新闻学大辞典》。甘惜分主编，河南人民出版社 1993 年出版。包括新闻学词语、新闻学业务词语、新闻事业的经营与管理等八部分，共计 5368 条词目。

（3）《新闻学词典》。余家宏等编著，浙江人民出版社 1986 年出版。《新闻学简明词典》的增补，词目增至 2200 多条。增补内容包括新闻传播应用技术、传播学术语等。

（4）《广播电视辞典》。赵玉明、王福顺编著，北京广播学院出版社 1999 年出版。《广播电视辞典》是北京广播学院和中央三大台众多教授、专家、学者通力合作的结晶，全书收入 18 个部类 2800 余条广播电视专业条目及相关条目，总字数超过 96 万字，新版《广播电视辞典》对原版《广播电视简明辞典》进行了修订，重点介绍了一批新栏目、新词汇，并增加了大约 1/3 的篇幅，比较全面地反映了 20 世纪 90 年代以来中外广播电视事业的新发展、新变化，记录了近十年来广播电视研究的新成果、新资料。《广播电视辞典》是广播电视界从业人员、大专院校师生及报考北京广播学院研究生必备的参考书。

（5）《汉英新闻出版学词典》。崔贺贤编著，人民交通出版社 2000 年出版。

该书以字顺为序，收集词条共约 15000 个，包括新闻学、编辑学、出版学等内容，可供新闻、编辑、出版等人士查阅和学习。

2. 手册

(1)《新闻工作手册》。新闻工作手册编委会、编辑部编著，新华出版社 1985 年出版。共分 13 个部类，近 2000 条词条。

(2)《新闻实践指南》。(澳)林赛·雷维尔、(澳)科林·罗德里克编著，王非、戴小华等译，中国新闻出版社 1987 年出版。介绍了新闻采访、写作、编辑、印刷、摄影等领域的基础知识。

3. 年鉴

(1)《中国新闻年鉴》。《中国新闻年鉴》是由中国社会科学院新闻与传播研究所主办，中国新闻年鉴社出版的大型工具书类年刊。《中国新闻年鉴》创刊于 1982 年，每年出版一卷。当年出版的年鉴主要记载上一年中国新闻事业发展和新闻活动的资料。内容包括有关新闻界重要活动的图片；中央领导及有关领导关于新闻工作的文稿；国家有关新闻工作的法规政策；新闻事业概况；学术论文摘编；新闻工作经验及优秀新闻栏目、节目介绍；新闻媒介及受众调查；中国重大新闻及重要评论；中国新闻界记事；新闻评奖；中国新闻机构介绍；全国报刊出版统计；新闻书目和新书选介；中国新闻界人物介绍等。附录中有报考各院校新闻专业硕士研究生和博士研究生试题等。

(2)《中国广播电视年鉴》。《中国广播电视年鉴》创刊于 1986 年，由国家广播电影电视总局主管，中国传媒大学主办。该刊由国家广电总局机关直属单位和各省、自治区、直辖市广电局领导组成编委会，现任编委会主任为总局副局长胡占凡。该刊每年编纂出版一卷，是全面反映我国广播电视事业基本情况和发展变化风貌，分门别类地客观记述上一年度全国广播电视事业各方面新情况、新资料的大型年刊。该刊坚持实事求是的编辑方针，贯彻"贴近实际、贴近生活、贴近群众"的宣传原则，为广播电视从业人员、教学科研人员、决策管理人员以及社会各界了解中国广播电视事业提供新鲜、可靠的信息，是广播电视工作者必备的参考工具书。

4. 百科全书

《中国大百科全书·新闻出版卷》。中国大百科全书总编辑委员会《新闻出版》编辑委员会、中国大百科全书出版社编辑部编，中国大百科全书出版社 1990 年出版。该卷为新闻、出版两学科之合卷。

6.6.2　主要信息检索平台

综合性的检索平台参见前面的章节，如 CNKI，EBSCO 等。新闻传播学专业常用的网站和数据库的介绍如下。

（1）中国新闻研究中心（http：//cddc. cailiao. com/）。中国新闻研究中心（China Dominant-journalism Development Center，CDDC）是一家非营利性质的新闻传播研究网站，该中心于 2001 年 8 月开始筹备，2001 年 11 月 8 日（全国第二个记者节）网站正式开通。中国新闻研究中心的成立，旨在报道媒体新闻，透视媒介现象、研究传媒产业、研究媒体资本、探究新闻立法、传播新闻理论、提供研究报告、探讨新闻业务，为广大新闻传播理论研究者、新闻教育者、新闻院校学生提供交流平台，提高广大新闻工作者和新闻爱好者的理论水平和业务水平。面对新闻传播领域学界与业界严重脱节的现状，CDDC 以做中国新闻传播学界与业界的桥梁为使命，并创造性地提出理论服务实践作为发展理念和行动指南。围绕媒介产业环境、新闻传播实务、新闻传播理论研究进行探索和交流，集理论、业务、调查、培训、出版、论坛于一身，尽情地演绎中国新闻传播理论与实践互动的平台的角色。

（2）传媒学术网（http：//www. chinamediaresearch. cn/）。主要栏目包括传播学动态、文章、专题及学人等。

（3）中国新闻传播学评论（http：//cjr. zjol. com. cn/）。由"浙江在线"提供的传播学学术站点，在同类网站中具有很高的人气。

（4）Internet 虚拟公共图书馆报纸阅览室（http：//www. ipl. org/div/news）。该网站由美国密歇根大学情报和图书馆学院主持，是 Internet 上第一个虚拟公共图书馆。这个图书馆的阅览室（reading room）的报纸分部按世界地区收录了各国主要的和地方性的大量报纸网站。既可按各国国名单击浏览某一国家的媒体，也可在检索窗口输入关键词在总库中进行特定项目的信息检索，以了解某一主题的媒体的总体分布。内容详细，检索方便。

（5）新闻传播研究搜索（http：//www. cios. org/encyclopedia/enindex. htm）。它是一个外文搜索平台，主要提供新闻传播学领域内的学术研究资源。

6.7　教育学专业信息检索

教育学是研究教育现象，揭示教育规律的科学。它研究教育的本质、目的、方针、制度以及各项教育工作的任务、过程、内容、方法、组织形式、教师、学校领导与管理等问题。随着教育学科的不断发展，又相继出现了教育心理学、教育社会学、教育管理学、教育史、教育统计学、教学法等分支学科。这些都是我们检索的主要内容和范畴。

6.7.1　主要参考工具书

（1）《中国教育大辞典》。由该书编委会编著，上海教育出版社 1986～1992 年出版。该书共收入辞目 30000 多条，分为 12 卷，25 册。其内容包括教育学、课程和各科教学、中小学校、师范教育、幼儿教育、特殊教育、高等教育、职业技术教育、成人教育、军事教育、民族教育、华侨华文教育、港澳教育、教育心理学、教育哲学、教育经济学、教育社会学、教育边缘学科、教育技术学、教育统计与测量、教育管理学、中国古代教育史、中国近现代教育史、外国教育史、比较教育等。各卷前有分类词目表，后附按笔画编排的词目索引。

（2）《教育大辞典》。由该书编委会编著，上海教育出版社 1997 年出版。该书是在 12 卷 25 册的《中国教育大辞典》基础上作了增删调整而成的增订合编本。主要变化体现在以下几个方面：①增加了新条目、新内容，如中华人民共和国教育法、教师法、港澳行政法中的教育法规以及现代教育的新兴学科，已趋成熟的新名词术语、教材教法课程理论、新流派、新人物均予收入，共计新增条目 1700 条；②对重复条目或某些词级较低的条目亦适当删除，共计 600 余条；③调整框架结构、精练释义文字后，仍包括原来 12 卷本 25 个分册的基本内容条目，为了便于读者检索，全部条目按汉语拼音字母排列，共收词目 23000 条。书前有分类目录，书后增加了中外教育大事年表。

（3）《教育技术学词典》。由梅家驹、孙宗仰主编，上海辞书出版社 1991 年出版。教育技术学又称电化教育，是教育科学中一门新兴的分支学科。该词典收入有关教育技术学的词目 1835 条。

（4）《中国教育大百科全书》。由顾明远主编，上海教育出版社 2012 年出版。作为我国第一部大型教育专业百科全书，该书兼具知识性和实用性，不仅在释义精深理论方面具有较强学术性，同时收录与教育教学实践密切相关的内容，便于教育研究人员、中小学教师、教育管理者、关注教育问题的社会人士进行知识检索和主题阅读。此次首发四卷本全书附有索引检索光盘，使读者能通过计算机快捷地检索到所需信息。

四卷本的《中国教育大百科全书》共 700 多万字、1100 余条条目，涵盖了 20 多个教育学分支学科和领域。它以解决中国的教育问题为核心议题，以教育领域改革与发展的主要问题为立目原则，通过辞书的形式，用准确、精练的语言深度诠释教育学科的基本理论，总结经验，介绍最新研究成果。同时，全书注重传播世界教育学科知识，大批条目的释文均同时介绍了中外教育发展的内容和学科研究的前沿成果，为中国教育提供启示和借鉴。

汇聚教育学科精神理论之外，全书还收录了众多与教育教学实践密切相关的内容，对一线教育实践的指导非常具体。如"素质教育""教师教育""教学策略""学生评价""课程评价"等，均是以现实的教育实践为背景设立的，释义具体，针对性强，教师在教育实践和科研中可参考使用。

《中国教育大百科全书》分设 21 个分支学科，对各分支学科的理论体系和主要论题进行了全面系统、科学深入的梳理和阐释。教育法学、教育政策学、教育发展战略、教育边缘学科（包括教育生态学、教育生物学等）都是首次以独立的学科和研究领域的面貌呈现，展现由教育学科研究领域的不断分化和交叉、教育研究和实践的繁荣带来的教育学科群日益丰富的局面，反映了教育学科的不断发展和学科建设水平的提升。

（5）《教育大百科全书》。由（瑞典）胡森、波斯尔斯韦特主编，西南师范大学出版社、海南出版社 2006 年出版。这是目前世界上关于教育科学领域最具权威和实用价值的大型工具书，全书共 10 卷。第 1 卷：教育管理及教育政策与规划、教育评价。第 2 卷：教育史、女性与教育、教育社会学、教育哲学、教育人类学。第 3 卷：学前教育、特殊需求儿童教育、人的发展、教育心理学。第 4 卷：职业技术教育、成人教育。第 5 卷：各国家地区教育制度。第 6 卷：比较教育与国际教育。第 7 卷：教育技术课程。第 8 卷：教师教育与教学。第 9 卷：教育研究方法。第 10 卷：教育经济学、索引。全部条目按汉语拼音字母次序排列。

6.7.2　主要信息检索平台

1. 中国教育科研技术网（http: //www. edu. cn）

该网站简称 CERNET，创建于 1994 年，是由国家教育部负责管理，清华大学等高校承担建设和管理运行的全国性学术计算机互联网络，是中国教育行业的门户网站。它全面详细地报道关于教育政策、硬件网络条件的建设、教育新闻、教育研究等方面的最新信息，还提供各大学和研究机构的链接。CERNET 分四级管理，即全国网络中心、地区网络中心和地区主结点、省教育科研网、校园网。它已经具备了连接全国大多数高校的联网能力，成为大型的中国教育信息搜索系统。该站点主要栏目分为中国教育（包括教育部、教育新闻、教育研究、教育资讯、教育技术等）、教育资源（分类列出各类学校、各类教育、各类考试、传播媒体、图书馆、教育网站、远程教育、重点实验室、国外优秀科研站点等）、科研发展（包括科研概况、前沿动态、高校科研、网络研究、教育技术等）、教育服务（包括就业、留学、考研等服务）、CERET（包括 CERNET 介绍、新闻与服务）等，内容丰富而广泛，是教育及科研的参考资源。

2. 中国教育部网站 （http：//www. moe. edu. cn）

它是中国国家教育部的官方网站，主要内容包括教育部介绍、教育动态、教育法规、基础教育、高等教育、职业成人教育、教育工程与基金、站点导航等。最有特色的是关于教育方面的政策文件、有关专家的讨论以及教育部对一些行业的权威评审资料等。

3. 教育资源信息中心数据库 （ERIC Database）（http：//www. eric. ed. gov）

美国教育资源信息中心 （Educational Resources Information Center，ERIC）隶属于美国教育部教育科学研究中心，主要给教育工作者、研究人员和公众提供教育知识和信息资源，是美国教育文献的国家书目数据库，也是世界上最大的教育信息数据库。

ERIC 包括两部分内容：教育资源 （resources in education，RIE） 和当前教育期刊索引 （current index to journals in education，CIJE）。其中，RIE 包含文学专著、研究报告、课程、教学指南、学位论文和书籍，CIJE 包含 700 多种专业期刊的论文索引。

ERIC 网络版拥有超过 120 万条有关教育方面的研究报告、期刊文章、技术报告、政策文件、评论和教材等。ERIC 收录的教育类期刊可回溯到 1966 年，大部分是专家评审刊，提供书目信息 （包括作者、题名、日期、期刊引用情况和出版商），部分书目信息可链接到全文。

（1） ERIC 的检索方法。ERIC 支持布尔逻辑 AND、OR、NOT，短语检索（用 "" 表示）、截词检索 （截词符 ∗），截词符不能和短语检索一起使用，如 "col ∗ r perception" 检索不出结果。

初级检索有五个可选字段：关键词 （keyword）、作者 （author）、题名（title）、叙词 （descriptor） 和 ERIC 存取号 （accession number），选择字段后可以进行检索。其中，关键词可以是一个词、词组、字符串 （如 K-8）；作者字段可检索作者、编者和编辑者姓名，检索姓名时，有三种输入方式，即姓 （如 Smith）、姓＋名首字母 （如 Smith J）、姓名全称 （如 Smith，John）；叙词字段可用 ERIC 专门的叙词表，通过叙词表的词条有助于按规范化的主题词进行检索。

高级检索除初级检索的五个字段外，还可检索刊名 （journal name）、自由词（identifiers）、国际标准书号 （ISBN）、国际标准刊号 （ISSN）、机构 （source institution） 字段；有更多的可选项，如选择检索的年代、出版物类型 （如图书、期刊、学位论文等）、教育类型 （如幼儿教育、小学教育、初中教育、高中教育、成人教育） 等。

高级检索通过 AND、OR、NOT 进行组配检索，如 ERIC or eric or Eric，还可运用截词符号，如 laugh * 可检索 laugh、laughs、laughter 等。

在第一次检索结果的基础上，如果对检索结果不满意，可以单击"search within results"进行二次检索，也可以单击"new search"开始一次新的检索。

ERIC 叙词表检索：在叙词表检索框中输入检索词（检索词可用截词符），单击"检索"即可。例如，输入"education"（也可输入"educat *"）进行检索，可检索出"academic education""adult basic education""Adult Vocational Education"等。

单击叙词表中任意一个词语，则显示其主题范畴（scope note）、上位词（broader terms）、下位词（narrower terms）和相关词（related terms）。

（2）检索结果的显示与处理。ERIC 的检索结果可按题名、作者、来源、出版日期、相关度排序，还可以选择每页显示的记录条数；检索结果提供题名、作者、来源、叙词、出版日期、是否同行评审刊、摘要、全文链接（如有则提供）。

ERIC 可以储存检索式，可以打印记录、输出记录，或将记录通过电子邮件发送，或将记录保存在"My Eric"中。

4. 中国教育技术网（http://www.etr.com.cn/）

中国电教协会主办，报道新闻动态、专业刊物、学术论文、专家资源库、学术活动、中国电教协会、课题申报、学术流动站、人才供需中心、学科专业点、专业图书查询、远程教育、设备信息、教育技术论坛、教育法规等信息。

6.8　体育专业信息检索

体育学是研究体育科学体系及其发展方向的一门学科。其研究对象是社会中的体育现象和从事运动的人，即研究客体包括人和物两个方面。体育学作为一门知识体系出现于 17、18 世纪，主要是对体育教育的基本理论、教学方法及手段等问题的研究。进入 20 世纪后，自然科学取得了重大的突破并且向体育学渗透，相应产生了若干边缘学科，如运动生理学、体育统计学、运动医学等。同时，社会科学也在体育学中开拓方向，把体育活动作为社会和历史现象进行研究，如体育史、体育社会学、体育哲学、体育经济学、体育情报学、比较体育学等相继兴起，对促进体育学的现代化起了重要作用。检索体育专业信息，不仅需要利用各种工具书，也要利用各类体育信息网站。

6.8.1　主要参考工具书

1. 词典

（1）《体育词典》。由该书编委会编著，上海辞书出版社 1984 年 1 月出版，32 开，1316 页，是中华人民共和国成立后第一部中型体育专科词典。该书共收词目 5220 条，约 142 万字。包括总类、体育理论、体育运动项目、古代体育、民间体育、运动竞赛、人物、体育组织、院校、场馆、著作、报刊、其他。书末附录有关世界纪录，全国纪录和国际、国内比赛的冠军统计表 23 种，并附有部分人物和场地、器材、技术动作等插图 1104 幅。词目按类排列，正文前有分类词目表，书后有词目笔画索引。该书编撰严谨，内容权威。在出版后很长一段时间里都曾是我国体育研究、教学、训练人员的重要参考工具书。此外，上海辞书出版社于 2000 年出版了陈安槐、陈萌生主编的《体育大辞典》，2008 年出版了姚颂平等编的《大辞海·体育卷》。

（2）《体育科学词典》。中国体育科学学会、香港体育学院编，高等教育出版社 2000 年出版。该书选用 1430 个词条，包括与体育相关的学科、学说、理论、原理、原则、概念、方法、技术、术语等，书末有《汉语拼音索引》《汉语笔画索引》《英文索引》《英文缩写词索引》。

（3）《学校体育大辞典》。由《学校体育大辞典》编委会编著，武汉工业大学出版社 1994 年出版。该辞典是我国第一部大型的具有教育特色的学校体育辞书。全书共收词目 5380 条，附图 425 幅，书末附有英汉两套索引，约 240 万字。全书分为总论、学科知识、体育项目、体育教学、锻炼、训练、竞赛、科学研究、组织与管理、场地与器材、体育史等类目和一个附录。各大类又分为若干小类。全部条目按分支学科或门类体系编排。正文前刊有《分类词目表》，同一词目出现在不同类中或同一类中均分别释义。该辞典的历史纪年以公元 1840 年为界，此前用旧纪年（括注公元纪年）；此后用公元纪年，视需要加注旧纪年。书后附有《词目汉语拼音索引》和《词目英文索引》，以便读者查阅。检索途径有分类和主题两途径。附录中有《学校体育工作条例》等 16 个资料，可查到有关数据。

（4）《游泳词典》。由梅振耀编著，上海辞书出版社 1991 年出版。收词 1257 条，分为游泳、跳水、水球、花样游泳四个门类。词目按门类排列。另有《一至六届全运会游泳、跳水、花样游泳成绩》《历届奥运会游泳成绩》等附录 15 种。词目释文和附录所述成绩（名次），一般截至 1988 年年底。书前刊有按正文排列的《分类词目表》，书末附有《词目笔画索引》。

（5）《中华武术辞典》。由方金辉等编著，安徽人民出版社 1987 年出版。该辞典的条目按总论、拳术部分、器械部分、武术谚语、口诀、武林人物、武术书刊、武术竞赛规则、裁判法、武术欣赏、历届比赛成绩等部分排列，各部分中的条目又是按第一个字的笔画顺序排列，正文前有一个详细的目录表。

（6）《足球词典》。由李宝耕主编，上海辞书出版社 1995 年出版。收词约 1000 条，分为总类、技术·战术·身体素质、教学·训练·科研、竞赛规则·裁判法、人物·组织·书刊五类。设《词目笔画索引》备检。书中有插图 200 多幅。书末附《足球竞赛规则》等 33 种附录。

（7）《体操大辞典》。由编辑委员会编著，人民体育出版社 1999 年出版，收词约 3500 条。正文分 12 个门类编排。体操评分规则以 1993～1996 年国际体操评分规则、1991 年出版的国际技巧评分规则和 1993 年的国际艺术体操评分规则为依据。条目中附图有历届世界体操大赛男女规定动作和历届世界、亚洲、中国体操比赛成绩九项，涉及时间和届次限定在 1992 年末。其中还有《条目汉字拼音索引》和《条目汉字笔画索引》。这是一本体操领域内较权威的词典。

（8）《田径词典》。由宗华敬编著，上海辞书出版社 1991 年出版。该词典共收词目 1319 条，分为总类、田径运动项目、人物、教学原则、训练原理方法、科研方法、规则与裁判法、场地器材、组织机构、报刊等门类。词目按门类分类排列，内容收录到 1988 年年底。另有附录九种，刊载部分综合运动会历届田径比赛和历届世界性田径比赛各项冠军成绩，历年田径世界纪录和全国纪录，中国田径国际级运动健将（试行）标准和田径运动员技术等级标准等。该词典附有部分人物、技术动作、场地、器材等插图，共 368 幅，书前刊有按正文排列的《分类词目表》。书末附有《词目笔画索引》。

此外，体育专业的词典还包括：①习方泰主编，广东人民出版社 1990 年出版的《简明中国武术辞典》；②屠景明编著，上海辞书出版社 1986 年出版的《中国象棋辞典》；③林峰、陈桂康编著，上海辞书出版社 1987 年出版的《国际象棋词典》；④赵之云、许宛云编著，上海辞书出版社 1989 年出版的《围棋词典》等。

2. 手册

（1）《体育手册》。由编写组编著，上海少年儿童出版社 1983 年出版。该手册比较全面地、系统地介绍了古今中外各个方面的体育知识。全书按夏季奥运会和冬季奥运会项目的次序编排，共介绍了 36 个项目，编录了第 1～22 届现代奥运会的成绩。其他如锦标赛、世界杯赛以及新中国成立之前某些运动项目纪录也作了介绍。各项成绩资料收到了 1982 年年底。读者对象为中小学体育教师、各青少年体校教师、学生及体育爱好者。1990 年向伟刘、徐松续编了体育手册。全书按技巧、健美、航空模型、无线电、摩托车、登山、钓鱼、信鸽竞翔、风筝、体育邮票、汽车运动、国际象棋、围棋、中国象棋、桥牌、中国传统健身术、印度瑜伽术、中国式摔跤、武术、高尔夫球、台球、橄榄球及世界新兴体育项目，轮滑（旱冰）、冰雪运动、中国民族体育和其他体育运动项目的次序排列。每个项目下又分为十个部分：①定义；②起源及演变；③现状及发展趋势；④历届世界锦标赛，世界杯赛或全运会时间、地点、成绩；⑤优秀运动员简介；⑥我国开展该项运动项目概况；⑦我国该项运动成绩（包括旧中国历届全运会纪录）及著名运动员简介；⑧该项运动主要技战术；⑨该项运动场地、器材和规则；⑩该项运动注意事项。该手册的各项成绩资料到1987年4月底为止。

（2）《体育大全》。由林逸琦主编，上海科学技术出版社1989年出版。该书按类编排，包括了球类、田径、体操、水上运动、棋牌、重竞技、武术、滑雪运动、军事体育、体育游戏10大类的48个运动项目，门类比较齐全，重点放在适合我国国情、有较好群众基础且易于推广普及的运动项目上。每个项目都分为下列五个部分：①历史与发展；②场地与器材；③技术与方法；④规则与裁判；⑤组织与管理。个别项目根据情况合并介绍。该书引用的规则是1986年年底前颁布的，今后如有变动，应以新的标准为准。读者对象为基层普及体育运动的工作者及体育运动爱好者。

另外，体育专业的手册还包括：①张平国编，人民体育出版社1981年出版的《基层体育工作手册》；②江苏体育运动会编，江苏人民出版社1986年出版的《中华体育竞赛手册》；③人民体育出版社编，人民体育出版社1988年出版的《体育竞赛规则大全》；④黄绍勤主编，四川教育出版社1986年出版的《大中专学生体育运动体育卫生手册》；⑤刘修武主编，人民体育出版社1988年出版的《奥林匹克大全》；⑥饶广平主编，人民体育出版社1990年出版的《世界足球大全》。

3. 年鉴

检索体育领域的历史事件最好使用体育年鉴和综合年鉴。

《中国体育年鉴》。由中国体育年鉴编辑委员会编著，1964年开始编纂。第一辑是1949～1962年，即将新中国成立以后13年的我国体育事业的情况和成就首编一册。从1963年起，《中国体育年鉴》即按年出版，"10年动乱"期间中断，后又于1983年将1966～1972年补编而成。该年鉴一般包括下列四个部分：①体育运动大事记；②政府文件、公报、决议、规定、章程；③各项运动竞赛；④各项成绩、纪录。《中国体育年鉴》采用纵横两种顺序编排：第一部分大事记，按时间的先后编排；第二部分章程制度，只录用到每年年底以前公布的最后一次；第三部分运动竞赛，用先综合运动会，后专业运动会，分项目、按年代，先国内、后国际的编法；第四部分主要是国内各项运动成绩和纪录及世界纪录，书前有细目。

另外,《中国百科年鉴》《中华人民共和国年鉴》、各省年鉴和各城市年鉴也可查找体育历史事件。

4. 百科全书

(1)《中国大百科全书·体育卷》。由荣高棠主编,中国大百科全书出版社1982 年出版。该书收录有关体育理论、运动、训练、比赛等条目 763 个,由国内体育专家撰稿,是一部权威著作。正文按条目标题的汉语拼音字母顺序排列,首字同音时,按声调顺序排,同音同调时按笔画笔顺排,余字类推。较长条目的释文设有层次标题,相关条目间用"参见"方式联系。书前有"条目分类目录",书后有"条目汉字笔画索引""外文条目索引"和"内容索引"。"内容索引"是全卷条目和条目内容的主题索引。书中有《中华人民共和国国际裁判员名表》《中华人民共和国国家级教练员名表》《中国近代现代体育大事年表》《繁体字和简体字对照表》《外国人名译名对照表》五个附录。书中有大量插图、插页,并附有"彩图插页目录"。

(2)《中国中学教学百科全书·音体美卷》。由许嘉璐主编,中国中学教学百科全书总编辑委员会体音美卷编辑委员会编,沈阳出版社 1990 年出版。该书包括体育、音乐、美术三个分卷,共收 3000 多个词条。正文前有条目分类目录,正文后有汉语拼音索引。

(3)《中学百科全书·体育卫生保健卷》。由滕子敬主编,北京师范大学出版社 1994 年 7 月出版。

5. 图录

《中国古代体育文物图集》。体育历史文物书画册。邵文良编著。日文版于1985 年由中国人民体育出版社、日本国棒球杂志社合作出版。1986 年,中国人民体育出版社出中、英文版,由香港大道文化有限公司印刷。该书分为前言、图版、图版说明、后记四个部分,另附中国历史年表,共收图片 177 幅。中、英文版含彩色图版 76 幅,黑白图版 101 幅。具体、生动地介绍了中国从先秦至明清体育活动的产生和发展的历史,展示并说明了中国古代人民在体育活动方面的创造和优秀技能。该书为探索中国古代体育面貌、研究体育史学和体育理论,提供了不可缺少的实物证据和重要的参考资料。

6.8.2　主要信息检索平台

查找体育专业的资源,除了前面介绍到的一些中国知网、万方数据、超星数字图书馆等综合检索平台,还可以利用以下数据库和网站。

1. 体育专题数据库 （http：//221.174.24.109：8070）

《泰克贝思体育专题数据库》。面向体育院校及非体育类综合院校系统性、专业性、理论性及普适性的信息服务需要，该库整合人民体育出版社建社以来体育类教材、图书、视频、手册、工具书等类型资源。旨在促进体育专业人才培养，深化体育专业科研及应用，全面提升体育信息资源服务深度和广度。同时数据库结合北京泰克贝思多媒体在线编辑传作与应用手段，形成集阅览、点播、下载、编辑、分享等功能于一体的专题数据服务平台。

该数据库涵盖经典教材、学术专著、竞赛规则与裁判法、中华武术、运动技术、智力运动、气功健身、休闲娱乐、体育理论、综合、奥运专题等大类，500多二级分类，包含 600 多种体育专业教材，2269 种学术图书，700 多种大众图书，1000 多种体育视频资源。

2. 中国体育资讯网 （http：//www.sportinfo.net.cn）

由国家体育总局体育信息中心建立的专业体育信息研究与咨询服务网站，于1999 年 10 月注册。资料来源于国家体育总局信息中心收藏的各国的大量体育报纸、书刊（英、法、德、俄、日、韩）以及由其搜集整理的各国官方体育机构网站的文献。主要包括体育产业、大众体育、反兴奋剂、竞技体育等各种专门数据库。

3. 国家体育总局 （http：//www.sport.gov.cn）

该网站除了有国家体育总局的信息，还专门列出政策法规、全民健身、竞技体育、体育产业等方面的信息。还提供一些重要链接，包括各省区市体育局（北京市体育局、天津市体育局、河北省体育局、山西省体育局、内蒙古体育局、上海市体育局、浙江省体育局、福建省体育局、河南省体育局、云南省体育局、陕西省体育局、湖南省体育局、江苏省体育局、广东省体育局、江西省体育局、吉林省体育局、贵州省体育局、大连市体育局、青岛市体育局、深圳体育信息网、广西壮族自治区体育局、宁波市体育局、厦门市体育局、海南省文化广电出版体育厅、重庆市体育局、四川省体育局、辽宁省体育局、安徽省体育局、青海省体育局、山东省体育局、湖北省体育局、黑龙江省体育局、甘肃省体育局、新疆体育局）；各协会（奥运项目：足球、篮球、排球、乒乓球、羽毛球、网球、体操、击剑、棒球、马术、拳击、摔跤、曲棍球、射箭、冰球、滑冰、滑雪、手球、垒球、举重、柔道、帆船、跆拳道、皮划艇、现代五项、铁人三项、游泳、赛艇、射击、田径、自行车）；协会（非奥运项目：飞镖、体育记者、壁球、健身气功、电竞、钓鱼、企业体协、老年体协、技巧、体育舞蹈、武术、龙狮、高尔夫、摩托、台球、摩托艇、汽车运动、龙舟、国际象棋）等链接。

4. 大众体育网（http：//www. chinasfa. net）

由中华全国体育总会群众体育部正式授权发布的中国群众体育信息的权威网站。总部设在国家体育总局体育信息中心，2000 年 6 月正式注册。该站点的全部信息是由国家体育总局体育信息中心专业研究人员负责收集、整理和翻译（文种涉及英、法、德、日、韩）的。

5. 体总网（http：//www. sport. org. cn）

体总网是中华全国体育总会的官方网站。该网站有体育产业、全民健身、奥运与非奥运协会、政策法规等信息。

6.9　语言学专业信息检索

语言学是研究语言的结构、运用、社会功能和历史发展的一门学科。它同许多学科关系密切，并建立了新的边缘学科。国内外语言学文献的特点是历史悠久、内容专深、学科交叉。语言学的工具种类繁多复杂，因此，有必要了解语言学信息资源的类型和主要工具。

6.9.1　主要参考工具书

在学习与研究语言学时，常常需要查阅有关语言学知识、名词术语以及一些词语的含义、用法等，这就需要参考相关的词典、百科全书、年鉴等三次文献。

1. 字典、词典

1）综合性语文字（词）典

综合性语文字（词）典是对字、词的形、音、义和用法加以全面解释的工具。古今中外，各类字（词）典不计其数，这里仅介绍具有代表性的中英文词典。

（1）常用的综合性中文字（词）典。

①《说文解字》。东汉许慎著，它是世界上最早的字典之一。成书于汉和帝永元十二年（100 年）到安帝建光元年（121 年），也是我国第一部按部首编排，以六书理论解释字形、字义、字音及其互相关系的汉语字典，开创后世字典编排、查检的先河。它保存了上古丰富的文字资料，阐发了前人的六书说，并首先运用六书理论分析汉字的形体构造，因形说义，因声求源，是人们认识、掌握上古语音、词汇和阅读先秦两汉古籍的重要工具书。此外，《说文解字》释字时往

往先列出小篆，如果古文和籀文不同，则在后面列出，然后解释这个字的本义，再解释字形与字义或字音之间的关系。全书共分 540 个部首，收字 9353 个，另有异体字 1163 个，说解 133441 字，原书分为目录 1 篇和正文 14 篇。

《说文解字》有简体版和繁体版。简体版（4 卷）由许慎著，中国戏剧出版社 2010 年 8 月出版；繁体版为《说文解字：最新整理全注全译本》（5 卷），许慎撰，段玉裁注，孙永清编著，该书由中国书店出版社 2011 年出版，并增补了新附字的注释、现代汉语拼音检索，独创了现代汉语链接。这样，读者不仅能加深对汉字构造和本义的理解，还能更直观地了解汉字发展变化，探本溯源地理解汉字的引申义。同时加进现代汉语的元素，能让读者更全面深刻地理解汉字。

②《康熙字典》。清康熙年间由张玉书、陈廷敬等编撰，是一部具有深远影响的汉字辞书，重印至今不辍。它的版本非常多，有康熙内府刻本（也称为武英殿版本）、道光七年的内府重刊本、其他木刻本以及清末出现的石印本、铅印本、影印本。其中，清末上海同文书局的增篆石印本是发行量最大、最流行的一种版本。《康熙字典》采用部首分类法编排，按笔画排列单字。全书分为 12 集，以 12 地支标识，每集又分为上、中、下三卷，并按韵母、声调以及音节分类排列韵母表及其对应汉字，共收录汉字 47035 个。其内容引古代诗文以溯其字源，又注各代用法以佐证其变迁。附《补遗》，收录冷僻字；再附《备考》，收有音无义或音义全无之字。

目前，还可参考时代文艺出版社 1997 年出版的《康熙字典通解》、北京师范大学出版社 1997 出版的简化字横排版、汉语大字典出版社 2002 年出版的道光殿本标点整理本、社会科学文献出版社 2008 年出版的《康熙字典》修订版以及上海书同文康熙字典、台湾汉珍、北京中易制作的三种电子版。电子版的字典提供单字、部首、笔画、笔顺、注音、拼音、Unicode、GBK、Big5 编码、文字的标准普通话发音等多元化的检索字段查询。中易版的释文可简、繁体字相互切换，释义使用简化字，加标点断句，方便阅读。

③《汉语大字典》。徐中舒主编，中国汉语大字典编纂委员会编纂，四川辞书出版社、湖北辞书出版社联合出版。全书共 8 卷。前 7 卷为正文，第 8 卷为补遗、检字表及附录。全书约 2000 万字，共收楷书单字 5.47 万个，依 200 个部首排列。以历代辞书为依据，并从古今著作中增收部分单字。在有古文字的字头下选列能反映该字字形源流演变的古文字形体，并附字形解说，以汉语拼音标注现代音。出现在古代的汉字依《广韵》《集韵》等字韵书标注中古音的反切和声韵调。上古音标注韵部。多音字分列音项。多义字按本义、派生义、通假义排列义项。一些单字下收了少量复词。附录中有《上古音字表》《中古音字表》《通假字表》《异体字表》。该书 1975 年开始编纂，1986 年第 1 卷出版，1990 年全书出齐。1993 年出版缩印本。1994 年获得第一届国家图书奖。另有简编本、袖珍本

和普及本供选择使用。

④《现代汉语词典》。该词典是由国务院下达指示编写,以推广普通话、促进现代汉语规范化为宗旨的工具书,是我国第一部规范型现代汉语词典。自1978年正式出版以来已出版了6版。其中,第6版是由中国社会科学院语言研究所词典编辑室修订,商务印书馆2012年6月出版。收录条目增加至69000多条,增收新词语近3000条,并具有口语和方言色彩。全书分为凡例、音节表、新旧字形对照表、部首检字表(部首目录、检字表、难检字、笔画索引)、词典正文(附西文字母开头的词语)、附录六大部分。

⑤《辞源》。该书是我国第一部大规模的语文词书。它始编于1908年,1915年商务印书馆出版正编,1931年出版续编。1939年出版《辞源》正续篇合订本,略有修订,并增加四角号码。1979~1983年出版了修订本(4册)。2009年又出版了两册纪念版,由广东、广西、湖南、河南的专业人员合编。该书收录1840年以前的古代汉语、一般词语、常用词语、成语、典故,兼收各种术语、人名、地名、书名、文物、典章制度。全书依12集(子、丑、寅、卯、辰、巳、午、未、申、酉、戌、亥)和214部首为次序排列,同部首的按笔画多少为序。单字条由字头、汉语拼音、注音字母、广韵反切、释义、书证等组成。书后附四角号码索引、汉语拼音索引、繁简字对照表、新旧字形对照表等。

此外,查字、词还可使用《辞海》,它是以字带词,兼有字典、词典和百科词典功能的大型综合性辞典。

(2) 英语综合性语文词典(general dictionaries)。它全面汇集英语词汇并提供较完全的词语信息。其中,按其规模大小和提供词语信息量,有大、中、小型词典之分。大型词典收词量大,是语言研究的工具,用于解决某些特殊词语信息、疑难问题;中型词典又叫节本词典(abridged dictionary),或称大学版、案头词典(college or desk dictionary)。收词量为13万~18万,是大型词典的节缩本。但是中型词典是独立出版的,修订及时,能反映更多的新词新义。常用的介绍如下:

①《韦氏新国际英语词典》(Webster's New International Dictionary of English Language)。该词典原名为 *American Dictionary of English Language*,以后多次进行了改编再版。1909年改称《韦氏新国际英语词典》,由梅里埃姆公司出版(Merriam)。1934年出版第2版(*Webster's Second New International Dictionary of the English language*),它具有百科词典的性质;1961年出版了第3版(*Webster's Third New International Dictionary of the English language*),由规范派词典之一变成了描述派词典的代表作。两版主要的区别在于收词量、时限、范围、注音与例证等方面。另有补编本(12000 *Words,Supplement to Webster's Third New International Dictionary*)和网络版

（*Merriam-Webster Online*）。

②《牛津英语大词典》（The Oxford English Dictionary）。它简称 OED，原名为 *New English Dictionary on Historical Principles*。由牛津大学出版社出版。1884～1928 年的版本共 10 卷。1933 年重印为 12 卷，加补编共 13 卷，改称现名。它收录 12 世纪中期（1150 年）以来见于文献记载的几乎全部英语词语。它的主要特征在于按历史原则编纂，通过定义和例证追溯英语发展的历史。由于各义项按历史顺序排列，对词的每一变化都有例证加以说明，并注明年代和出处。因而它是查考古典引语及词语历史资料的重要工具。

1933 年出版了缩略本 *The Shorter Oxford English Dictionary*，收词为原书的 40%，删去了一些人名、地名，注明每个词的义项的出现年代。缩略本可作为 OED 的补充。

1972～1986 年出版了 4 卷补编，增收大量北美、澳大利亚、新西兰、南非、印度、巴基斯坦等地的英语词汇，并给以相应的例证。例证取材于当代报刊。因此，4 卷补编已成为一部新的当代牛津大词典。

1989 年 OED 实现计算机化编制。将全书（包括 4 卷补编）混排成 20 卷，改用国际音标注音，还增加了 5000 个新词或新义。1991 年 OED 光盘问世。1993 年推出新编 New Shorter OED 的两卷本和机读本。OED 缩印版（The Compact OED）是采用缩微技术印成的小字本，将原书缩成 1 卷。2000 年 3 月推出网络版（http：//www.oed.com），成为目前最大、最权威的网上参考书。

此外，美国常用的中型词典包括《韦氏新大学词典》（*Webster's New Collegiate Dictionary*）、《韦氏新世界美语词典》（*Webster's New World Dictionary of American English*）、《美国传统英语词典》（*The American Heritage Dictionary of English Language*）等；英国的包括《钱伯斯 20 世纪词典》（*Chambers-Twentieth Century Dictionary with Supplement*）、《牛津英语词典简编》（*Shorter Oxford English Dictionary*）、《简明牛津英语词典》（*Concise Oxford Dictionary of Current English*）等。

2）专门性字（词）典

它是针对某种词语现象所编纂的词典。只收一定范围的字或词，侧重解释字、词的形、音、义的某个侧面，或辨音、辨义等。如同义词词典、词源词典、成语词典等。

（1）虚词词典。虚词在古代称为"词""辞""语助""语辞""虚字"。一般认为，元代卢以纬编纂的《语助》是最早专门解释虚词的著作，现可利用虚词词典。而英语虚词（function word、structural word）指在句子中不能独立承担句子成分，没有多少实在意义的词，包括介词、冠词、连词和感叹词。下面介绍查找中英虚词的主要工具。

①《古代汉语虚词词典》。迟铎著,商务印书馆国际有限公司 2010 年出版。该词典收录虚词 676 条,每个词条都从词性、用法、意义、例句等方面加以说明。6000 多条书证选自 1060 篇古代典籍,并翻译为现代汉语,方便读者理解。

②《近代汉语虚词词典》。雷文治主编,河北教育出版社 2002 年出版。该书收集了近代的所有副词、介词、连词、叹词、拟声词和助词等虚词。

③《现代汉语虚词词典》。张斌主编,商务印书馆 2001 年出版。该词典的收词范围是可列举的词类,绝大部分是现代汉语口语和书面语中常用的虚词。词目按音序排列。附录包括量词与名词搭配表、情态副词与动词、形容词搭配表。

查英语虚词可用:《新编大学英语介词用法词典》(包天仁编,世界图书出版公司 2000 年出版)、《英语中的介词·连接词·感叹词》(雍和明等编著,安徽教育出版社 1994 年出版)、《新编汉英虚词词典》(王还,华语教学出版社 1999 年出版)。

(2) 连绵词、通假字、同源字字典。连绵词是指由多个汉字连缀成义而又能分割的词,又称连绵字。通假字又称假借字,是古人用一个音同或音近的字来代替本字。同源字是音义相近的字,这些字有同一来源,或音义皆近,或音近义同,或义近音同。

①《连绵字典》。符定一编,北京京华印书局 1943 年出版,中华书局 1983 年第三次印刷发行。该书收录六朝古籍中的双音词,其中多数是连绵词。释义详细,例证丰富,并收录同一连绵词的不同写法,说明它们之间的演变过程。2009 年全国图书馆文献缩微中心发行了 1～10 册的缩微版。

②《古汉语通假字字典》。马天祥等编,陕西人民出版社 1991 年出版。该书收录通假字 2820 个。

③《同源字典》。王力编,商务印书馆 1982 年出版。该书收古代同源字 3000 多个,按上古音二十九韵部顺序排列,书前有《同源字论》和《汉语滋生词的语法分析》,从语音、语义两个方面对汉语同源字进行了考释。书后附汉语拼音和部首顺序排列的检字表。

另有《同源字典再补》(刘钧杰著,语文出版社 1999 年出版)。

(3) 同义词、近义词和反义词词典。正确地使用同义词、近义词可以区别客观事物或思想感情的细微差异,避免用词重复,使语言生动活泼,富于变化。当前同义词辨析词典的数量很多,如各种汉语同义词词典、英语同义词词典等。另外,也有不少语文词典中包含同义词辨析方面的信息。下面介绍查找这类词常用的词典。

①《古辞辨》。王凤阳著,吉林文史出版社 1993 年出版。该书主要辨析古汉语中的近义词,也包括一部分同类词、同源词和音近易混、同音归并的字。根据语义范畴划分为名物词、运动词、特征词,并按此排列。书后附《汉语拼音检字

表》。

②《现代汉语同义词词典》。贺国伟等编著，上海辞书出版社2005年出版。收同义词3300多组，每一词目对应的同义词一至多条，提供其他同义词词典上找不到的同义词基础理论。释义、例句、辨析齐全，穿插知识链接、考题链接。附笔画索引、知识链接索引、考题索引。

③《罗氏国际词库》(*Roget's International Thesaurus*)。该词典1852年初版，1992年第5版，是流行最广的一部同义词辨异词表。按相同的概念分为15大类，1073小类。每一小类都有一个关键词作类名标目。按照词性排列词汇和短语。反义词一般紧跟在基本词目之后。查找时，可以从分类入手，先查概念，再找恰当的单词。也可以利用索引，根据某一同义词，再到正文的有关类中选用所需的词汇。第5版补充了20世纪80~90年代的同义词和反义词，书后有字顺索引。

查英语同义词也可使用 *Webster's Collegiate Thesaurus*、*Use the Right Words：A Modern Guide to Synonyms* 以及《牛津英语同义词词典（英汉版）》（外语教学与研究出版社，牛津大学出版社2009年出版）等。

（4）成语、俚语词典。成语是人们在长期使用语言过程中形成的固定词组和短语。而俚语则是粗俗的或通行面极窄的方言词。要正确地理解其含义，除可利用中外综合性语文词典如《汉语大词典》、韦氏英语大词典，还可利用下列专门的词典进行查找。

①《新汉语成语词典》。征溶等主编，南京大学出版社2009年出版。该书所收录的成语多为长期习用、结构基本成型、具有特定完整意义的词组或短句。也收录了一部分由谚语、俗语、典故和其他熟语形式经约定俗成转化而成的准成语。词目包括主条目及等义条目。主条目作音义解释，列出书证，并在后列出等义条目名；而等义条目只标注音及提示相应主条目名，以便查找。

将汉语成语翻译成英语可参考《汉语成语英译词典》（喻家楼编著，中国科学技术大学出版社1991年出版）、《英汉成语对比与翻译》（陈文伯编，世界知识出版社2005年出版）以及百度的词典。

英语成语与汉语成语虽然在形式上有区别，但意义上有相同之处，即"连串的词表示整体的意义而不表示各词单个意义"，表现的是语言的习语性，在语法和语义上有特殊性。查英语成语的含义可用以下几种工具：

②《牛津当代英语成语词典》(*Oxford Dictionary of Current Idiomatic English*)。外语教学与研究出版社1994年出版。该书用简明的代码和句型表说明成语的用法；列举每个成语的常见搭配格式和具体词语；标注成语的语体、语域与成语的修辞色彩；用丰富的例证说明实际用法，引文均注明出处；有互见指示，各卷内部的相关条目（同义、反义、衍义等）均可互相参见；同形异义成语

分别立条；对某些成语另加语法和惯用法说明，并列出容易误用的成语；书末附有详细的索引。附表列举成语的各种变体及其派生形式。

查英语成语还可用 *Longman Dictionary of English Idioms*、*A Dictionary of English Idioms*、*Brewers Dictionary of Phrase and Fable*、《剑桥国际英语成语词典双语简体中文版》（姚文振编，上海外语教育出版社 2005 年出版）、《美国成语生动表达词典》（朱茂林主编，中国书籍出版社 2002 年出版）。

③《俚语隐语行话词典》。彦斌主编，上海辞书出版社 1996 年出版。该词典是收录汉语隐语行话及禁忌、粗俗语、民间流行习语的大型民俗语言工具书。

④《俚语和非规范英语词典》(*A Dictionary of Slang and Unconventional English ,colloquialisms and catch phrases*)。该词典初版于 1937 年。全书共收 1600 年以来的俚语和非规范英语 65000 条。所谓非规范英语指一切标准英语和方言以外的英语，包括口语、流行语、病句、词语误用、诨名、俗词语、用熟了的美国英语、双关语等。涉及的国家主要是英国、美国、澳大利亚等。全书条目按关键词字顺排列。释义按历史顺序排列。2005 年该词典更新为 *The New Partridge Dictionary of Slang and Unconventional English*，2007 年又改为 *The Concise New Partridge Dictionary of Slang and Unconventional English*。

还可与《简明美国俚语词典》（杨志达编译，商务印书馆 1986 年出版）、《美国俚语大全》（查普曼编，中国对外翻译出版公司 1989 年出版）互为补充。

（5）谚语、俗语和歇后语词典。谚语、俗语和歇后语是流行于民间，由群众口头上广泛使用的较为定型语句。这些语句通俗性强，形象生动，具有独特的魅力。查找它们可用以下几种工具：

①《中国谚语大全·辞海版》（全两册）。上海辞书出版社 2004 年出版。该书分上、下两编。上编收录口语里的谚语约 10 万多条；下编收录语目约 13000 条（不含变体），辑录谚语语料。语目按音序排列。首字同音的，按笔画数排列。首字相同的，按第二字的音序排列，以此类推。语目首字相同，且结构形式和语义基本相同，仅说法略有不同的，以出现较早者或较通用者为正条，其他作为副条或变体处理。例证见于古代典籍和现当代名家名作。书后附列"参考书目"和"汉语拼音索引"。

②《中国俗语大辞典》。温端政主编，上海辞书出版社 1989 年出版。该书收录汉语中俗语，包括谚语、歇后语、惯用语，总计 15000 条左右。

③《中国歇后语大辞典》。温端政主编，上海辞书出版社 2002 年出版。该词典收录汉语古今歇后语约 7000 条，所收集的歇后语及其用例，大部分采自古今文学作品，每条一般都配有一个例句辅助说明条目的意义和用法。

此外，还可用《新世纪汉语多用词典：成语·歇后语·习惯语·谚语·格言》（林连通主编，湖南出版社 2003 年出版）、《俗话：成语对照辞典》（李俊群编著，中国地质大学出版社 1990 年出版）、《英汉双解英语谚语辞典》（盛绍裘、李永芳编，知识出版社 1989 年出版）等。

（6）典故词典。典故是指诗文中引用的古代故事和有来历出处的词语。典故可分为用事（也称事典）和用词（也称语典）两类。由古代故事构成的典故，称为事典；有来历出处的词语构成的典故，就称为语典。查典故可参考下列词典：

①《通用典故词典》。张林川编著，语文出版社 2003 年出版。该词典选收常用典故 2600 多条，全书以汉语拼音字母次序排目。每条由条目名称、释义、故事概述及出处四部分构成。释义由释词，通释，形容义、比喻义或引申义构成。释词只释疑难词，有不同理解者，用"一说"注明。出处为典故出现最早或故事成型最早的典籍。同一典故包括两个及两个以上的故事者，出处用"分别见"注明。书后附《条目笔画索引》。

也可使用《唐代诗词语词典故词典》（顾国瑞、陆尊悟主编，社会科学文献出版社 1992 年出版）等查阅典故。

②《英语典故词典》。华泉坤等编著，商务印书馆 2001 年出版。该书的词条包括语义、典故来源和举例三个部分：语义部分提供了译名和解释；典故来源部分介绍了该典故的故事始末和出处。每一典故均有举例，并附中文译文。

还可使用《中外典故大辞典》（周心慧等主编，科学出版社 1989 年出版）。

（7）方言词典。方言是语言的变体。各种不同的方言分布区域很广，保留了地方的文化特色，但是给人们的交流带来了一定的困难。查考方言的工具书，历代都有编纂。如西汉杨雄的《方言》、清代戴震的《方言疏证》、近代章炳麟的《新方言》等都可参看。新中国成立后又编纂了许多现代方言词典。

《现代汉语方言大词典》。由李荣主编，江苏教育出版社 2002 年出版。每一条目都包括字形、注音、释义三个部分，用国际音标注音。全书分为天文、地理、时令/时间、农业、植物、动物、文化教育、动作等 30 大类。附词典条目的首字笔画索引。

查各地方言也可用《四川方言词典》（王文虎编，四川人民出版社 1987 年出版）、《东北方言词典》（马思周等编，吉林文史出版社 1991 年出版）、《北京方言词典》（陈刚编，商务印书馆 1985 年出版）、《福州方言词典》（李如龙等编，福建人民出版社 1994 年出版）等。

（8）新词词典。汉语新词语指的是一个新创造的或从其他语言、从本族语言的方言词、古语词和行业语中新借用过来的词语，也指一个产生了新语义、新用法的固有词语。（王铁昆）。英语对新词（neologism）的定义为新造词、短语或熟词新义。为了更好地理解新词的含义，需借助于新词词典。

①《新世纪汉语新词词典》。王均熙编著，汉语大词典出版社 2006 年出版。主要收录 21 世纪以来产生的汉语新词新义约 5000 条，并收录了近几年产生的手

机语言和以外文字母的缩写形式构成的新词语。

同时还可用《当代汉语新词词典》（中国大百科全书出版社 2004 年出版）、《新华新词语词典》（商务印书馆 2003 年出版）。

②《21 世纪英语新词词典》。（澳）苏珊·巴特勒编，中国对外翻译出版公司 2001 年出版。该书是根据澳大利亚《麦夸里新词词典》翻译改编的，汇集了近年来出现的一些英语新词。也包括了美国、英国和其他英语国家近年来出现的新词语。

查英语新词还可使用《英语新习语汇编》（冯翠华编，外语教学与研究出版社 1982 年出版）、《外研社当代英语新词语词典》（高永伟等编，外语教学与研究出版社 2003 年出版）、*The Oxford Dictionary of New Words*（编者为 Elizabeth Knowles，牛津大学出版社 1997 年出版）。

（9）缩略语词典。现代汉语缩略语是汉语词语的紧缩形式。也就是把汉语的词语简化、紧缩或概括成为新的词语，如北京大学—北大，家用电器—家电，也称为略语、简称、统称、合称。英语缩略语可分为一般语词的缩写字（abbreviation）、首字母缩略词（initialismis）、首字母拼合词（acronyms）、缩约词（contractions）和字母符号（alphabetic symbol）等。查词语的缩写和全称及其含义，应使用下面的缩略语词典。

①《现代汉语缩略语词典》。袁晖等编，语文出版社 2002 年出版。该词典选收汉语缩略语 8000 多条。词目以现代汉语缩略语为主，少量收录古代流传下来的和外来语中的缩略语。条目按拼音字母次序排列。首字同音的按笔画多少排列。正文前面有"词目首字音序索引"，正文后面附有"词目首字笔画索引"供读者检索。

②《首字母和缩略语词典》（*Acronyms，Initialisms，and Abbreviations Dictionary*）。该词典初版于 1960 年，现已出版第 21 版，共 3 卷。收词 50 万条，包括从古罗马到现代各知识领域所出现的首字母和缩略语，如科技名词、商品名称以及机构代号及某些刊名缩略语等。另有各版次之间的补编，每次大约增补 15000 个新词条。美国盖尔（Gale）公司 2012 年出版了第 46 版，又增补了教育、互联网等方面的新词。

如果需要从全称查找词语的缩写形式，可用《倒排首字母和缩略语词典》（*Reverse Acronyms，Initialisms，and Abbreviatons Dictionary*）。

查找英文科技文献中的缩略语可用《最新英汉缩略语词典》（郑敏、陈荣烈主编，天津人民出版 1992 年出版）、*International Acronyms，Initialisms，and Abbreviatins Dictionary in Science and Technology* 等。

（10）词源词典。词源指的是历史来源与发展过程。词源词典追溯词的渊源，解释词的原始意义、形式、用法及其演变，提供一个词在某一特定时期内的用法。

①《近现代汉语新词词源词典》。汉语大词典出版社 2001 年出版。主要收录 19 世纪初期至 20 世纪中期所出现的部分汉语新词，共 5275 条。收词分主条和副条，便于读者了解词语的沿革变化。例证是该书的重要部分，尽可能给出早期书证，甚至是首见书证，并标出相应的年代。

②《牛津英语词源词典》。（英）哈德编著，上海外语教育出版社 2000 年出版。它是英语词源领域的权威工具书，共收录 17000 多条词条，注明每一词条进入英语的确切时期。标明单词起源与初入英语时的原始拼写形式，给出意义变化较大的词条在不同阶段的简明释义。同时还标明每一词条的归属类别，包括由古英语自身演变而来的词、外来词、派生词等。

（11）用法词典。惯用法是指词或词组、句子的习惯用法，也可以说是它们约定俗成的用法。惯用法词典不是专门对词或词组给予准确的解释，而是强调语言的标准化，注重介绍它们的正确用法，如单词的选择、文体、句型的选用等。利用这类词典可弄清某些词或词组的最恰当的搭配，因此，又可以看做修辞词典。

①《现代英语惯用法》（*Dictionary of Modern English Usage*）。该词典由 H. W. Fowler 编著，牛津大学出版社 1983 年出版第 2 版，收录词条 3000 条，指出如何遵循语法规则，正确使用和避免错误的用法，特别偏重英国用法。第 2 版被认为是最好的英语用法词典，可满足人们对语言进行深入研究的要求。

查英语用法也可使用 *Harper Dictionary of Contemporary Usage* 及《现代英语用法词典》（张道真编，外语教学与研究出版社 2000 年出版）。

②《汉语形容词用法词典》。郑怀德等编，商务印书馆 2003 年出版。收录形容词 1067 条，分为四栏：一是"功能"（指形容词或以形容词为中心的短语能充当什么句子成分）；二是"中心语"（既指形容词或以形容词为中心的短语做中心语，也指形容词和其他词语搭配时所占据的中心地位）；三是"重叠"（哪些形容词能否重叠）；四是"语句例"。

（12）语言学专科词典。利用这一类词典可查阅语言学方面的名词术语及其理论、方法、学科、流派等知识。

《语言学百科词典》。戚雨村等编，上海辞书出版社 1993 年出版。共收词目 5000 多条，包括语言学术语、语言学理论、方法、学科、流派、人物、著作、事件、团体、刊物等。

此外，还可使用《语言学词典》（哈杜默德·布斯曼著，商务印书馆 2003 年出版）、《朗文语言教学及应用语言学辞典》[（英）Richards, J. C. 等著，外语教学与研究出版社 2002 年出版；2005 年 8 月第三版]、《英汉语言学词典》（劳允栋，商务印书馆 2004 年出版）等。

2. 百科全书

《剑桥语言百科全书》。（英）戴维·克里斯特尔（David Crystal）著，中国社会科学出版社 1995 年出版。该书论述了语言的变体、历史、结构和行为，同时还反映了神经语言学家对大脑功能的研究、话语科学家对说与听机制的探索、语言学家对世界语言的比较研究等。附录中包含"术语表""世界语言表"等。

也可使用《中国大百科全书·语言文字卷》。

3. 年鉴

利用语言专科年鉴，可查阅年度语言学研究状况和综述。

《中国语言学年鉴》。1992～1994 年版由李行健主编，语文出版社 1993、1994、1995 年出版；1995～1998 年版由林连通、顾士熙主编，语文出版社 2002 年出版。收录 1994～1997 年中国语言学研究和应用的状况，增加了语言本体学科研究的综述等内容；1999～2003 年（上下册）由中国社会科学院语言研究所编，商务印书馆 2006 年出版。

6.9.2　主要信息检索平台

互联网中关于语言学科研究进展、语言学习的信息资源十分丰富。有许多专业检索工具，如网上词典、语言学数据库、搜索引擎和资源导航网站等，为语言学专业学习与研究提供了极大的方便。

1. 在线字、词典

本节仅介绍语言学专业方面常用的中外文在线词典。

1）中文在线字、词典

（1）《说文解字注》（http：//www. gg-art. com/imgbook/index. php? bookid＝53）。该词典系统分析汉字字形、说解字义。按笔画顺序查找汉字。也可使用词典网进行查询（http：//www. cidianwang. com/shuowenjiezi）。

（2）汉语大词典＆康熙字典知网版（http：//hd. cnki. net/kxhd）。由汉语大词典编纂处编纂，上海辞书出版社并正式授权。字、词的查询可以直接输入，或采用部首、笔画、拼音检索，检索结果出自《汉语大词典》《康熙字典：标点整理本》等。另有康熙字典网上版（http：//www. kangxizidian. com）。

（3）汉字大典——在线汉语大字典（http：//zd. eywedu. com）。该网站包含在线汉语大字典、新华字典、汉语词典、文言文词典、歇后语词典、多功能成语词典、在线辞海、英语语法以及英译汉、汉译英等词典。提供部首检字、拼音检字、词语输入等多种检索途径。

（4）在线成语词典（http：//cy. 5156edu. com）。该词典网收录 41843 条成语，提供其解释、翻译、典故、出处、近义词、同义词、用法、例子、歇后语、成语谜语。主页上有工具导航，直接链接在线新华字典、反义词查询、近义词查询、唐诗三百首、歇后语大全、文言文翻译等网站。

查成语、谚语还可利用成语大全（http：//www. guoxue. com/chengyu/CYML. htm）。

（5）在线歇后语查询（http：//www. supfree. net/search. asp？id＝6179）。该网站提供歇后语前话和后话，并通过关键词查询。

（6）反、近义词词典（http：//www. 365zn. com/fyc）。该词典网提供一词语的同义词和反义词，无词语解释。可通过汉语拼音音序或输入词语进行查询。

2）英语在线词典

（1）Merriam-Webster Online（http：//www. m-w. com）。该词典是以 1993 年出版的第 10 版韦伯斯特英语词典为蓝本的网上免费词典，共收录 16 万个单词，并支持统配符、右截断等高级检索功能。通过该网既可查找英语词义以及同义词、反义词，又可链接《不列颠百科全书》查到百科知识。

（2）《牛津英语大词典》的网络版（http：//www. oed. com）。包括 20 卷本的 OED 第 2 版，3 卷本的补编（additions series），以及第 3 版中的材料。收录 6000 万词组，是目前网上最大、最权威的参考书，保留了印刷版的全部内容，并不断增加新的词汇，还有各种英文资料中的例证，以及词源等信息。

（3）Your Dictionary. com（http：//www. yourdictionary. com）。其前身为 Web of Online Dictionaries，收录 300 多种语言的 2500 种词典、词汇表、术语和语法教程等。在词典检索栏中可查读音、词义、词源、短语、成语等。

（4）Onelook Dictionaries（http：//www. onelook. com）。它是一个词典搜索引擎性质的网站。收录网上词典网站 900 多个中的 340 万个单词，内容极其丰富。其检索方法是：在检索框中输入词语，可得到多个词典的检索结果；也可选定某一词典，然后在此词典页面上逐级单击浏览。它支持短语检索。

（5）Dictionary. com（http：//dictionary. reference. com）。该网站由美国 Lexico 集团开发。它包括词典数据库 Dictionary. com 和同义词反义词数据库 Thesaurus. com。词典检索的结果包括词的读音、释义、词源、短语等信息，检索结果都说明出处。在同义词反义词检索部分，提供各种词义的同义词和反义词。

（6）Online Etymology Dictionary（http：//www. etymonline. com）。在线词源词典提供词查询和字母列表查询两种方式。

（7）Acronym Finder（http：//www. acronymfinder. com）。缩略语词典网收录各类型缩略语 33 万以上，是 Internet 上最大的缩略语网站。它涉及多学科领域的缩略语和首字母合成词。检索时可通过缩写查全称，或通过全称查缩写。由于检索结果过多，用户要仔细选择所需的结果。

查英语缩略语还可使用 http：//www. acronymsearch. com。

（8）俚语词典（http：//www. peevish. co. uk/slang）。该网站按字母顺序查找英语俚语、俗语的含义。

（9）布留沃英文成语与语言词典（http：//www. bartleby. com）。在该网站的 Brewer's Phrase & Fable 中收录了大量口头和格言式的短语、传说和神话、小说中的人物及各种名称、文学词汇和引喻等，许多足本词典难以查到的词语派生义、起源义也收录在内。

其他有特色的英语词典包括：RhymeZone（http：//www. rhymezone. com 可查词韵、同义词、同音词或同音异形异义词，及其广义词、狭义词、反义词、语境共存词）、Allwords. com（http：//www. allwords. com 查询英语、荷兰语、法语、德语、意大利语、西班牙语）、Travlang Translating Dictionaries（http：//dictionaries. travlang. com 多语种翻译词典覆盖了德语、法语、西班牙语、英语、荷兰语、丹麦语等主要语种）、朗曼当代英语词典（http：//www. ldoceonline. com）和剑桥英语词典（http：//dictionary. cambridge. org）。

3）日语在线词典

（1）辞书（http：//www. nifty. com）。

（2）三省堂网络词典（http：//www. sanseido. net）。

（3）goo 辞书（http：//www. goo. ne. jp）。

（4）沪江小 D 日语词典（http：//dict. hjenglish. com/jp）。

2. 语言学数据库与专业网站

1）汉语言文字

（1）国家语委现代汉语通用平衡语料库。它是由国家语言文字工作委员会自 1990 年开始组织语言学界和计算机界的专家学者共同建立的一个大型国家级语料库，以语言文字的信息处理、语言文字规范和标准的制定、语言文字的学术研究、语文教育和语言文字的社会应用为主要服务目标。作为国家级语料库，该库在语料可靠、标注准确等方面具有权威性。《句法树库》是其中的一项重要资源，共计 100 万字（5 万句），包含丰富的句法信息，为研究者提供带有句法标记的汉语真实文本素材，使之能够从中获得有关句法的各种信息；同时还可以进行数据统计、例句抽取等工作，为汉语教学科研、信息处理、词典编纂等领域的研究提供高质量资源。

（2）CCL 语料库检索系统（网络版）（http：//ccl. pku. edu. cn）。由北京大学汉语语言学研究中心（Center For Chinese Linguistic PKU）主办。该网站提

供研究项目、学术成果、学术刊物、学术交流、研究人员、在线资源、新闻报道等栏目。其中，在线资源包括文献、术语、语料（现代汉语语料库、古代汉语语料库、汉英双语语料库）、视频、书目、课程、词典、调查。可查询现代汉语和古代汉语论文、知识、术语、工具书等，供语言研究参考之用。

也可选用教育部语言文字应用研究所计算语言学研究室制作的语料库在线（www. cncorpus. org）。

（3）现代汉语（http：//www. modernchinese. com）。提供有关语言学、语法学、修辞学、词汇学、语音学、文字学方面的出版物。

（4）中国语言文字网（http：//www. china-language. gov. cn）。该网站由国家语言文字工作委员会主办，教育部语言文字应用研究所承办，提供有关法规、标准、学术交流和科研工作、语文工作以及培训测试等内容。此外，还提供资源共享与网上服务等栏目，可进行语料库的检索以及现代汉语规范字典、现代汉语成语规范词典、俗语、歇后语、谜语的查询和语言舆情扫描，如 2013 网络热度词汇、热度文字的发布等。

2）外语学习与教研

（1）外研社 iLearning 外语自主学习资源库（http：//ilearning. fltrp. com）。该库是一个富媒体、多语种的移动外语自主学习资源库，集合全球优质资源，形成以多媒体课程为核心，音视频、图书、多媒体课件及水平测试为辅助的八大外语学习模块：外语文库、视听资源、多媒体课堂、多语种学习、名师讲堂、自测中心、教学课件、移动学习。iLearning 提供一站式的多媒体学习资源，以学生自主测试为手段，指导学生高效使用资源库中的各类资源，全面提升外语水平。

（2）英国国家语料库（http：//www. natcorp. ox. ac. uk、http：//corpus. byu. edu/bnc）。该库名为 British National Corpus，简称 BNC，由英国牛津出版社、朗文出版公司、钱伯斯-哈洛普出版公司、牛津大学计算机服务中心、兰卡斯特大学英语计算机中心以及大英图书馆等联合开发。它是目前世界上最具代表性的当代英语语料库之一。该语料库书面语与口语并重，词容量超过 1 亿，其中书面语语料库 9000 多万词，口语语料库 1000 多万词。在应用方面，该语料库既可用其配套的新型 SAIRA 检索软件，也可支持多种通用检索软件，并可直接进行在线检索。

（3）《CSA语言学与语言行为文摘数据库》（CSA Linguist and Language Behavior Abstracts，LIBA）（http：//www. csa. com/factsheets/llba-set-c. php）。它是 Proquest 公司出品的文摘数据库系列之一，提供全球语言学及语言科学相关领域文献的文摘与索引；涵盖语言研究的各个方面。收录了 1500 多种期刊、图书、学位论文，时限为 1973 年至今。它涉及人类语言学、应用语言学、描述语言学、话语语言学、语言学史、人与人之间的行为与交流、语言分类、词典编撰、语音学、音韵学、语言心理学、语义学、记号语言学、社会语言学等 29 个主题。

（4）Linguist List（http：//www. linguistlist. org）。Linguist List 是世界上最大的在线语言学资源，属于目录型语言学搜索引擎。收录 2000 多个专业网页资源，主要涉及语言和语言分析方面的资源。包括人类语言学、应用语言学、计算机语言学、心理语言学、历史语言学、语言学史、词典编撰、语言理论、语音学、语用论、音韵学、语义学、翻译、写作系统等 30 个学科主题，可进行高级检索。

（5）英语教学与研究网址全面导航（http：//www. flrchina. com/web）。该导航网提供下列网站：英语教研网（中国外语教学、中国外语教育研究中心、中国外语网、中国英语教学研究网、中国英语教学研究会、中国英语专业信息网）、语言学网（语言理论与实践、广外语言学应用语言中心、湖南大学语言学、中国语用学在线、英语语言学论坛）、翻译网（中国翻译网、秋阳译刊、语言/文化/翻译）、学术刊物（中国翻译、中国科技翻译、语言教学与研究、语言与翻译）、出版社（外语教学与研究出版社、上海外语教育出版社、北京语言大学出版社）。此外，还提供英语学习、国内外英语报刊、留学网站与网上书店等链接。

此外，还有一些相关语言学网站，如语言学之家（http：//www. cxrlinguistics. com）、英语语言学（http：//www. modlinguistics. com/index. htm）、东方语言学（http：//www. eastling. org）、对外汉语研究中心（http：//www. dwhyyjzx. com）、外国语言学及应用语言学研究中心（http：//www. clal. org. cn/cn/index. asp）、中国日语语言学网（http：//www. nihongogaku. com）等。

6.9.3　主要检索工具书

利用有关语言学方面的书目、索引和文摘等检索工具，可系统检索语言学研究的论著，使我们更好地了解其历史与研究状况。

（1）《小学考》（全五册）。（清）谢启昆撰，国家图书馆出版社 2011 年影印出版。该书是我国第一部语言文字专科目录书，反映了小学在清代由经学附庸变成一门独立学科的地位，使小学的研究得到重视，具有重要的语言文字学价值。其编排方式为：每一类后详列相关所有书目，书目之后又标注存佚，并有详细解题。解题内容包括介绍作者生平状况、书籍体例内容、考订真伪、品题是非等。该书对研究图书状况、辨章学术、考镜源流、指导读书治学起了重要作用。

（2）《许学考》。（清）黎经诰著，27 卷，是《小学考》的续作，收录有关许慎《说文解字》著述的专科书目及清代有关文字著述。

（3）《汉文字学要籍概述》。罗君惕著，中华书局 1984 年出版。按时代先后分类介绍我国周秦至清代有关文字学的重要著作。详细提供其版本源流、内容编排、成书经过等内容，并评价得失。

（4）《汉语语言学书目》（1980~1997）。徐烈炯等著，外语教学与研究出版社 2001 年出版。该书目主要收录海内外出版的，以汉语为研究对象和少量将汉语与其他语言比较、研究的专著与论文。范围限于汉语研究，并不包括对中国境内汉语以外其他语言的研究，也不收以学外语或学汉语为目的的汉外对比著作或从语言科学以外的角度谈论语言的著作，如词源学、训诂学、修辞学、辞书编辑、语言材料记录、语言学史等。

此外，还有胡厚宣编，中华书局 1952 年出版，1983 年重印的《五十年甲骨学论著简目》，中国文字改革委员会图书资料室 1955~1957 年编印的《语言文字学书目》以及 1992 年北京大学出版社出版曹先耀等编的《八千种中文辞书类编提要》等。

（5）《中国语言学论文索引》。中国科学院语言研究所编，科学出版社 1965 年出版。甲编收录 1900~1949 年国内论文集 600 多种，论文 5000 多篇；乙编收录 1950~1963 年发表的论文 7000 多篇，报刊 240 多种。乙编增订版本由商务印书馆 1983 年出版。该书增收 1964~1980 年国内发表的语言学论文。书前有分类目录，书后附著者姓名索引；1981~1990 年版上下册由中国社会科学院语言研究所编，商务印书馆 2005 年出版。收录有关中国境内的语言及一般性语言理论或问题的论文，不包括国外语言的著作。该索引编有三个附录：引用期刊一览、引用论文集一览、著者姓名索引，以方便读者检查。1991~1995 年版于 2003 年出版。共收录国内报刊 600 多种，论文 17000 多篇，分为"语言和语言学""汉语"和"少数民族语言"三大部分。书前有"说明""报刊一览"，书末附有作者索引。著录体，先列篇名，次列著者，再列报刊名称、年份期数、起讫页数。

检索国外语言学的研究与教学方面的检索工具包括《论述现代语言与文学的图书与期刊论文国际目录》（*MLA International Bibliography of Books and Articles on the Modern Languages and Literature*）、《语言教学——供语言教师及应用语言学参考的国际期刊文摘》（*Language Teaching-the international abstracting journal for language teachers and applied linguistics*）等。

6.10　文学专业信息检索

文学是以语言文字为媒介和手段塑造艺术形象，反映现实生活，表现人们精神世界的语言艺术。文学文献在社科文献中占有很大比重，其历史源远流长、数量众多，表现出民族性和审美性。中外文学又以其内容、形式和风格构成了自己的特色。因此，阅读或研究文学作品，必须掌握科学的检索方法，综合利用各类工具书。

6.10.1　主要参考工具书

文学参考工具书包括文学词典、手册、百科全书及文学评论资料等，利用这类工具可查找中外作家的生平传记、文学作品以及相关文学术语、文学运动、文学流派、文学典故和作品人物等知识。

1. 词典

1）文学词典

文学词典以条目的形式介绍文学流派、文学术语、文学典故、文学运动及人物生平信息。

（1）《中国文学大辞典》（上、下册）。钱钟联等著，上海辞书出版社 2007 年出版。该辞典共收录中国文学学科词目 18000 多条。分作家、流派社团、作品、名词术语、研究著作、报纸、刊物、文学人物等大类。全书词目分 12 个单元，依次编为先秦两汉文学、魏晋南北朝文学、隋唐五代文学、宋辽金文学、元代文学、明代文学、清及近代文学、现代文学、民间文学、少数民族文学、文学理论批评、文学史通论、（跨三代以上通代性）总集及其他（包括类书、工具书及文学人物等）。附词目分类索引、词目笔画索引。

（2）《牛津英国文学词典》（*The Oxford Companion To English Literature*）。由牛津大学出版社 1932 年初版。它汇集了几种不同语种的文学术语，并指明来源及被引用的情况。也收录经典作家，如莎士比亚、乔叟等。1985 年出版的第五版增加了对当代作家的介绍。该指南还收录大量知识性条目，如作品情节梗概、作品或传说中的人物、历史事件、地点及文学运动、流派的介绍等。2000年出版了第六版，2009 年已出版了第九版。

体例相似的还有《牛津美国文学词典》（*Oxford Companion to American Literature*）和朗曼二十世纪文学词典（*Longman Companion to Twentieth Century Literature*）。

2）文学家词典

（1）《中国文学家辞典·古代》（第一、二分册）。由北京语言学院《中国文学家辞典》编委会编，四川人民出版社 1980 年、1983 年出版。古代部分收录在文学史上某一时期或某一领域有过影响的作家、文艺批评家。包括姓名、字、号、生卒年、籍贯、生平事略、文学活动及其作品存亡情况，并注明作家传记或事迹出处；对重要作家及其作品思想内容、艺术特点及影响略加评论，并摘引名句和前人著作中影响较大的评论。

（2）《中国文学家辞典·现代》（第一至六分册）。由北京语言学院《中国文学家辞典》编委会编，四川人民出版社 1979、1982、1985、1992 年出版。该书收录"五四"至今有一定影响的各族作家及海外侨胞中的作家。

查国内外作家生平的传记词典还包括《中国文学家大辞典·宋代卷》（曾枣庄主编，中华书局 2004 年出版）、《欧美作家词典》（陕西人民出版社 1988 年出版）以及美国盖尔公司（Gale）出版的 *Dictionary of Literary Biography*、*Contemporary Authors*；*a Bibliographical Guide to Current Authors and Their Work* 与英国培格曼出版公司（Pergamon Press）出版的 2 卷本 *Dictionary of Literature in the English Language*（vol. 1 from Chaucer to 1940；vol. 2 from 1940 to 1970）等。

2. 手册

(1)《中国现代文学手册》（上、下册）。刘献彪主编，中国文联出版公司 1987 年分上下册出版。上册分"中国现代重要作家生平著作年表""中国现代文学作品介绍"。下册分"中国现代文学史家评介""名词解释""台港现代文学研究及现代文学发展概括""国外中国现代文学研究概况""中国现代文学史大事年表"。

(2)《文学批评方法手册》（英美文学文库）。古尔灵著，外语教学与研究出版社 2004 年出版。该书介绍了传统的批评方法和 20 世纪 60 年代以后的新的批评方法，如读者反应批评、文化批评、女性主义批评等。第 1 版于 20 世纪 60 年代中期出版，此后多次修订再版，并被译成西班牙文、葡萄牙文、日文、朝鲜文等多种文字。

查美国作家、著作及文学流派等知识，还可使用《美国文学手册》（濮阳翔编著，社会科学文献出版社 1991 年版）。

3. 年鉴

(1)《中国文学研究年鉴》。由社会科学文献出版社出版，主要记述上一年中国文学研究工作的进展状况、主要科研成果、重大文学记事等。设置的栏目包括重要言论、研究综述、论文选摘、新书评价、学术活动、新书目标、论文索引等。

(2)《中国文学年鉴》。由中国社会科学院文学研究所、《中国文学年鉴》编辑委员会编，社会科学文献出版社 1985 年出版。该年鉴是一本涵盖了从创作、论争到批评、研究的大型文学年鉴，主要反映年度文学风貌，聚焦年度文学热点，展示年度文学成就，记录年度文学进展。

此外，还可参考《唐代文学研究年鉴》（傅璇琮编，广西师范大学出版社出版）、《宋代文学研究年鉴》（刘扬忠等主编，武汉出版社出版）、《中国古典文学研究年鉴》（上海古籍出版社 1987 年出版）、《鲁迅研究年鉴》（人民文学出版社出版）等。

4. 百科全书

（1）《中国大百科全书·中国文学（2 卷）》。由中国大百科全书出版社 1986 年出版。全卷收有 2231 个条目。内容包括中国各个历史时期的文学理论和文学现象。也对中国各种文学体裁、文学思潮和流派、著名作家和作品作了介绍。特别是该卷系统地介绍了中国各族文学，注意收录中国文学著作中长期忽略的地区、时期的内容，从而成为一部知识体系完整、内容充实的反映中国文学的著作。

（2）《中国大百科全书·外国文学（2 卷）》。由中国大百科全书出版社 1982 年出版。它共收条目 3007 个。按地区、国别、语种分为东北亚文学、东南亚文学、南亚西亚文学、非洲文学、北欧文学、中欧文学、东南欧文学、苏联文学、希腊罗马文学、意大利文学、西班牙拉丁美洲文学、法语文学、德语荷兰语文学、英语爱尔兰语文学以及文学思潮、流派、体裁、术语等。该卷的检索途径：条目内容索引（拼音）、条目汉字笔画索引、条目分类目录（按地区、国家分）。

（3）《二十世纪世界文学百科全书》（Encyclopedia of World Literature in the 20th Century）。该书由尔夫冈·伯纳德·弗莱希曼主编。介绍英美文学在内的世界文学家、文学思潮、文学流派等知识。

5. 资料汇编

（1）《古典文学研究资料汇编》。华文轩编，中华书局 1962～1984 年陆续出版，是国内出版的有影响的作家资料汇编。内有《陶渊明卷》《白居易卷》《杜甫卷》《柳宗元卷》《陆游资料汇编》《黄庭坚和江西诗派卷》《三曹资料汇编》《韩愈资料汇编》《李清照资料汇编》等。收录了上述作家的生平、思想及其对作品的评论。

此外，还有一些作家资料汇编，如《吴研人研究资料》（上海古籍出版社 1980 年出版）、《李伯元研究资料》（上海古籍出版社 1980 年出版）、《李贺研究资料》（北京师范大学出版社 1983 年出版）、《龚自珍研究资料》（黄山书社 1984 年出版）等。

（2）《中国现代作家作品研究资料丛书》。该丛书包含《丁玲研究资料》（天津人民出版社 1982 年出版）、《矛盾研究资料》（上、中、下三册，孙中田等编，中国社会科学出版社 1983 年出版）、《冰心研究资料》（北京出版社 1984 年出版）等。

（3）《中国当代文学研究资料》。该套丛书由中国社会科学院文学研究所与苏州大学等 30 多个单位协作编纂，福建人民出版社等 20 多家出版社出版。收录范围，上起 1949 年中华人民共和国成立，下迄各专集成书之日。丛书有以下六类专集：作家研究专集、按文体编辑的综合研究资料专集、文艺运动和文艺论争研究资料专集、新中国成立 30 年文学大事年表、文学期刊目录索引、当代作家作品总目索引和中国当代作家作品评论文章总目索引。

（4）《文学评论丛书》。美国盖尔（Gale）出版公司从 20 世纪 70 年代开始出版了《十九世纪文学评论》（*Nineteenth-century Literature Criticism*，NCLC）、《二十世纪文学评论》（*Twentieth-century Literary Criticism*，TCLC）和《当代文学评论》（*Contemporary Literary Criticism*，CLC）等系列文学评论丛书，每套丛书均有一二百卷，平均每年新增 10 卷左右。这些丛书收录了 19 世纪以来几乎所有的作家。NCLC 收录 1800～1900 年的作家；TCLC 收录 1900～1960 年的作家；CLC 收录 1960 年至今的作家。提供相关的评论文章。被评作者下的条目按评论文章或著述的时间顺序排列其摘要。附参考书目。每一卷后附被评作家的累积索引（cumulative index to authors）和评论者索引（cumulative index to critics）。

6.10.2　主要信息检索平台

1. 文学数据库与研究网站

（1）英美文学在线数据库（Literature Online）。它是 ProQuest 公司出版的全文数据库，提供英美文学作品与评论的检索工具。它包含 357250 多篇诗歌、散文和戏剧作品全文（8～21 世纪），以及 213 种全文期刊、随笔、百科全书词条、词典、传记与作家作品集、语言学参考工具书、英美文学评论与书目信息等。其中，散文部分，收录 2250 多部 1500～1903 年英伦三岛和美国作家的散文作品，包括奥斯丁、哈代、狄更斯、霍桑和梅尔维尔等小说家的作品；诗歌，提供了经典英语诗歌作品，其中，英国诗歌年代从 8 世纪至今，美国诗歌从 1603 年至今，美国黑人诗歌从 1750 年至今，包括当代诗人，如艾略特、庞德、休斯、普拉斯、希内、塞克斯汀和巴拉卡；戏剧，收录 13 世纪末到 20 世纪初英国和美国作家所著的约 6700 多部戏剧，包括马洛、琼森、康格里夫、谢里顿和王尔德等剧作家的作品；传记与作家作品集，提供英美文学中 4100 多名作家的完整传记与他们的作品集；词典，包含美国最重要的词典《韦氏国际新词典第三版（未删节）》和《牛津简明词典》；英美文学全文期刊数据库，收录了 200 多种学术期刊的全文，并不断更新，时间从 1998 年开始，有些精选出来的刊物还收录了更早的回溯文档，网站可以直接用电子邮件发送期刊文章的全文；ABELL（the Annual Bibliography of English Language and Literature，英语语言文学年度书目数据库），包含 1920 年至今世界各地发表的杂志文章、专论、书评和博士论文的完整目录。该库将文学作品按年代和作品类型进行划分，可单击查看作品全文，也可进行关键词、作者、作品及评论资料的检索。

（2）Gale 在线数据库——文学资源中心（Literature Resource Center）。文学资源中心包含了 Gale 公司出版的参考工具书：*Contemporary literary Criticism*，*Twentieth-Century Literary Criticism*、*Contemporary Authors* 等。收录各时代各文学流派的名作家传记、作品概述、文学评论、文学术语定义及学术期刊全文。每年新增 3000～4000 名亚洲作家。此外，还链接现代语言学会（MLA）的语言学、文学书目，以及 6000 多个相关文学网站。该中心的网页提供基本检索、高级检索、作家检索、作品检索、Gale 文学资源索引（限于 Gale 印本系列的检索）等。另有 informarks 服务，它可以将检索到的文献网址保存到 word 文档和 E-mail 中，以后无需登录数据库，只需单击网址就可查看该文献或相关主题的文章。Informarks 保存的文章会自动更新。

（3）中国文学网（http：//www.literature.org.cn）。该网站由中国社会科学院文学研究所主办，包括学界要闻、学术会议、学人访谈、学术期刊、学术争鸣、诗文鉴赏、当代文坛、论著评介、专题研究等栏目。其中，重要的数据库有"学术论文数据库""学术专著数据库""历代作家数据库""元代文献数据库"和专题频道，包括影视文学研究、西部文化研究、民间文化研究、民族文学研究、理论前沿研究、地域文学研究、女性文学研究、武侠小说研究、昭明文选研究、文心雕龙研究、钟嵘诗品研究、明四大奇书研究等，可浏览全文，并提供题名、作者和全文检索。

（4）中国现代文学研究网（http：//www.modernchineseliterature.net）。该网站由香港中文大学中国语言及文学系与大学图书馆系统主办。它包括一个综合型的数据库。该库整合多元化的书刊数据，为读者提供一站式的检索平台。数据来自中、英、日语的单行本、期刊论文、报章文章、学位论文等。其中期刊论文有中国期刊网、香港文学数据库等数据库的超级链接，方便读者实时查找文献。此外，还包括作家网页，从文献角度整理作家著作及相关研究书目，提供书目分类及版本资料，以便于读者进一步研究。

（5）厦门大学中国语言文学系网站（http：//chinese.xmu.edu.cn）。该网站包含鼓浪文苑、南光学术、精品课程、招生信息、导师招牌、鲁迅馆等栏目。提供该系最新研究成果与研究动态，可阅读专题讨论和研究性文章，并可在线观看或下载视频。

（6）国学网（http：//www.guoxue.com）。该网站由首都师范大学电子文献研究所与中国诗歌研究中心主办，提供丰富的国学文化信息资源。主要栏目包括国学宝典、国学论坛、国学司南、国学人物、国学书苑、国学投稿、国学入门、国学专题、国学产品、国学图库、国学官博、国学官微等。详细介绍古今著名国学大师的生平、学术成就、作品欣赏及其研究等资料。

（7）外国文学网（http：//foreignliterature.cass.cn/chinese/Index.asp）。由中国社会科学院外国文学研究所办。该网站包括最新动态、热点关注、学术要闻、学术回溯、科研成果、科研教育、论文选萃、论著评介、文学百科、当代作家作品、外国文学研究等栏目。可按关键词检索文献全文。

（8）文学评论网（http：//www.ipl.org/div/litcrit）。文学评论网提供作家、作品评论与传记等。有作家姓名、作品题名检索途径，也可按英、美、法、德、意、中、日等国各个时期检索。

2. 作家作品研究网站

（1）中国作家网（http：//www.chinawriter.com.cn/research）。由中国作家协会主办。该网站包括访谈、综述、理论、评论、争鸣、排行、研究、博客、论坛、报刊、文史、图库、原创、小说、诗歌、散文、纪实、青春、新书、少儿、科幻、寓言、舞台、电影、电视、美术等频道。其中，理论频道包括理论热点、学术经典、学术动态、文学理论；评论频道包括作品、作家论、创作谈、现象研究、焦点探讨、北大评刊、精彩评论、文化时评等；研究频道有文学奖项研究、作家研究、文学门类研究、艺术研究。该网站可按内容、按标题、按时间检索。

（2）李白研究网（http：//www.chinalibai.com）。提供李白简介、研究会简介、研究资料、最新论文、文物和艺术品、诗词欣赏、李白与马鞍山、影视视频、李白论坛等栏目。可查阅李白生平、诗词欣赏与研究文章等。

（3）莎士比亚之网（http：//www.shakespeare.com）。它是研究莎士比亚的英文网站。

3. 文学在线工具书

文学百科全书网（英文）（http：//www.litencyc.com）。该网站提供全球文学参考资料，包括作家传记、文学作品、文学术语等。检索途径有人名（作家姓的字顺）、作品及主题等。收录文学资料详尽。

4. 文学作品阅读网

（1）新浪文化·读书频道（http：//book.sina.com.cn）。该网站包含新书信息、书业观察、作家动态、文化新闻、书评、好书榜、悦读汇、读书专题、文化博客、读书微博、高清组图等栏目。也可通过关键词查找新闻、图片、博客、视频。它是一个看书评书、写书出书以及找书买书的网站。

（2）盛大文学网（http：//www.cloudary.com.cn）。该网站是盛大文学运营的原创文学网站，包括起点中文网、红袖添香网、小说阅读网、榕树下、言情小说吧、潇湘书院六大原创文学网站及天方听书网、悦读网、晋江文学城。同时还拥有华文天下、中智博文和聚石文华三家图书策划出版公司，是国内最大的民营图书出版公司，签约韩寒、于丹、安意如、蔡康永等多位当代一线作家。

（3）英语文学资源网（http：//www.iselong.com/English/0001/1100.htm）。该网站提供英美国家文学名著全文的阅读、学习指南、研究与查询信息。

名著的在线阅读可用 http：//www.eywedu.com/World.asp（外国作家全集系列阅读系统）。

6.10.3　主要检索工具书

文学检索工具书包括文学专业类的书目、索引、文摘等。利用它们可查阅有关中外文学研究的图书专著、期刊论文和文学评论资料。

1. 中国文学

（1）《百种古典文学著作介绍》。黄立振编著，中州古籍出版社 1993 年出版。介绍新中国成立以来至 1980 年出版的中国古典文学原著的作者生平、作品内容、思想倾向、艺术特色、版本源流和出版情况等。全书分六部分：①神话、先秦散文、传记文学；②诗经、楚辞、诗文集；③诗文评论；④词曲、变文、小令；⑤笔记、小说；⑥戏曲、传奇等。

此外，还可参考《中国古典文学名著题解》（中国青年出版社编，1992 年出版）、《中国现代文学名著题解》（聂明钊主编，中国青年出版社 1994 年出版）、《中国当代文学名著提要与评析》（乔默主编，南京大学出版社 1986 年出版）、《中国现代文学书目汇要诗歌卷、小说卷》（郭志刚主编，书目文献出版社 1994 年出版）、《唐代文学论著集目》（罗联添编，台湾学生书局 1979 年出版）等书目。

（2）《中国古代文学资料目录索引》。1949～1979 年版由辽宁大学中文系古代文学研究室编，辽宁大学出版社 1980 年出版。1980～1983 年版由辽宁师大书稿出版编辑室 1985 年编印。该书收录了中国古代文学作品和研究论著。

（3）《中国古典文学研究论文索引》。1905～1979 年版由北京师范学院中文系 1981 年编印，分为总论和作家作品研究两大部分。1949～1980 年版由中山大学中文系资料室编，广西人民出版社 1984 年出版。该书除了收录文学研究论著，还提供了古典文学相关的音韵文字、版本、校勘、古典文献等方面的论文篇目。2004 年版由中国社会科学院文学研究所资料室编，中华书局出版。该版分为文学遗产继承问题、文学史问题、文艺理论批评、诗词曲赋、小说、散文、戏曲、民间文学等以及古典文学教学及阅读指导、中外文化交流作家作品研究等部分。

（4）《唐宋名诗索引》。孙公望编，湖南人民出版社 1985 年出版。收录诗句

9000 多条。全书由凡例、主要选本书目、句首词索引、诗题索引、主题词与关键词索引、作者索引和语词、作者、诗题差异汇录几部分组成。提供多种检索途径，可从句首词索引、诗题索引、主题词、关键词索引和作者索引查找唐诗名句。

(5)《十三经索引》（全四册）。栾贵明编著，中国社会科学出版社 2004 年出版。该书以阮元编辑的《十三经注疏》为底本，包括周易卷、尚书卷、诗经卷、论语卷、孝经卷、孟子卷、春秋左传卷、春秋公羊传卷等内容。有逐字索引（任何一个字表，可得到该字在十三经中的全部位置）和分经索引（每经编制一部索引）。索引编排科学，采用拼音和四角号码检字法排列。后附《十三经》原文，查验方便。

另有叶绍钧编，中华书局 1982 年修订出版的《十三经索引》。

(6)《中国现代当代文学研究论文索引》。慧贞主编，南开大学出版社 1984 年出版。收录 1949～1982 年发表在全国主要报刊上有关我国现代、当代文学研究论文的篇目。内容包括有关文学体裁基础知识与作家作品研究方面的论文篇目。

查找有关鲁迅思想研究、作品研究、生平事迹研究论文资料，可用《鲁迅研究资料索引》（北京图书馆、中国社会科学院文学研究所编，人民文学出版社 1980～1982 年出版）。

2. 外国文学

(1)《现代主义代表作 100 种、现代主义小说佳作 99 种提要》。（英）康诺利、伯吉斯著，李文俊等译，漓江出版社 1988 年出版。收录 1880～1950 年英、美、法国的现代主义代表作 100 部，1939～1983 年的现代小说佳作 99 部。

查找 1949～1979 年国内翻译出版的外国文学作品目录可利用《1949～1979 翻译出版外国文学著作目录和提要》（中国版本图书馆编，江苏人民出版社 1986 年出版）。

(2)《外国文学论文索引》（1919～1978）。卢永茂等编，河南师大中文系 1979 年印。收录"五四"前后至 1978 年的有关外国文学（除苏俄文学）研究论文篇目以及文学史著作，研究专著和作品译本的前言、后记等。该索引按地区编排，分为亚、非、拉、欧和大洋洲文学。各洲下按国别分，各国又分概述和作家作品两部分。

还可参考《外国文学研究论文资料索引 1978～1985》（河北教育学院图书馆等编，上海社会科学院出版社 1986 年出版）、《国内主要报刊外国文学论文索引 1985～1989》（中国社会科学院外国文学研究所图书资料室编，社科文献出版社 1991 年出版）等。

英国文学原版书目可用英国剑桥大学出版社出版的 5 卷《新剑桥英国文学书目》（*The New Cambridge Bibliography of English Literature*）等。

6.11　音乐专业信息检索

好的音乐给人以美的享受，音乐的受众面非常广。音乐专业信息检索包括音乐著述、音乐专有名词术语、音乐主题、音乐史料、音乐作品、音乐家、乐器、音乐教育、音乐机构与音乐活动等信息的检索。利用的资源主要有工具书、音乐专业和综合数据库、音乐软件、专业音乐网站以及非专业网站的音乐栏目。

6.11.1　主要参考工具书

1. 词典

（1）《音乐百科词典》。缪天瑞主编，人民音乐出版社 1998 年 10 月出版。该书的条目取舍和内容写法都充分考虑中国读者的需要，对中国的内容予以足够的重视，是一本真正中国的综合性音乐百科词典。它覆盖面广，集中外古今于一书，其内容包括中外音乐家、乐器、作品、理论和表演术语、音乐学、表演团体、教育机构、著名乐器制作公司和音乐出版社，共收词 6600 多条。在"地区音乐"部类，书中收入许多日本、东南亚、印度和非洲国家的音乐理论、音乐家、乐器和作品，在西方的工具书中，由于"欧洲中心"的传统观念，这些内容是很难找到的；在西方传统音乐部类，则力求适合中国读者的需要，深浅适度，繁简得当。

（2）《新格罗夫音乐与音乐家辞典（第二版）》（*The New Grove Dictionary of Music and Musicians*）。斯坦利·萨迪主编，牛津大学出版社 2001 年出版第二版，2012 年授权湖南文艺出版社出版。该辞书语种为英文，共 29 卷，约 2500 万字，涉及 98 个国家，29000 多项条目，涵盖了世界各个国家、地区、特别是西方的音乐文化的方方面面，提供了极其广阔丰富的知识、学术信息。这对中国了解世界音乐文化，对中国音乐文化的自身发展，为中国音乐学术研究提供丰富资料来源和珍贵参考价值等方面，都有重要意义。这部辞典在国际文化界享有盛誉。《纽约时报》称，该辞典"始终是英语版最好的音乐资料来源。以它对世界音乐、流行音乐和现当代分析理论的介入深度而言，它可能是当前所有语言中最具综合性的音乐词典"。

（3）《牛津简明音乐词典》（第四版中译本）。该书是一部中型音乐百科词典，初版于 1952 年，此次翻译的是 1996 年修订的第四版，（英）肯尼迪、布尔恩编，唐其竞等译，2002 年 9 月人民音乐出版社出版。该书内容极为实用，在编排上匠心独具，200 多万字的篇幅，收词目万余条，从名词、术语、曲式、体裁到作品、人物、机构，无不一一包罗。在收录的音乐家 5000 多人中，作曲家有 3000 多人，在每位作曲家的条目后都附有较为详尽的重要作品目录，这是该书的一大特点。

（4）《中外通俗歌曲鉴赏辞典》。杨晓鲁，张振涛主编，世界知识出版社 1990 年 9 月出版。这是一部中型鉴赏工具书，共收词条 589 条。正文部分以中外通俗歌曲曲目为线索编排，每个词条有谱例，有鉴赏文字。鉴赏文字主要介绍该首歌曲产生背景、流行原因、艺术特色等，穿插词曲作者和演唱者有关掌故；附录部分有中、外歌星小传，中国通俗歌曲作者小传等。这部辞典内容丰富，形式新颖，既有实用性，又有可读性。

2. 手册

（1）《合唱艺术手册》。孙从音主编，上海音乐出版社 2000 年出版。这是一部有关合唱艺术的"百科全书"，是指导合唱队进行合唱活动、提高合唱艺术水平的最佳顾问。全书共分八大部分，分别包括"合唱史话"（包括中外合唱艺术发展史）、中外经典合唱曲欣赏、训练提示、合唱素质教育、单声合唱训练、歌剧合唱介绍、名家精艺（名指挥家、理论家谈指挥艺术及合唱风格）及附录（包括中外指挥家、合唱团体、各合唱赛事节事等介绍）。该书填补了我国无合唱工具书这一空白。

（2）《音乐教师实用手册》。李虹编著，上海音乐出版社 2011 出版。该手册由四个部分组成：音乐基础知识、音乐教学技能、音乐教学方法、音乐教育课题的研究。内容简明扼要、便于检索，力求满足中小学不同层次音乐教师教学改革的需要，同时兼顾即将步入教师行列的师范生的学习需求。

（3）《中国民族管弦乐实用配器手册》。朴东生著，人民音乐出版社 2011 年出版。全书的理论视角高屋建瓴，在声部结构、织体写法、乐器性能表现等方面对民乐中的吹、拉、弹、打各乐器组及其交叉组合方式进行了鞭辟入里的论述，并针对每一章的论题适时提出具有建设性的意见和建议。

（4）《舞蹈知识手册》。隆荫培、徐尔充、欧建平编著，上海音乐出版社 1999 年出版。该书是国内汉语出版物中第一部言简意赅、深入浅出、问答形式、中等规模，囊括古今中外各大舞种，融知识性、科学性、可读性、实用性、鉴赏性和趣味性于一体的工具书。

3. 百科全书

（1）《中国大百科全书》。《中国大百科全书》第一版的《戏曲·曲艺》卷、《戏剧》卷、《音乐·舞蹈》卷及《中国大百科全书》第二版（条目不分科，按汉语拼音字顺排），都可查检音乐词条。

（2）《钢琴艺术大百科》。高晓光、吴琼、吴国翥编著，上海音乐出版社 2009 年 11 月出版。这是一本介绍钢琴基本知识的书籍。内容包括钢琴创作艺术、钢琴演奏艺术、中国钢琴艺术管窥、钢琴制作艺术、钢琴作品中的常用音乐术语。书中包含 114 位中外键盘类作曲家、109 位钢琴演奏家生平介绍及珍贵图片资料，2000 多部钢琴作品内容及创作背景介绍，每部作品均附详细谱例分析。提供了三种检索方式：中文目录检索、外文索引检索、数据光盘检索（附 CD 光盘 1 张）。适合广大钢琴教师和钢琴艺术爱好者使用。

（3）《音乐小百科》（共 14 分册）。这套系列丛书原版由（荷）雨果·平克斯特波尔编著，翻译后由上海音乐出版社 2012 年出版。分为《乐理》《放大器 & 效果器》《大提琴》《长笛 & 短笛》《小号 & 长号、夫吕号 & 短号》《电子琴、键盘与数码钢琴》《单簧管》《萨克斯管》《钢琴》《声乐》《电吉他与电贝司》《木吉他》《鼓》《小提琴》共 14 个分册。该书配有许多精准的插画，并且通过 www.tipbook.com 网站可以听到或看到与内容有关的音频、图片和视频。适合于所有的音乐家，无论是对演奏者、不同年龄的读者、对音乐还一无所知的初学者，还是对具备高级理论知识的器乐演奏家和歌唱家都有一定指导作用。

4. 年鉴

《中国音乐年鉴》。中国艺术研究院音乐研究所编，1987 年开始创编。该年鉴除了集中收录每年度有关音乐理论研究各个领域的综述及各种专题、专栏性学术资料，还广泛收录有很多资料汇编，用相当篇幅记述了当年主要的音乐活动、音乐院校、演出团体、学术会议、音乐图书出版以及音乐比赛获奖者等方面的情况。

6.11.2　主要信息检索平台

1. 音乐专业数据库

（1）库客（KUKE）音乐图书馆。库客数字音乐图书馆的主页平台上主要分为音乐图书馆、视频图书馆、有声读物、电子杂志和音乐空间五大栏目。其音乐图书馆是一家专注于非流行音乐发展的数字音乐图书馆。拥有 Naxos、Marco Polo、AVC、Countdown、CRC 等国内外著名唱片公司的授权。共汇聚了中世纪到近现代 9000 多位艺术家、100 多种乐器的音乐作品，50 多万首曲目。其视频图书馆汇集了歌剧、芭蕾、音乐会现场、音乐纪录片、爵士、音乐之旅、特色电影等从中世纪到现当代近 1000 小时的优秀音乐视频作品。其有声读物资源由英国 BBC 广播电台、美国 ABC 广播电台当红主播亲自朗读，结合丰富的古典音乐配乐，内容涵盖文学名著、小说、诗歌、音乐家传记、哲学等方面的1000多部作品。其古典音乐电子杂志《ARIA-阿丽雅》（双月刊）对图书馆客户永久免费开放。

（2）ASP世界音乐在线（Music Online）。世界音乐在线是美国 Alexander Street Press 出版社的在线音乐数字资源，拥有超过30万首世界各地各个时期的音乐，由 EMI、Sanctuary Classics、The Sixteen、The London Symphony Orchestra、The Royal Philharmonic Orchestra、CRD 等34家国际著名唱片公司提供完全版权，读者可以在线欣赏全部内容。同时还向读者提供约50万页的音乐参考资料。数据库的内容分为在线欣赏和在线参考两部分。欣赏类资源包括古典音乐图书馆、当代世界音乐、史密斯苏年全球音乐图书馆、美国歌曲集、爵士乐图书馆。参考类资源包括古典音乐乐谱图书馆、古典音乐参考资料图书馆、格兰德世界音乐百科全书、非裔美国人音乐参考资料集。

（3）国际音乐期刊索引与全文数据库（International Index to Music Periodicals with Full Text，IIMPFT）。国际音乐期刊索引与全文数据库内容覆盖广泛的音乐主题领域：音乐理论、作曲、音乐、教育、声乐、人种音乐学、音乐剧、通俗音乐。包含各种不同音乐类型的期刊论文：从中世纪礼拜堂里修道士的赞美诗一直到当代不同流派的摇滚音乐。通过数据库可访问20多个国家的450多种国际音乐期刊的索引和文摘，以及140多种音乐期刊的全文（每月更新，还在不断增加中），最早可回溯至1874年。

（4）Oxford Music Online(牛津音乐在线)(http://www.oxfordmusiconline.com)。该数据库完整收录了29卷的《新格罗夫音乐与音乐家辞典》第2版(*New Grove Dietionary of Music and Musicians*,2nd edition)、4卷的《新格罗夫歌剧辞典》(*New Grove Dictionary of Opera*)、3卷的《新格罗夫爵士乐辞典》第2版(*New Grove dictionary of Jazz*,2nd edition)、《牛津音乐指南》(*The Oxford Companion fo Music*)和《牛津音乐辞典》(*The Oxford Dictionary of Music*)，以及新增的《格罗夫美洲音乐辞典》第二版。内容囊括了史前到当今社会的所有音乐形式和音乐家的各种信息。

（5）Ebrary乐谱数据库。提供来自 Duke University 和 CD Sheet Music 出版社的8386本乐谱，其中，Duke University-2997本、CD Sheet Music-5389本。收录了古典音乐作品，来自著名作曲家 Bach（巴赫）、Mozart（莫扎特）、Schubert（舒伯特）、Tchaikovsky（柴可夫斯基）等。同时也收录了美国早期音乐作品，来自著名作曲家 Irving Berlin（欧文·柏林）、Stephen Foster（史蒂芬·佛斯特）、Jerome Kern（杰罗姆·科恩）、John Philip Sousa（约翰·菲利普·苏萨）等。适用于音乐教员、学生、各类型音乐表演者。

2. 音乐网站

（1）国家大剧院（NCPA）官方网站（http：//www.chncpa.org/）。通过该网站可以查询最新演出资讯，在线选座订购演出票享至少九八折优惠，预订艺术普及活动票、参观票。其古典音乐频道是一个面向大众的专业古典音乐音频、视频网站，设置了 NCPA 音乐厅、排练现场、NCPA 纪录、古典音乐赏析和音乐虫聊天室五档栏目，可免费看到许多高清演出和排练视频，听到上千张古典音乐唱片、近万首单曲的高保真音质音乐。音乐虫聊天室是大剧院古典音乐频道的一档自制音频节目，广邀资深乐评人和优秀艺术家每周跟大家一起赏析经典曲目，闲话音乐名家，畅聊音乐圈的那些事儿。

（2）搜谱网（http：//www.sooopu.com/）。搜谱网是一个专业的歌谱搜索网站，主要有以下栏目：简谱、吉他谱、钢琴谱、电子琴谱、手风琴谱、二胡谱、笛箫谱、萨克斯谱、古筝谱、总谱、其他曲谱。另外提供歌词、MP3、伴奏、视频、制谱软件以及丰富的音乐教程知识。如果找不到要的歌谱，可以通过求谱方式向搜谱网所有乐友会员及制谱专家获得帮助；如果会制谱，也可以通过上传分享自己的制谱。

（3）中国古曲网（http：//www.guqu.net/）。中国古曲网提供中国古典音乐（中国民族音乐-中国民乐）试听和下载，还有古筝、笛子、二胡、琵琶、葫芦丝、民歌、戏曲等内容的欣赏、视频、曲谱、新闻和相关知识。

（4）WO99 伴奏（http：//www.wo99.com/）。大型伴奏免费下载网站，其 WO99 伴奏盒提供 10 万首优质带歌词立体声原版伴奏，适合家庭 K 歌、网络 K 歌。

（5）中国音乐学网（http：//musicology.cn/Index.html）。由上海音乐学院音乐研究所和南京艺术学院音乐学研究所主办，立足学术，面向公众，推广和传播高雅艺术与和谐文化。

（6）中华乐器网（http：//www.cyueqi.com/）。中华乐器网提供了最实时的乐器资讯、最精准乐器报价服务，并拥有详尽的乐器教学、乐器大全、乐器曲谱下载、乐曲欣赏等资源。

（7）中华舞蹈网（http：//www.zhwdw.com/）。此网站的栏目包括资讯、赛事、教学、视频、论坛、协会、院校、信息、音乐、空间、分类、相关、商城、图库、会员。内容丰富，更新快。

（8）中国舞蹈网（http：//www.chinadance.cn/default.php）。设置了论坛、视频、教学、资讯、舞蹈之家、舞蹈啦栏目。视频数量多，包含了各种舞蹈的欣赏和教学。教学栏下又分设舞蹈知识、舞蹈教学、舞蹈论文、舞蹈欣赏、舞蹈史论、舞蹈人生、舞文弄墨。资讯包括舞蹈演出、赛事、院校风采、新闻评论、舞蹈世界及桃李杯的相关信息。舞蹈啦实际上是一个关于舞蹈作品、视频、论文的资源库。

6.11.3 主要检索工具书

（1）《中国音乐书谱志：先秦至1949年音乐书谱全目》。中国艺术研究院音乐研究所编，人民音乐出版社1994年出版。该书是20世纪60年代，由北京图书馆、各省市图书馆和各大专院校等37个馆联合编制的全国音乐图书联合目录。共收录图书5000多种。增订本还补入了153种期刊，8种报纸，46种报纸音乐副刊，较全面、完善地反映了1949年以前音乐书刊的全貌。

该书目按类目分，同类目中的图书主要按编写年代先后排列。每条目录的著录项目包括条目编号、书名、册数（卷数）或篇名、作者、成书或出版年代（版次或版本）、印本、谱别、出版者、馆藏代号等项。

（2）《中国近代音乐书目》。中国音乐研究所编印，中国音乐研究所1960年油印本。该书目收录包括1841～1949年我国出版的音乐书，分为上下两篇，上篇为"五四"以前出版的，下篇为"五四"至1949年9月30日期间出版的。以中国音乐研究所收藏书为主，并包括北京图书馆、中央音乐学院、中国音乐家协会资料室、北京戏曲研究院、北京艺术师范学院、中国科学院、首都图书馆、北京大学等单位藏书。书目按类分，同类的书依时代先后排列。每种书的著录项目为书名、作者、出版处、出版年月、版本、索书号、藏书单位等。

6.12 美术专业信息检索

随着学科的发展，美术的专业范围逐渐扩大，除了涵盖中国画、油画、版画、壁画等绘画种类，还包括书法、雕塑、美术学、设计学、建筑艺术、摄影艺术等。设计学包括广告设计、包装设计、环境艺术设计、时装设计、动画设计、平面设计等多种设计分支。其所需要的信息主要包括理论知识、技法技巧、绘图工具材料、作品展示、素材图库、艺术品交易等。

6.12.1 主要参考工具书

1. 词典

（1）《中国艺术百科辞典》。冯其庸主编，商务印书馆2004年出版。该辞典共分绘画、书法、雕塑、音乐、舞蹈、工艺美术、服饰、建筑园林、家具、杂技、戏曲、曲艺、摄影、话剧、电视、电影16卷。共收词目25000多条，配图1400多幅。各卷内容分为名词术语、作品、著述以及人物四个部分。

(2)《中国工艺美术大辞典》。吴山著，江苏美术出版社 2011 年出版。该辞典共收辞条 13408 条，插图 3100 多幅，后有附录，全书共计 200 多万字。举凡历史、地理、考古、哲学、宗教、民俗、文学、戏曲、音乐以及科技等，均有涉及。该书不但为中国古代工艺美术感兴趣的读者提供翔实丰富的图文资料，而且为考古、传统工艺制作、古玩市场、古装影视剧市场等多方面，提供最可靠最有力的文化依据，为弘扬我国传统的文化、艺术，提供最扎实的研究。

(3)《中国书论辞典》。陶明君编著，湖南美术出版社 2001 年出版。该辞典依照构成中国书论的总体形态，按范畴论、功能论、笔法论、笔力论、笔势论、神意论、气韵论、创作论、品评论、避忌论、章法论、书体论、书风书派论、书著论等类序列编排。每编和每类相对集中，各成体系，相对独立，供系统阅读之便。该辞典为介绍和研究中国书论的专科辞典，对历代书论作了初步的整理、归纳，适合中国书法专业工作者、书法教育工作者等使用。

(4)《西方美术大辞典》。(法) 米歇尔·拉克洛特、让·皮埃尔·库赞主编，董强译，吉林美术出版社 2009 年出版。该书为法国知名辞书出版社拉鲁斯出版公司出版的大部头美术辞典，书中囊括了世界全部画家、艺术运动、艺术流派及相关专业术语，是一部集全面性、权威性、参考性及指导性于一体的大型美术辞书。

(5)《动画艺术辞典》。孙立军主编，中国国际广播出版社 2005 年出版。该辞典是第一部动画艺术方面的综合工具书，反映中外动画的全貌和动画艺术的发展状况。共收录词条 5000 多条，共设 13 个分类：动画艺术史、动画电影理论、动画制作技术、动画名词术语、动画市场及预算、动画制作单位、世界各国教育及动画院校简介、中外电影展及影视评奖、中外影视机构及政策法规和中国影视、动画报刊、中国动画艺术、世界动画艺术、动画软件。出版系统全面、科学完备地介绍了动画的相关知识，涉及面广，也囊括了动画的最新知识和前沿技术，是一本不可多得的动画工具书。

2. 手册

(1)《版画制作技法手册》。(英) 路易斯·伍兹原著，马婧文译，上海人民美术出版社 2010 年出版。该书为一本教授版画制作技巧的手册。内容包括简介、入门、凸版版画、凹版版画、平版 (石版) 版画、丝网版画等。

(2)《字体设计速查手册》。王伟编著，上海人民美术出版社 2005 年出版。该书收集了世界各地优秀设计师的 600 多个字体设计作品，内容涵盖了图书、杂志、海报、招贴、文具、宣传册、CD 封套、包装、文字体形式等类别。

(3)《设计师掌中宝：平面设计实用手册》。王亚非、韩晓曼编著，辽宁美术出版社 2009 年出版。该书是一部实用性极强的平面设计操作手册，包含字体设计、商业插图、标志设计、书籍装帧、包装设计、平面广告设计、POP 广告设计、CI 设计、计算机印前制作输出常识等内容。

3. 年鉴

（1）《中国当代艺术年鉴》。朱青生主编，广西师范大学出版社出版。这是国内首部以中国当代艺术为主题的大型年鉴。该年鉴主要分为两大部分：第一部分为基本事实，搜集和记录与中国当代艺术相关的各种信息、资料；第二部分是主题记载，追踪当代艺术动向，提供专题调查报告，收录年度富有代表性的艺术评论文章，呈现关照中国当代艺术现状和发展的多元视角。

（2）《中国版画年鉴》。中国版画年鉴编辑委员会编，辽宁美术出版社出版。该年鉴记录了与版画相关的述评、记事、展览、文章、书刊、评奖、人物、附图等。

（3）《中国广告作品年鉴》。刘立宾主编，中国民族摄影艺术出版社出版。该年鉴收录了中国大陆、台湾、香港和澳门的优秀广告作品，不但更全面地展现了我国各地区广告发展的水平与历程，而且在沟通华文广告业，促进海峡两岸广告、消费和文化的交流上，发挥了独特作用。

4. 百科全书

（1）《中国美术百科全书》（1～4）。全书共四卷，邵大箴主编，《中国美术百科全书》编辑委员会编，人民美术出版社 2008 年出版。内容包括综类、建筑、石窟、雕塑、壁画、中国画、油画、版画、书法、篆刻、工艺美术、设计和民间美术各个门类，涉及数千年来中国美术发展历程中的观念更迭、思潮变化、社团派别、人物、作品、论著、技巧、工具、材料、收藏等方面，反映了中国美术的历史和现状。条目按学科分类目录编排，能反映出条目的层次关系，便于查检，以便读者了解该学科的全貌。

（2）《中国艺术百科全书》。徐寒主编，人民出版社 2006 年出版。全书共分绘画、书法、建筑、雕塑、音乐、舞蹈、文学、戏剧、影视、工艺美术、民间艺术、艺术品收藏 12 卷，涵盖了中国艺术的各个方面，内容极为完备。全书收录词条 35110 条，文字量为 800 多万，图片 13300 幅，是目前国内规模最大的中国艺术类百科全书。《中国艺术百科全书》以精炼、浅显的语言与精美的艺术图片共同阐述人类源远流长的艺术发展历程，全方位展示了我国各种艺术的精华，多角度介绍了中国艺术的发展脉络，囊括了中国艺术知识的所有重要内容，是了解中国艺术知识的最佳入门书。

（3）《卡通漫画技法百科》。由日本专业漫画家及漫画协会精心编著，中国青年出版社引进翻译，2003 年出版。该套丛书共分 10 分册（动画制作篇、服装设计篇、基础技法篇、角色造型篇、人物组合篇、色调表现篇、少女造型篇上、少女造型篇下、透视原理篇、综合应用篇），从各个方面详细讲述了制作卡通漫画的各种基本方法和技巧，并配有大量参考图例，能帮助卡通漫画爱好者迅速而系统地提高创作水平。该套丛书不仅可以用做卡通漫画的技法教材，而且也可以作为广大青少年学生业余自修卡通漫画技法的参考书籍。

5. 图录

（1）《中国美术全集》。该书是一部汇集中华五千年艺术珍品的大型图集，现已出版两套。第一套是 20 世纪 90 年代初，由人民美术出版社等国内五家出版社联合推出的《中国美术全集》，共 60 卷，选入约 12000 件文物图片。第二套是 2010 年由黄山书社出版的新版《中国美术全集》。新版特别整理、收录了改革开放 30 年间所发现和产生的艺术珍品，全书共计 51 卷，分为 20 类，收录截至 2005 年年底的中国美术精品26000多件，配有 200 多万字的说明文字。该书资料丰富、信息量大，集中、全面地反映了中国古代的美术成就，传承和弘扬了优秀的传统文化，对中国美术史的研究和对中国传统美术的欣赏、学习以及价值重估等，都具有极大的推动作用，对中华文化的振兴和走向世界也具有重要的意义。另外，该书还有光盘版，可进行各种检索，图片可放大欣赏。

（2）《实用百科图鉴系列》。该套丛书共五本，由接力出版社从日本福音馆书店引进，包括《实用生活图鉴》《实用游戏图鉴》《实用手工图鉴》《实用趣味实验图鉴》《实用探险图鉴》五种，为日本厚生省中央儿童福利审议会推荐图书，日本学校图书馆协议会指定图书，日本图书馆指定图书。

（3）《世界美术图案大百科》。宁海主编，延边人民出版社 1992 年出版。这是一套大型美术图案工具书，分上、中、下三册，共收录各种图案 64000 幅。上册收录报头、题图、尾花图案 22400 幅；中册收录装饰、造型、徽标图案 21000 幅；下册收录人物、体育、动物图案 20600 幅。这些图案是从世界各国最新的大量图案资料中精选出来的，并经精细加工汇编而成的。题材广泛，风格多样，形象生动，包罗万象，无所不有。

6.12.2　主要信息检索平台

1. 数据库

（1）艺术博物馆数据库。"艺术博物馆"图片数据库由北京方正阿帕比技术有限公司承建，数百位专家学者精心遴选数十万件最能代表世界艺术成就的精品。涵盖美术、书法、雕塑、建筑、平面设计、民间工艺等各个领域，包含 20 多万种图片，已成为全球最大的艺术图片库，包括中国美术馆、中国书法馆、中国民间美术馆、世界美术馆、中国红色艺术馆、中国古代设计馆、中国近现代平面设计馆、中国珍贵古籍插图馆、中国历代服饰馆、中国老照片馆、中国出土器精品馆等。

（2）CAMIO艺术博物馆。CAMIO艺术博物馆在线数据库（Catalog of Art Museum Images Online）收录了世界各地丰富多样的艺术作品，其内容及描述由数十家世界级知名博物馆提供。CAMIO数据库馆藏丰富，涵盖公元前3000年至今的10万多件艺术作品的精美图像，包括照片、绘画、雕塑、装饰和实用物品、印刷品、素描和水彩画、珠宝和服饰、纺织物、建筑等。CAMIO展示了各种美术和装饰艺术等作品资料，为教育、研究和欣赏提供高质量的艺术图像。

（3）Arts & Humanities Citation Index（A&HCI）人文与艺术索引。是美国科学情报研究所（ISI）核心的三大引文索引数据库之一，收录艺术与人文学科领域内1150多种学术期刊，学科范围涉及考古学、建筑学、艺术、亚洲研究、古典、舞蹈、电影、民俗、历史、人文、语言学、文学、文学评论、中世纪与文艺复兴、哲学、诗歌、宗教、音乐、视觉、表演、广播、电视、戏剧等。

（4）Art Full Text。该库由EBSCO检索平台提供，收录600多种期刊的全文及文摘，其中，260种期刊为同行评审期刊，文献最早回溯至1984年，为多语种资源。全文可译为英语、法语、德语、意大利语、西班牙语等；另外收录18000多篇学位论文，覆盖艺术领域各个学科：广告艺术、考古学、建筑和建筑史、艺术史、电影与电视、博物馆学、摄影等。

（5）华艺世界美术资料库。建自2002年，收录台湾美术、大陆美术、西洋美术与世界儿童美术四大类别；收录670位艺术大师，65000幅以上作品，资料量媲美660本以上的大画册，而且图文信息实时更新，每月新增艺术家人数、图像、图说与艺评文章。涵盖油画、水彩、胶彩、水墨、版画、雕塑、装置艺术等十多种艺术类型。该数据库提供多种检索浏览模式，查询画作快速、方便、准确。

2. 美术网站

（1）中国美术馆（http：//www. namoc. org/）。中国美术馆是以收藏、研究、展示中国近现代艺术作品为重点的国家造型艺术博物馆，现收藏各类美术作品10万多件，1963年正式对外开放。主楼建筑面积超过1.8万平方米，1～5层楼共有17个展览厅。每年将会主办或承办各种中外美术展览。中国美术馆官网建成十多个美术数据库，已成为广大公众欣赏美术作品、参观美术展览、了解美术资讯、学习美术知识的美术信息发布、检索与共享平台。通过该平台可预约免费参观票和艺术讲堂讲座票，观看展览的视频、3D图，以及部分展图的清晰图片，阅读展览的主题介绍、作者信息、作品简介，学习艺术讲堂名家讲座视频、中外艺术公开课、美术百科知识等。

（2）美术中国（http：//www. art86. cn/）。共开设了美术资讯、美术名家、美术作品、美术星空、展会纵览、书画销售、拍卖专区、服务专区、美术论坛、画廊、美术馆、网络工作室、人物、院校、精品鉴赏、美术教育、合作机构等数十个频道。该网站全方位对美协会员、艺术家、美术工作者、美术爱好者及美术相关机构提供展示、推广、交流功能性网络平台。建立个人网络工作室、网上展览馆、拍卖展会资讯发布，全面提供美术作品展览、交易和学术交流一站式服务。

（3）雅昌艺术网（http：//www. artron. net/）。雅昌艺术网是一个中国艺术品收藏交流、交易、拍卖平台。其"中国艺搜"是中国艺术品专业搜索引擎，可以对艺术家、展览、资讯、交易藏品、期刊图书、机构、拍卖、书画印鉴款识、书画著录等进行搜索。

（4）圆点视线（http：//www. apoints. com/）。专业性的集设计、艺术、文学、摄影等内容的非营利性个人站点。网页的内容非常丰富，作品精美，很有创意。

（5）手绘 100 网（http：//www. hui100. com/）。手绘 100 网是手绘设计与手绘教程学习平台。提供全面的室内设计、建筑规划、园林景观、工业服装设计、美术绘画、cg 动漫等手绘视频与效果图。

（6）我要自学网（http：//www. 51zxw. net/）。该网站是由一群来自电脑培训学校和职业高校的老师联手创立的一个视频教学网，网站里的视频教程均由经验丰富的在职老师录制，简单易学。视频教程分为信息化办公、平面设计、室内设计、室外设计、机械设计、影视动画、网页设计、程序开发、会计课程。还提供了大量的学习资料，包括了课程板书、课程素材、课后练习、设计素材等。

（7）梦想设计（http：//www. itdream. com. cn/）。提供最新国内外设计佳作欣赏、设计大赛资讯以及设计素材下载。有包装设计欣赏、平面设计欣赏、室内效果图设计、名片设计欣赏、标志设计、封面设计等栏目。

6.13　历史专业信息检索

历史是一门研究和阐述人类社会发展具体过程及其规律的科学，与很多学科都有不同程度的交叉融合。由于历史学科研究内容纵向时间跨度长，横向研究涉及面广，文献资料的繁杂与无序化非一般学科可比。而且随着时间的推移，各种新理论、新方法、新史料的运用，对同一对象的研究结论呈现出在继承中大胆扬弃，在发展中重新认知的趋势。因此，即便是在信息化程度非常高的当下，对以"辩章学术，考镜源流"为己任的历史研究来说，若要获取所需真正有价值的文献资源，除了加大对古籍、档案等一手文献的研究力度，几乎没有捷径可走。但就工具书等各类二手文献信息源而言，可从以下几个方面进行入手。

6.13.1 主要参考工具书

1. 词（辞）典

（1）《中国历史大辞典》。郑天挺主编，上海辞书出版社 2010 年出版。共收词目近 7 万条，902 万字。涵括了中国古代政治史、经济史、军事史、思想史、文化史、教育史、法制史、科技史、民族史、风俗史、宗教史、外交史等各个领域，依据历史朝代和专门领域分为先秦、秦汉、魏晋南北朝、隋唐五代、宋、辽夏金元、明、清（上、下）和民族史、历史地理、思想史、史学史、科技史等 14 卷。举凡历史学科的名词术语、古国朝代、政权年号、民族部落、阶级阶层、历史人物、历史事件、社团组织、史籍文献、典章制度、社会经济、风俗礼仪、文物考古、科技发明、中外关系、历史地理等，涵盖中国历史的各个领域。全书附有大量图片、附表（历代世系表、历史纪年表、历史大事年表、历代户籍人口表、历代垦田总数表、历代度量衡演变表）以及 24 幅历代各朝的历史地图。

（2）《中华民国史大辞典》。张宪文等主编，凤凰出版社 2002 年出版。全书内容涉及了中华民国时期（1912～1949 年）的政治、经济、军事、文化、教育、人物、事件、战争、会议、组织、机构、法令等诸多方面，共收词目 16000 条。选取这一时期的法规章程、政治组织、党派社团、政治运动、军队战争、武装起义、革命根据地、中外关系、财政金融、工矿农商、交通邮电、文学艺术、教育科技、新闻出版、文献著作、历史人物、历史事件、社会民俗、海外华侨、少数民族、宗教寺庙等词条。书前附有按词目笔画数编排的词目目录索引，以供检索。

（3）《二十六史大辞典》。戴逸主编，吉林人民出版社 1993 年出版，该书将二十六史所载史事浓缩举要，分类整合，阐释发微，与之配套编纂，相辅行世。该辞典分为事件、典章制度、人物、表图索引四卷，以供释疑、辑览、导读、索引之用。全书释条达60000多条。其中，事件卷释条 23000 条；典章制度卷辞条 29000 条；人物卷辞条8000条。所有辞目仅出自于二十六史。此外，表图索引卷分为三个部分：简表编收入历代纪年表以及帝王、皇后、宰辅等专表。简图编收入疆域及都域建筑、器物等各门类图幅。索引编收入各种索引，以便读者从多角度检索。

（4）《中国人名大词典》。廖盖隆主编，上海辞书出版社 1989 年出版。全书分为历史人物卷、当代人物卷、时任党政军领导人物卷。三卷共收录远古至 20

世纪 80 年代末时期内的古今人物 30000 多人。信息以 1988 年 12 月 31 日之前的资料为准，部分资料截止到 1989 年 6 月 30 日。其中，"现任党政军领导人物卷"收录了从中央到地方（台湾省除外）现任高级领导人 2185 人。包括中央各机构、民主党派、解放军及武警部队，各省市自治区及经济特区主要负责人，多数配有照片。各卷以繁体汉文和英文对照排印出版。正文前有"主要机构全称简称对照表"，正文后附有"主要机构领导人一览表"和"汉字笔画索引"。

（5）《中国历代人名大辞典》。张㧑之、沈起炜、刘德重主编，上海古籍出版社 1999 年出版。全书全面收录了中国历代各朝人物基本事迹的大型工具书。所录人物上起先秦，下迄清末，共计 54500 人。除了以《二十五史记传人名索引》为基本依据，还参阅群书、广搜博采，尤其是唐宋以后的人物，从各种碑志、传记、文集、笔记、学术史、地方志等古籍中增补很多，力求第一手资料，并在释文后标注资料来源。全部条目按姓名（首字）笔画多少顺序编排。书前有目录表，书后附有四角号码编排的索引。

此外，查中国历史知识的词典还包括《中国近代史词典》（上海辞书出版社 1982 年出版）、《中国现代史辞典》（河南人民出版社 1991 年出版）、《中国通史史论辞典》（黑龙江人民出版社 1992 年出版）、《中国方志大辞典》（浙江人民出版社 1988 年出版）、《敦煌学大辞典》（上海辞书出版社 1998 年出版）、《中华苏维埃共和国辞典》（学苑出版社 1993 年出版）、《中国近代军阀史词典》（档案出版社 1989 年出版）、《中国工运史辞典》（劳动人事出版社 1990 年出版）、《中国抗日战争大辞典》（武汉出版社 1995 年出版）、《国民党政府政治制度史词典》（安徽教育出版社 2000 年出版）、《中国共产党历史大辞典》（中共中央党校出版社 2011 年出版）等。

（6）《历史科学基本概念辞典》。斯特凡·约尔丹主编，北京大学出版社 2012 年出版。该书是德国学者主持编撰的一本历史理论的概念词典，作者均为欧美各国历史理论和历史哲学领域的一流学者，如海登·怀特、汉斯·梅迪克、耶尔恩·吕森等。该书精选一百个基本术语，涉及史学思想、理论、方法的核心词汇，由专家撰写简明解释，反映了当前学术界的最新见解，是了解当今史学理论前沿思想的方便读物。

（7）《世界历史词典》。勒文翰主编，上海辞书出版社 1985 年翻译出版。该书收录了从人类起源至 20 世纪 80 年代，共计词目 7666 条，释文 200 万字。内容涉及了除中国以外的世界史上的历史人物、历史事件、名词术语、典章制度、人民起义、王朝世系、考古遗址、历史地名、史学流派、国际关系等专题，为世界历史专业必备的参考工具书。全书附插图 294 幅。书末附有外国人名译名对照表如世界历史大事年表。书前有按词目首字笔画排序的词目笔画索引。

(8)《第二次世界大战大词典》。王捷主编，华夏出版社 2003 年出版。这是一部反映第二次世界大战的百科条目式的大型工具书。收入第二次世界大战期间以及与之密切相关的有重大影响的国际关系、国际会议、外交文件、重要人物、政治事件、战争计划、战略战役、军队组织、武器装备等各方面的词目 10108条。因各国学术界对第二次世界大战起点时间认识不尽相同，该书将选定最大的兼容范围，将 1931 年"九一八事变"至 1945 年 9 月 2 日日本宣布无条件投降视为第二次世界大战时期。为了方便读者了解第二次世界大战前因后果，特收录了自 1919 年巴黎和会至 1931 年 9 月 18 日和 1945 年 9 月 3 日至 1997 年年底这两个时期中与第二次世界大战联系密切的重要词条。书前有目录表，按词目的笔画数为序。

(9)《东南亚历史词典》。上海辞书出版社 1995 年出版。这是一部反映我国周边地区和国家的历史方面的专门词典。共收入东南亚历史方面的词目 4950 条。上起史前时期，下至 20 世纪，范围涉及了政治、经济、军事、文化、宗教、民族、社会等诸多方面，附有插图、历史地图、大事年表、人名外文索引等。查找东南亚历史人名、地名、事件、文物、考古、王朝世系、典章制度、文献著作、社团组织、学术流派等信息，可获得很多有用的答案。

(10)《中世纪词典》(*Dictionary of the Middle Ages*，NY：Charles Scribner's Sons，1988)。这是一部多卷本的关于欧洲历史的大型词典，提供了 500～1500年西欧、拜占庭、伊斯兰、斯拉夫地区的文化、哲学、社会学、经济的资料和有关人物的资料。条目为 100～10000 字不等，撰写者均为美国和加拿大学者。

查外国历史知识的词典还包括《美国历史词典》(*Dictionary of American History*，Charles Scribner's Son，2003)、《世界近代史词典》(上海辞书出版社 1998 年出版)、《当代世界历史辞典》(武汉大学出版社 1991 年出版)、《日本史辞典》(复旦大学出版社 1992 年出版)、《苏联历史词典》(吉林文史出版社 1991年出版)、《美国研究词典》(中国社会科学出版社 2002 年出版) 等。

2. 手册

(1)《中国历史工具书指南》。林铁森主编，北京出版社 1992 年出版。该指南介绍了有关中国历史的工具书 2500 多种，包括类书、百科全书、词典、年鉴、手册、文摘、书目论文索引、年表、历表、图录等。

(2)《中国名人志》。全 12 册，澹泊主编，中国档案出版社 2001 年出版，是一部全面收录中国有史以来各民族著名人物的工具书。每个朝代人物分正传和附传两部分，正传每人配一帧线条头像；附传列于每个朝代之后，简明扼要叙述人物生平。第一卷正文前有"1～12 卷总索引"，为了检索方便，在该索引前列有"姓氏首字索引"。每卷正文前编有人物目录，每卷后附有该书人物姓氏笔画索引。

（3）《中华人物史鉴》。全四卷，张宏儒、张晓虎主编，团结出版社 1996 年出版。该书以记述古代中华人物生平活动为主。近 2000 位各类古代人物基本上是以在二十六史中出现频度较高、对历史影响较大为标准遴选出来的。人物涉及古代社会生活的各个方面。分为帝王、文臣、武将、士人、后妃、宦官、皇亲、妇女、畴人（即古代科技人物）和宗教人物，共十卷，全书又按相等的篇幅分为四大卷本。涉及人物的时间跨度，从西周（多数卷从春秋开始）开始到清朝结束，前后近 3000 年。人物在按帝王卷、名臣卷、名将卷、名士卷、后妃卷、宦官卷、皇亲卷、妇女卷、宗教卷、畴人卷的卷别分类之后，再在每一卷中按朝代更替顺序编排。该书的史料主要来自二十六史，相关史料则来自古代各种官书档案、笔记文集、野史方志、谱牒碑碣、少数民族史料和外文史料译著。所有史料都是原文照录，有关人物及活动记述反动、错误、偏颇之处，如诬蔑农民起义军为"贼寇"，歧视、侮辱妇女，冷落、鄙视科技，宣传愚昧、迷信，宣扬封建腐朽的伦理道德等，该书在人物简要评述和注释中已多有指出，也请读者注意鉴察。该书除编有总目录、分卷目录和卷目提要，双页眉编为书名《中华人物史鉴》（春秋～清末），单页眉编为"××卷·××朝"，便于读者直接查阅。

（4）《中国历代人物图像集》。华人德主编，上海古籍出版社 2004 年出版。该书是从上古至清末历史人物图像中，选择影响较大、形象较清晰、有一定代表性者 3033 幅（3037 人），人各一幅，编辑成集，是目前古代人物图像类工具书中收集人数最多的一部。它不仅可为教育、科研提供历史人物的直观资料，同时可为文艺工作者创作人物形象时提供参考。自上古迄于清末，包括少数卒民国以后而主要活动期在清代的人物，如康有为、严复等。主要活动属于民国时期的人物不收，如孙文、梁启超等。个别外国来华而有较大影响的人物也收入。每幅图像下均有人物简介，列姓名、生卒年或时代、字号、籍贯、身份以及简要事迹、图像出处等项。凡名家绘制者亦注明，以供参考。

3. 年鉴

（1）《中国历史学年鉴》。由三联书店出版，自 1980 年起每年出版一册、约 90 万字。主要栏目有史学研究、新书选介、史学界动态、考古文物新发现、研究、教学机构简介、已故历史学家介绍、中外学术交流简讯等。内容较丰富，信息量较大，得到国内外学者的较高评价。

（2）《中国人物年鉴》。创刊于 1989 年，由中国人物年鉴社编辑出版，是我国唯一一部以年鉴的形式，介绍每年度我国各方面知名人士和先进人物的活动、事迹、贡献及其生平的大型年刊。每年出版一卷，每卷 100 多万字，收入人物条目

1000 多人。其中包括党、政、军、群领导人（有党和国家领导人，中央各部、委，各省、市、自治区，解放军各大单位，各民主党派主要领导人的简历和照片），获得全国性重大荣誉称号的英雄模范人物，在农工商各条战线上做出突出贡献的企业家和优秀代表人物，在科学技术方面有重大发明创造的专家，在学术上有重要成就的学者，发表有重大影响著作的理论家、文学家，在教育、政法、卫生、新闻、出版等方面有突出贡献的人士，以及港澳和台湾知名人物。收入该书的人物，介绍在该年度内的活动、贡献及其生平事迹。

4. 百科全书

（1）《世界史百科全书》(*An Encyclopedia of World History*，5th ed，Boston：Houghton Mifflin，1972)。这是美国出版的世界通史专业工具书。分八个历史时期：史前、古代、中世纪、近代、现代、第一次世界大战、第二次世界大战及战后。最近时期分国分区编年记叙历史事件、人物、文化成就、科学进展、社会运动等。书后附加人名、地点、事件混合索引。

（2）《世界历史百科全书》。苏联百科全书出版社、苏联科学院历史学部联合编制，中国 15 所高校外文教师联合翻译，商务印书馆 1992 年出版。该书原名《苏联历史百科全书》（16 卷），于 1961～1973 年出版发行。因其中包含了世界各国的历史文献资料，故汉译本改为现名。全书共收 25000 个词目，计 18000 万字。其中，关于苏联的词条占 38%，亚非拉各国词条占世界各国词条的 40%。词条涉及了近代史中关于革命史、民族解放运动、世界各国边界走向、争议地区、历史沿革、政治观点等内容。全书按人物、国家、民族、考古等分卷陆续出版。已经出版的"人物卷"收入词条 9000 条，计 380 万字。对所收人物列出生卒年月、从属专业、个人论著、生平活动以及对当时社会的影响，内容丰富翔实。词目按俄文字母顺序排列。卷首附有按汉语音序编排的"词目表"，以供查阅。

（3）《长城百科全书》。中国长城学会编，吉林人民出版社 1994 年出版。全书条目按历史或地理顺序排列，详细介绍了长城区域历史、地理、军事、民族、人物、文化、经济、建筑、关隘、文学、艺术、旅游等方面的知识。附"词目笔画索引"。

此外，还可利用《中国大百科全书·中国历史卷》和《中国大百科全书·外国历史卷》。前者分三卷，收入中国历史条目 3000 多条。后者分二卷，收入世界历史条目 2800 条。两书均附有外文索引、内容索引、汉字笔画索引，是系统查检历史信息的权威性工具书。

6.13.2　主要信息检索平台

1. 网站类

（1）锦绣中华（http：//www. chinapage. com/history1. html）。提供丰富的历史文献电子全文，包括儒家经典、史传、政书等。

（2）中华人民共和国国史网（http：//www. hprc. org. cn）。该网站设有国史概况、研究园地、文献中心栏目，提供中华人民共和国的历史及相关文献和对新中国历史研究的信息。

（3）国学论坛（http：//bbs. guoxue. com）。该网站设有数字资源、文学艺术、历史考古、哲学宗教、语言文字、研究专题、交流互动等版块，资源丰富，用户活跃度高。

（4）爱如生国学论坛（http：//forum. er07. com）。国内仅有的全免费古籍资源论坛，网站主要有两大版块：资源下载和学术论衡。资源下载中普通资源有常用丛书、经史子集四部、书目提要，专题资源有方志舆图、谱牒档案、考古资料、通俗文学、域外汉籍，特别资源有宋元珍本、古籍丛书和近代期刊。

（5）中华文史网（http：//www. historychina. net）。该网站是国家清史纂修工程官方网站，设有清史纂修、清史研究、清史参考、清史百科、清史文库、著作评论、舆地图典、期刊汇编等多个栏目，史料丰富，文章质量极高，学术氛围浓厚。

（6）中华博物文字库（http：//www. gg-art. com/article）。含论文库、历史文献、工具书。

（7）中国 918 爱国网（http：//www. china918. org）。对抗日战争史学会的介绍及对抗日战争史看法的交流。

（8）故宫期刊图文数据库（http：//www. npm. net）。

此外，国内各个主要门户网站，如新浪、163、腾讯、搜狐、人民网、环球网等，均设有历史专栏，会定期或不定期展开专题内容探讨、发表学者研究文章，其中不乏观点新颖、论证可靠、资料翔实的学术文章。

2. 数据库类

（1）二十五史多媒体全文数据库。北京大学、北京师范大学以及南开大学的史学博士集体研制开发。收录了百衲本《二十四史》和关外二次本《清史稿》包括图表的全部内容，还附录了张元济校勘辑印百衲本《二十四史》的《校史随笔》，并配补了《左传》《国语》《战国策》《吴越春秋》《越绝书》《前汉纪》《后汉纪》《东观汉纪》《华阳国志》等多部史学名著及清代至当代学者的辑佚与校勘成果。此外还收录了一些实用的工具，如简繁字、异体字对照表、古代纪年、年号、帝王等表，并附录了中国古代历史地图的集大成之作《历代地图》的全部近2000幅大比例历史地图。数据库提供标题检索，全文检索和高级检索混合查询方式，可以对其中任意字词（如历史人物名称）进行检索，并可用"或"与"非"等逻辑关系进行检索，可将检索结果进行文本文件打印输出。但必须注意，该数据库未包括《新元史》。

（2）二十五史全文数据库。"台湾中央研究院"历史语言研究所与计算机中心合作研制开发（1984～1990）。全文输入《史记》至《清史稿》（未包括《新元史》）等25种史籍，总计字数达4000万。该数据库可以帮助研究者在短时间检索到二十五部史书中的"纪""志""表""传"等全文内容，成为辅助中国历史研究的重要工具。该所还开发研制了"汉简检索系统"，并相继建立《十通》《十三经注疏》等大型数据库。

（3）CNKI国学宝典。该库收录上起先秦、下至清末2000多年用汉字作为载体的历代典籍，并收录了清代至当代学者对相关古籍研究的重要成果，共4000多种作品。分为经部、史部、子部、集部、丛书、通俗小说六大模块。该数据库将中国古代典籍作品与CNKI期刊、报纸、博士论文、硕士论文、工具书等知识资源整合，具有CNKI知网节功能。

（4）中国基本古籍库。该库包括先秦至民国的名著、各学科基本文献及特殊著作等。总计收书1万种、17万卷，版本12500个、20万卷，全文17亿字、影像1200万页。

（5）国家图书馆古籍系列库。该系列数据库依据国家图书馆馆藏，部分联合哈佛大学、东京大学等海外图书馆提供其馆藏的中华古籍数字资源。该系列数据库主要包括数字善本、古代典籍、四部丛刊、甲骨世界、碑帖菁华、数字方志、宋人文集、敦煌遗珍、敦煌文献库、西夏碎金、宝卷新集、道教全书、明清实录、民国图书、民国期刊、民国法律、中国从书库、二十五史考补、中国方志库、中国类书库、中国谱牒库、全四库、历代石刻史料汇编、中华古籍善本国际联合书目系统、东京大学东洋文化研究所汉籍全文影像数据库、哈佛大学哈佛燕京图书馆善本特藏资源等数十个数据库组成。

6.13.3　主要检索工具书

对历史学科而言，书目、索引与文摘是最常用的手工检索工具，集成了一段时间内有关某个研究领域的研究成果，是迅速搜集相关文献、把握该领域研究动向最便捷的渠道。

1. 书目

1) 史学书目

由于史学类书目通常都会在文献正题名中明确的包含有"＊史"和"＊目"或"＊录"等词语，因此提炼检索词，构建检索式如下。

检索词：书目、目录、书录、综目、提要、史学、考古。

检索式：（史＋考古）＊（目＋录＋提要）。

通过上述检索式基本可以罗列有关史学的书目，此处为了扩大检索范围，没有选用检索词"史学"而选择了"史"，检索结果涵盖了古代史、近现代史、中国史、世界史、艺术史、科技史等，对书目、目录等检索词也简化为"目"和"录"，可以根据需要适当调节检索词，及配合文献类型、出版时间等检索项设定检索范围。例如，想要搜集明史的研究书目，检索式可简化为明史＊（目＋录）。以下是国内 20 世纪 90 年代至现阶段比较主要的史学相关书目。

（1）《西方史学名著提要》。陈启能编，江西人民出版社 2001 年出版。该书是"西方学术名著提要丛书"中的一册。书中对上自公元前 443 年的希罗多德的名作《历史》，下迄 1996 年亨廷顿的《文明的冲突与世界秩序的重建》等关于西方历史学的这些名作的内容进行了极为精辟简练的总结概括，使读者花不长的时间就可以纵览这些西方历史学的名著。该书内容丰富，可读性强，可供对西方历史学感兴趣的读者及专业研究者参考。

（2）《20 世纪中国史学名著提要》。马宝珠编，北京师范大学出版社 2007 年出版。这是一本评述 20 世纪中国史学名著的书。书名冠以"提要"，是学习前人作目录书的传统而又有所变通，以适应现代读者的需要。该书各篇体例为：起首说明有关著作的版本，其次约略介绍作者生平，而后以主要篇幅评述名著的内容和价值，末了简略地提及作者的其他著作。说到名著，自应有其特殊的学术含义，即突出地反映某一史学思潮，彰显其学术价值与时代意义者。20 世纪的史学思潮大体经历了"新史学"的发端与延续、新历史考证学（时人也称"实证史学"）的出现、马克思主义史学的确立及其发展、新时期史学的恢复和兴盛等过程。该书的意图是通过评述所收入的已故史学家的 101 种著作，大致反映这一发展脉络。

（3）《20 世纪中国史学论著要目》。汪受宽、赵梅春主编，北京师范大学出版社 2007 年出版。该书旨在展现 20 世纪中国史学的发展变化及其成就，故所选入的目录以反映 20 世纪中国史学发展的特点、成就的论著为主，兼及 20 世纪史学发展的一般情况，不同学术观点、流派的论著兼收并蓄。翻译的论著、国外学者包括外籍华人学者所出版和发表的有关中国历史研究方面的论著不在收录范围之内。除特别重要的文章，一般不对论文集的论文进行单独著录。重要的论文集则作为史学著作予以著录。上编著录专书，下编著录论文。根据历史学学科分类，分别将其区分为史学理论及史学史、考古学及博物馆学、历史地理学、历史文献学、专门史、中国史、世界史七大类，每一大类之下又根据其学科属性分为若干小类，以反映 20 世纪中国史学各方面发展的概貌。论著目录著录的顺序为论著题名、责任者、出版社（或发表报刊）、出版年代（或发表时间）。

　　（4）《历代史志书目丛刊》（全 13 册）。李万健主编，国家图书馆出版社 2009 年出版。该书收录正史史志书目原文、补著及注释 71 种，凡目前能找到的本子都在收录之列，是我国目前规模最大的一次史志书目收集。书中收有正史艺文志（经籍志）七种和其他正史艺文志（经籍志）补著及正史艺文志（经籍志）注释等 64 种，其中，正史史志书目的补著是该书收录的重点。

　　（5）《20 世纪辽金史论著目录》。刘浦江编，上海辞书出版社 2003 年出版。该书尽可能完整地著录 20 世纪辽金史领域的所有中外文论著，时间下限迄于 2000 年年底，但其上限并不限于 1900 年，20 世纪以前为数不多的研究成果也一并收入。共计著录辽金史论著 9216 条，其中，辽史部分 4721 条，金史部分 4495 条。全书分为上、下两编，上编为辽史，下编为金史。其分类之详略，主要取决于条目数量的多少。该书著录的辽金史论著，计有汉、日、俄、朝、蒙（包括国内出版物使用的蒙文和国外通行的新蒙文）、英、法、德八种文本，外文论著目录均译为中文。

　　（6）《20 世纪宋史研究论著目录》。方建新编，北京图书馆出版社 2006 年出版。该书搜集 20 世纪间中国大陆、中国台湾、中国香港地区公开发表出版的宋史研究论文与著作篇目，截止时间为 2000 年年底，以中文撰写与译为中文者为限。分甲、乙两编。甲编收录 1949 年 9 月底止全国范围内发表出版的论著篇目和 1949 年 10 月中华人民共和国成立至 2000 年年底大陆发表出版的论著篇目；乙编著录 1949 年 10 月至 2000 年年底台湾、香港地区发表出版的论著篇目。甲、乙两编每一部分依照内容分成若干大类，每一大类下又分若干小类，有些小类下，又列有专题性的子目、细目，以便总结、了解有关专题的研究情况。同一类目中按论著首次发表出版的时间先后排列，凡原用民国纪年的，一律改为公元纪年。

　　此外，研究宋史的相关书目还有宋晞编，台北中国文化大学出版部 1983 年出版的《宋史研究论文与书籍目录》和 2003 年出版的《宋史研究论文与书籍目录续编》。

　　（7）《百年明史论著目录》。许敏主编，安徽教育出版社 2012 年出版。收录了 20 世纪以来 100 多年，特别是近 30 年在中国国内发表的有关明代历史的论文和著作（包括港、澳、台地区发表的有关明代历史的中文论文和著作）目录约 4

万多条，总计约 110 万字。编者经过深入思考和反复讨论，对所有条目作了比较有序、适当的分类，既吸取了传统分类的优长，又考虑到了明史研究的内在逻辑结构和论著成果之实际内容，最大限度地便于读者查阅和使用。该书反映了明史基础资料研究和专题研究的动态与发展趋势，为明史领域的科研工作者和广大读者提供了学科的研究概况，包含了大量学术信息，具有很高的实用价值。

（8）《国家清史编纂委员会·清史论著目录系列》。清史论著目录系列通过分类编排目录索引的方式，涵盖了美国、俄罗斯、日本等国家以及中国台湾地区、中国港澳地区近几十年来清史研究的学位论文、期刊论文和各类专著的基本信息。这套书是了解海外清史研究的动态，浓缩海外清史研究全貌的一部不可多得的工具书。目前已出版《1971～2006 年美国清史论著目录》（马钊主编，人民出版社 2007 年出版），总计收录条目 2500 多条，作者 1100 多人。其中，学术专著450 多部；学术期刊论文 750 多篇，涉及刊物 110 多种；论文集论文 850 多篇，论文集 240 多部；博士论文 438 篇，涉及学校 67 所。《1945～2005 年台湾地区清史论著目录》（周惠民主编，人民出版社 2007 年出版），共收录 1945～2005 年，在台湾地区发表和出版的有关清史研究的专著 1614 种，期刊论文 8800 多篇，700 多本博士、硕士论文以及百余种电子缩微资料，而这些研究成果的作者，不仅限于中国台湾学者，还包括中国大陆、日本、韩国、欧洲、美国等的学者。这是迄今为止对近 60 年来台湾地区清史研究成果最彻底的一次系统梳理。俄罗斯、日本、中国港澳地区的清史论著目录正在编辑过程中。

（9）《中国近代史论著目录》。张海鹏主编，上海人民出版社 2005 年出版。这是一本中国近现代研究者必备工具书，也是刚踏入中国近现代史相关研究领域者不可或缺的入门指南。编者积 20 余年时间精心编制了《中国近代史论著目录（1979～2000）》，为史学界提供了：十年来国内近代史学领域较为完整、系统的专题研究的目录索引。全书分论文、著作两部分，论文部分汇编论文、资料、书评等篇目题录近 4 万条；著作部分汇编论著、资料、文集、工具书等书目题录 1万多条，方便相关研究工作者检索，并进而全面掌握研究信息。

（10）《辛亥革命研究史料目录》。赵慧、涂文学主编，武汉出版社 2002 年出版。该目录汇集 1899～1999 年我国印行出版的有关辛亥革命的图书和报刊文章篇目，各目按书目之书名、作者、刊名、出版单位、出版时间、卷期辑录，出版时间一律用公元纪年。

（11）《中国抗战大后方历史文献联合目录》。周勇、王志昆主编，重庆出版社 2011 年出版。该书是《中国抗战大后方历史文化丛书》之一。由档案文献、学术著作、普及读物组成，其中，档案文献占丛书总量的 70%，以大陆和台湾保存的档案文献合集出版为特色。收录了重庆市 11 家单位收藏的中国抗战大后方历史文献目录，全书共分为图书、期刊、报纸（包括缩微胶卷）、图纸四个部分。需要特别说明的是有些项目虽然没有标明出版年代，但根据文献内容等情况判定其出版年代在 1937～1940 年的，才收录，并放在相应处。

（12）《中国共产党创建史论著目录》。倪兴祥主编，上海人民出版社 2006 年出版。该目录所指中共创建史起止时间为 1917 年俄国十月革命爆发至 1923 年 6 月中共三大结束。部分篇目时间上下限有所延伸。收录 1949 年 10 月～2004 年 12 月发表在中央报刊，各地省市级刊物，大专院校学报，党史、军史研究等刊物及部分论文集上的相关研究论文篇目（资料不收）；公开出版和内部出版的相关著作篇目。论文类题录依照题录性质分为总论、思潮、事件、会议、组织、报刊、书籍文章文献、旧址故居纪念馆、人物九大类目。题录主题为中共创建史时期人物的，优先归入人物部分。人物传记一般只收传主卒于 1927 年年底以前的（著作类亦同）。题录中含有两类及以上并列的主题词时，依照第一个主题词归类。

（13）《150 年中美关系史论著目录》。汪熙、（日）田尻利主编，复旦大学出版社 2005 年出版。该目录所收文献资料包括中国（含香港地区）、美国和日本三国公开发表的与中美关系直接有关的专著、论文和论文集等，同时兼收中、美、日三国部分尚未公开发表的硕士和博士论文，共约 7980 多条。其中，中文文献目录 2800 多条，英文 2400 多条，日文 1600 多条，硕士、博士论文 1100 条。所著录之文献资料，均以顺序编号。序号一律置于中文文献资料前，甲、乙、丙三部分连为一体。为确保该书所收文献目录的科学性、准确性及便于读者检索，书后附有所引 2500 多种中外文报刊一览表、150 多家硕士博士论文单位一览表、250 多种论文集一览表。

（14）《民国史料丛刊总目提要》。张研、孙燕京主编，大象出版社 2009 年出版。该书分政治、经济、社会、史地、文教 5 类 30 目，约计 2194 种，1128 册（另备《总目提要》一册），编选了民国时期（1912～1949 年 9 月）出版的人文社会科学书籍，内容包括中央到地方的各种法律条文、规章制度、政策文件、政治事件纪实等，以及各主要经济门类的发展实况、民政社政人口文教统计、历史年鉴等。

《民国史料丛刊续编总目提要》。刘朝辉编，大象出版社 2013 年出版。该书是《民国史料丛刊总目提要》的姊妹篇。它所涵盖的时段，依然是中华民国成立到 1949 年中华人民共和国成立的 38 年。民国时期出版的中文图书在 10 万种以上，继续以政治、经济、社会、史地、文教分类，精选资料 2268 种，合成 1139 册影印出版，总量与正编大体相当。

（15）《东南亚研究中文书目》。张长虹，张大勇，姚晓静编，厦门大学出版社 2010 年出版。该书资料来源主要为厦门大学、厦门大学东南亚研究中心、新加坡国立大学、香港大学、香港中文大学、台湾"中央研究院"、台湾大学、北京大学、暨南大学、汕头大学、中山大学等高校与科研机构图书馆，以及中国国家图书馆、上海图书馆、重庆图书馆、台北图书馆等电子馆藏目录和中国博硕士学位论文全文数据库、台湾华艺系列数据库、东南亚相关研究机构与重要出版社资讯等，此外还有一些私人藏书、论文参考文献和《东南亚研究图书目录》（曾伊平编）等。展示了从古至今海内外东南亚研究者在中文著（译、编）作方面取得的成果，分为八大类：政治法律、军事、经济、哲学、社会文化艺术、历史地理、东南亚华侨华人、综合性图书。

此类史学书目还包括《中外关系史名著提要》（纪宗安主编，中国华侨出版社 2002 年出版）、《中国新石器时代考古文献目录》（缪雅娟等编，科学出版社 1993 年出版）、《近九十年史学理论要籍提要（1900～1990）》（刘泽华编著，书目文献出版社 1991 年出版）、《世界历史书目（1949～1980）》（中国社会科学院历史研究所图书馆编，人民出版社 1983 年出版）、《中国明代历史文献书目》（张培华编著，学林出版社 1999 年出版）、《中国近代史文献必备书目》（姚佐绶等编，中华书局 1996 年出版）、《国外中共党史中国革命史论著目录大全》（中共中央党史研究室科研局编译处编，中共党史出版社 1993 年出版）、《江南区域史论著目录》（陈忠平、唐力行主编，北京图书馆出版社 2007 年出版）、《中国近现代科学技术史论著目录》（邹大海主编，山东教育出版社 2006 年出版）、《中国内地及港台地区辛亥革命史论文目录汇编》（严昌洪主编，武汉出版社 2003 年出版）、《香港史研究书目题解》［李培德编，三联书店（香港）公司 2001 年出版）］、《台湾史档案文书目录》（刘铮云主编，台湾大学 1997 年出版）等。

2）年谱书目

检索词：年谱、书目、总录、考录、集目、知见录、丛刊。

检索式：年谱＊（目＋录＋丛刊）。

通过上述检索式基本可以罗列有关年谱的书目，以下是国内 20 世纪 90 年代至现阶段比较主要的年谱相关书目。

（1）《中国历代年谱总录》。杨殿珣编，北京图书馆出版社 1997 年出版。该目录所著录的，除年谱之外，也收按年谱体例编写的编年和述略等。著述编年可供研究者参考，亦一并收入。该书初版于 1980 年，所收年谱止于 1979 年所见者。增订本所收年谱下延至 20 世纪 90 年代（包括未刊稿本和港台出版的年谱）。收录年谱 4450 种，反映谱主 2396 人。参考文献 645 条。按谱主生卒年为序编排。谱主注明生卒年，下列年谱名称、卷数、编者、版本。

（2）《中国历代人物年谱考录》。谢巍编撰，中华书局 1992 年出版。收录

1983 年以前出版的海内外公私藏及历代文献著录的年谱 6250 种，谱主 4000 多人。分为三个部分：正编、附编、索引。正编按时代、谱主生卒年的先后排列年谱，著录谱主简况、年谱编者、版本、备注、备考等项。对谱主的姓名、字号、籍贯、生卒年作了简要叙述，对善本、孤本、稿本等年谱注明收藏者，附编著录合编年谱，合刊年谱，疑年录、生卒年表。索引是谱主姓名索引，按姓氏笔画顺序排列。

（3）《宋人年谱集目》。吴洪泽编，巴蜀书社 1995 年出版。该书系全国高校古籍整理研究委员会规划项目。共著录宋人为谱主（包括由宋入元者）的年谱560 多种。同时附有宋人年谱编前朝人物年谱 56 种。该目录参考了《中国历代人物年谱集目》和《历代年谱总录》，并依据历代藏书目录，各地图书目录以及报刊论著索引而编。按谱主生卒年先后次序编排。同一谱主下有多种年谱者，依编者所处时代先后排列。

（4）《宋人年谱丛刊》。吴洪泽等主编，四川大学出版社 2003 年出版。全书12 册，近 50 万字，汇集了两宋 30 年间宋编的宋人年谱。同时，为了方便研究者使用，还收录了元明清、民国时期乃至今人所编的宋人年谱，甚至包括中国台湾以及日本学者所编的宋人年谱，共收有谱主 188 人，年谱 163 种，为有宋以来最大的宋人年谱集成。

（5）《近 300 年人物年谱知见录》。来新夏编，中华书局 2010 年出版。收录明卒于清，生于清卒于清，生于清卒于辛亥革命以后的人物年谱 800 多种。包括自谱、子孙友生编谱、后人著谱、合谱、专谱等。分为六卷。前五卷是书录，按谱主生卒年为序排列。每一年谱著录谱名、撰者、刊本、收藏者，记载谱主事略，摘录史料，说明编谱情况。第六卷是附录，包括知而未见录、谱主索引和谱名索引。

3）方志目录

检索词：方志、书目、总目、总录、考录、集目。

检索式：年谱 * （目＋录）。

通过上述检索式基本可以罗列有关方志的书目，以下是国内 20 世纪 90 年代至现阶段比较主要的方志相关书目。

（1）《中国社会科学院地方志联合目录》。赵嘉朱主编，中国社会科学出版社2013 年出版。中国社会科学院所属各图书馆历经近 60 载、几代专家学者努力建设，共收藏地方志约 6000 多种。该书集合社科院图书馆、考古所、历史所、近代史所、文学所、哲学所、民族所、法学所、经济所、研究生院十家单位收藏的地方志联合目录。集钞本、刻本、油印本、晒蓝本、影印本等版本为一体。其旨为使中国社会科学院地方志宝藏得以整体规模昭示世界，满足海内外广大学者和读者的社会需求。

（2）《美国哈佛大学哈佛燕京图书馆藏中国旧方志目录》。李丹编，广西师范大学出版社 2013 年出版。该书收录哈佛大学哈佛燕京图书馆 2011 年 12 月 24 日之前收藏并编目的中国旧方志（1949 年以前修纂），收录范围包括一统志、通志、府志、州志、厅志、县志、乡土志、里镇志、卫志、所志、关志、岛屿志，以及一些具有志书体例和内容的方志初稿、采访册、调查记等。

（3）《中国新编地方志总目提要》。秦其明主编，方志出版社 2006 年出版。该书主要收录各部志书的历史及现实的修志概况（新旧志书）、地情概况，包括地域位置，自然状况，历史沿革，政治、经济、文化、民族、信仰、风俗等社会概况，重大事件、人物以及志书编纂特色、国内获奖情况等。共辑天津市（18部）、上海市（25 部）、河北省（176 部）、广东省（112 部）、广西壮族自治区（91 部）、黑龙江省（147 部）、云南省（188 部）、江苏省（97 部）、山东省（205部）十个省（市、自治区）范围内的 1173 部市县级志书提要。

（4）《地方志·书目文献丛刊》。孙学雷主编，北京图书馆出版社 2004 年出版。全书 40 册，系从国家图书馆地方志专藏中，选出清季民初通志艺文志中经籍志部分，加以编选、汇集而成，在各地历次递修志书中，选取撰修年代最晚、包含经籍志内容最全的方志。在通志经籍志阙如的个别省份，以相应区域性书目略加配补，从而在地方通代存佚书目的基础上，形成全国性的通代经籍志集成。该丛刊所收版本主要集中于清代至民国时期；版本类型包括稿本、刻本、石印本、铅印本等。为方便读者查阅，提供三种检索途径：①每卷总目，列入所选每种方志在各册的分布、页码；②各分册细目，录入所选方志类目所在页码，如史部下分列正史、别史、杂史、奏议、传记、职官、时令等；③该丛刊将编《书名拼音索引》与《书名笔画索引》，统一编排，单行一册出版。

（5）《中国新方志 5000 种书目提要》。朱敏彦主编，上海辞书出版社 2004 年出版。该书为馆藏专目提要型目录著作，收录了上海通志馆截止到 2004 年 6 月底所征集收藏的 20 世纪 80 年代以来大规模新修的全国省（自治区、直辖市）、地（市）、县（区）三级志书共 5059 种。全书每个条目 200 多字，由词目和释文两部分组成，力求通过提要，勾勒出著录志书的基本轮廓，展示首轮新方志的编写成果。该书集学术性、实用性于一体，有助于读者了解新方志概貌及学术研究，并具有较高收藏价值。

（6）《中国地方志总目提要》。金恩辉、胡述兆主编，台北汉美图书有限公司2002 年出版。该书启动于 1987 年，邀集两岸学者专家 200 多人，共襄盛举。历时八年成稿，收录旧志 8577 种，除山水寺庙志，各级各种通志性志书以及为修志而撰写之采访册调查记等，无不收录，较《中国地方志联合目录》尚多 200 多种，且不仅列其词目，更为各志撰一提要，叙其志名、撰者生平、修纂沿革、内容概述、志书价值、版本源流及附注等。

（7）《中国新编地方志目录》。中国地方志指导小组办公室编，方志出版社1999年出版。该目录收录新方志出版时间范围为20世纪70年代末至1999年9月（北京至10月份）；地域范围是全国各省、自治区、直辖市（港澳台地区资料暂缺），西藏自治区修志工作起步较晚，其成果尚未统计；收录种类仅限于省（县级市、自治县、旗、区）志三级志书。各种专业志、部门志、乡镇志均未收入。

（8）《长江流域历史地志书目提要》。白国安、肖焕忠主编，湖北科学技术出版社2003年出版。该书汇集湖北省图书馆所藏长江流域地方千余种，该书共收地方志条目2434种。依次为青海省、四川省、云南省、贵州省、湖北省、湖南省、江西省、安徽省、江苏省和上海市。对长江流域沿岸山脉、山峰、峡谷、源头一一记载；对洪、涝、旱、地震自然灾害详列成书，并标出历代水利工程等，为从事长江流域内在规律研究和自然灾害史研究人员提供帮助。

2. 索引

1）史学论著索引

检索词：索引、史、考古。

检索式：（史＋考古）＊索引。

通过上述检索式基本可以罗列有关史学论著的索引，以下是国内20世纪90年代至现阶段比较主要的史学论著索引。

（1）《近十年辛亥革命史料及研究书目索引》。杨树编，湖北人民出版社2013年出版。该书主要收录2000～2011年中国大陆正式出版和发表的辛亥革命史料、研究著作和研究论文及一部分海外和中国台湾出版的史料和研究论著，旨在为总结和深化辛亥革命研究提供信息，为研究和保存辛亥革命文献提供依据。

（2）《中华民国史档案资料汇编总目索引》。中国第二历史档案馆编，凤凰出版社2010年出版。《中华民国史档案资料汇编》（套装共10册）是为了适应中国近现代史的研究和教学工作的需要，就馆藏中具有一定史料价值的档案，在《中国现代政治史资料汇编》（1919～1949年）初稿的基础上，加以修订，并补充1919年五四运动以前的档案资料，编辑成一套《中华民国史档案资料汇编》（1911～1949年），供史学工作者和有关部门参考使用。《中华民国史档案资料汇编》，第一辑为《辛亥革命》（1911年），第二辑为《南京临时政府》（1912年），从第三辑开始，按北洋政府和广州、武汉、南京政府等不同政权，分为五辑编辑出版。《总目索引》严格遵照《中华民国史档案资料汇编》的体例结构，将分散在共计90册中的文件目录汇总。编制了分册索引、类目索引，根据档案文件标明的分册及页码，在各分册中找到所需要的档案文件，方便读者对 90 册的《中华民国史档案资料汇编》的利用。

（3）《战国秦汉史论著索引三编》。张传玺主编，北京大学出版社 2002 年出版。该书为北京大学出版社于 1983 年和 1992 年相继出版的《战国秦汉史论文索引》（1900～1980 年）和《战国秦汉史论著索引续编》（论文，1981～1990；专著，1900～1990）的再续本。三本索引为一个完整的世纪索引系列，各本所收的内容，首尾相接，其时间与 20 世纪的年代同步，并相始终。一方面为 80 年来对本段历史的研究作一个鸟瞰式的小结；另一方面，亦为从事本段历史的教学和研究的同行提供一个检阅前人成果的方便。收录论著均以"战国秦汉史"为主，内容包括政治、经济、文化、考古等方面。由于学术界对战国的上限和东汉的下限颇有争议，所以该书对某些论著收录的时限适当放宽。通史或专史含本段民事较多者，酌情收录。

（4）《中国货币金融史论著索引》。俞兆鹏主编，新华出版社 2000 年出版。这部近百万字的大型目录索引，资料十分丰富。该索引收录中国境内（包括香港、台湾）1900～1993 年发表的货币金融史的论文和专著，还收录了部分外国发表的论著目录及大量内部交流书刊中的论著目录。其内容涉及中国历代币制、货币史、古钱、金银、纸币、金融史、货币购买力、各类金融机构及其经营活动、造币厂及货币铸造工艺、历代农民起义军货币、人民革命政权货币、在中国流通的外国货币、货币思想、钱币学家及其著述、钱币学与货币史研究的意义及学术活动等，门类相当齐全。全书分为论文著引、著作索引两部分。书中所收论著目录的编排，采取历史时序、内容分类和发表先后顺序相结合的办法。所列论文，均列出篇名、著译者、发表报刊或论文集名称、卷期、出版时间；所列专著，则列出书名、著译者、出版单位、出版时间。

（5）《中华人民共和国国史论著目录索引》。王美秀主编，当代中国出版社 2000 年出版。该书收录了新中国成立以来有关中华人民共和国国史研究的论文、著作和有价值的资料共 2 万多条目，涉及了国内各种报纸、学报、期刊、丛刊、通信、研究资料等 800 多种。

（6）《考古研究所编辑出版书刊目录索引及概要》。考古杂志社编，四川大学出版社 2001 年出版。该书汇集了中国社会科学院考古研究所主办和编辑的有关书刊目录索引及概要。半个多世纪以来，考古研究所坚持以田野考古为基础大力开展考古学研究的同时，始终把考古学书刊的编辑出版作为一项重要的任务，以促进考古研究所的科研工作，推动中国考古学事业的发展。该书包括 1955 年创刊的《考古》月刊，从第 1 期到 2000 年 12 期，共 399 期；1936 年创刊的《考古学报》季刊，从第 1 期至 2000 年 4 期，共 139 期；1981 年创刊的《考古学集刊》

（不定期连续出版物），共 13 集；1950 年正式启动的中国考古学专著系列——中国考古学专刊，甲种 26 部，乙种 3 部，丙种 4 部，丁种 62 部，特种 5 部，共 131 部。为方便读者的查阅，书内还附有著者姓名索引。该书是海内外人文科学图书馆、研究所、博物馆及考古、文博、历史学者必备的工具书。

（7）《中国陶瓷史论文索引》。谢明良编，台北石头出版公司 1998 年出版。该书收录 1900～1994 年有关中国陶瓷史研究的论文、报道及出土考古报告，并参酌此类相关工具书辑录而成。年代自新石器时代至当代，收录范围涵盖中国、日本及欧美等中、日、英文书目，共计 10000 多条。所收论文条目涉及的领域包括青瓷、白瓷、青白瓷、其他色釉和彩绘、青花、釉里红、琉璃、砖瓦、陶文、宜兴紫砂、俑明器、外销瓷、外国出土陶瓷、化学分析等，举凡与陶瓷相关的资料均广纳其中。全书体例主要分为综论、各省出土陶瓷及西文论文和报道三大单元，另附有著者索引便于资料检索。综论主要收录跨时代研究的论文及专题研究书目，并按陶瓷种类及时代先后汇编；各省出土陶瓷则依出土的省份编排，再按窑址及出土作品的时代先后汇编；西文论文和报道除了综述和断代讨论的汇编，也另立了几项专题研究的项目。该书是多年来第一部系统汇整中国陶瓷史研究书目的书籍，也是收录陶瓷史书目最齐全完备者，是研究者必备的参考工具书。

（8）《中国史学论文索引（三编）》。中国社科院历史研究所编，中华书局 1995 年出版。中华书局 1981 年重印，1957 年科学出版社第一版，称第一编。收录 1900～1937 年国内出版的 1300 种期刊上发表的中国史学论文篇目 3 万多篇。分上、下两编。上编包括中国历史、人物传记、中国考古学、中国目录学四大类。下编为各学科学术史，分为学术思想史、社会科学史、政治科学史、经济史、文化教育事业史、宗教史、语言文字史、文学史、艺术史、历史地理和地理学史、自然科学史、农业史、医学史、工程技术史。书后附按人名、地名、朝代名、重大历史事件名等首字字母混排的"主题索引"和"外国人名汉译对照表"。每条著录题目、著译者、期刊名称、卷期、年月日等。《中国史学论文索引第二编》，中国科学院历史研究所编，中华书局 1979 年出版，是前一书的续编，收录 1937～1949 年国内 960 种期刊上发表的中国史学方面的论文 3 万篇，分上下两册。《中国史学论文索引第三编》，中国科学院历史研究所资料室编，中华书局 1994 年出版。收录 1949 年 10 月～1976 年 12 月发表的论文。上述三本书在时间上互相衔接，是查找中国史学论文的重要工具。

（9）《新中国成立以来中国史学论文集篇目索引初编》。张海惠等编，中华书局 1992 年出版。收录了 1949～1984 年国内出版的史学论文集 1000 多种，论文篇目约 15000 篇。

（10）《史学论文分类索引》。周迅等编，书目文献出版社 1990 年出版。收录了1911～1986年我国（含香港、台湾）出版的 1552 种论文集中的史学论文共 34146 篇。

(11)《1522 种学术论文集史学论文分类索引》。周迅等编，书目文献出版社 1990 年出版。该书汇集了自辛亥革命至今的 1522 种论文的史学论文 34000 多篇，其中台港出版者约占 1/4。其内容包含中国史与世界各国史，上溯远古，下及近现代（为便于编辑起见，中国史大体上止于 1949 年中华人民共和国成立，世界史大体上止于 1945 年第二次世界大战结束）。全部论文按内容分类编排，分为上、下两编，上编为史学及其相关学科，包含史学通论、中国史、世界史、国际关系史、考古与文物、历史地理、民族史、传记、历史文献学九大类，下编为各专科史，包含学术思想史、宗教史、政治、社会史、经济史、文化教育史、语言文字学史、文学史、艺术史、自然科学与工程技术史十大类。各大类下再分细类，大小类目共 600 多种。正文之后，附有所收 1522 种学术论文集的一览表，一一著录其编者、出版者、出版地和出版年月，还附有书名索引和人名索引，以助检索。

2）人物传记索引

检索词：索引、人、传记、纪传。

检索式：（人＋传记＋纪传）＊索引。

通过上述检索式基本可以罗列有关人物传记的索引，以下是国内 20 世纪 90 年代至现阶段比较主要的人物传记索引。

(1)《金代人物传记资料索引》。牛贵琥、杨镰著，三晋出版社 2012 年出版。该书共收录金代各类人物 9455 人，以姓氏笔画为序查询，每一人名下作一简略小传，述其生卒、字号、籍贯、功名、事迹等，为研究、查阅、了解金代的社会、历史、民俗、文化、文学等提供资料翔实的工具书。

(2)《20 世纪中国人物传记资料索引》。王明根、傅德华主编，上海辞书出版社 2010 年出版。共收录 22485 条词条。该索引历时二十八载，共收录 1900～1999 年有过传记资料的各类人物 48000 多人，中文传记资料 20 多万条。资料来源于 1949 年前和中华人民共和国成立后包括港台地区的千余种人物专著、近 3000 种报刊、2900 多种论文集。所收人物按姓氏笔画为序排列。书后附有与中国有关联的部分外国人物传记资料索引，以及报纸、期刊、论文集一览表和其他有关参考书目。

(3)《宋人传记资料索引补编》。李国玲编纂，四川大学出版社 1994 年出版。该补编新增人物 1.4 万多人，收文范围包括墓志、各省博物馆藏拓片、史书、方志、年谱、题名、书序等。

(4)《唐五代人物传记资料综合索引》。傅璇琮等编，台北文史哲出版社

1993 年出版。收录唐五代人物 3 万多人，引用书籍 83 种，包括唐和五代正史、诗文总集、诗文记事、书画、地方志等书。分字号索引和姓名索引两部分。字号索引收这些人物的字、号、别号、绰号、谥号等，按四角号码编排，在其后括注姓名。姓名索引以常见称谓立目，下列传记资料出处，包括书名、册数、卷数、页数，以方便读者从姓名角度或从字号角度查找传记资料。

（5）《明遗民传记索引》。（美）谢正光编，上海古籍出版社 1992 年出版。该索引据收有明遗民传记资料的 200 多种书籍中，编录明遗民（生于明而拒仕于清者），包括姓名、字号、籍贯、引用传记书名及页码等。

（6）《明代传记丛刊索引》。周骏富编，台北明文书局 1991 年出版。收录清代人物传记书 150 种附 17 种，计 46955 人。多为清人著述，分五大类：①学林类，分儒林、文苑、词林、名家、畴人等目，收书 51 种附 7 种；②名人类，分名臣、皇室、叛逆、忠义、教士等目，收书 27 种附 6 种；③遗逸类，收逸民传记 5 种；④艺林类，分画家、书家、印人、伶人等目，收书 54 种附 2 种；⑤综合类，收综合性传记 13 种附 2 种。有清一代之人物掌故靡不网罗。所收不乏珍本秘籍，如梁章钜的《国朝臣工言行记》，林景忠的《国朝忠义私淑录》，已为海内孤本。其他稀见本，为数甚多。附笔画姓名(46955 人)、字号（58404 个）、谥号（2016 个）三种索引。姓名索引详注字号、谥号，并注明本丛刊的册数和页码。字头分别采用部首、笔画、四角号码、罗马字母耶鲁音标、日本五十音顺五种检字法。后附四种清姓：①国姓爱新觉罗；②满洲八旗姓；③蒙古八旗姓；④清本百家姓。

（7）《四库全书传记资料索引》。（台湾）中华文化复兴运动推行委员会四库全书索引编纂小组主编，台湾商务印书馆 1990 年出版。如果要找的人是在清朝乾隆之前（含），就可以使用《四库全书传记资料索引》。该书以《文渊阁四库全书》的史部及集部·文集中的传记文为依据，收录清乾隆朝之前（含）的人物传记，至于只出现人名而无事迹的人，则不收录。以姓氏笔画多寡排序；同一姓氏者，先收单名再收双名，各依该名的笔画多寡排序；姓名之后则列出该人所属的朝代及出自某册、某页及某卷。姓名排序有正目与附目之分：知姓名者，以姓名为正目，列其别姓名为附目；以字行者，以字为正目，其姓名为附目；因避讳而改姓或由帝王赐姓名者，以通行姓名为正目，原姓名为附目；凡僧尼之名以法名为正目，俗姓名为附目。各朝帝王则以称号为正目，并冠以国号，其姓名为附目；宗室以姓名为主，列其封号为附目；就妇女言，以姓名为正目，并列其父或夫之名为附目。历代以来同姓名者不少，则以朝代辨别之，若同朝者，又以字号、籍贯等资料识别之。

（8）《二十五史纪传人名索引》。上海古籍出版社，上海书店 1990 年编辑出版。该书根据上海古籍出版社和上海书店 1986 年联合影印出版的《二十五史》（包括新元史）以及中华书局出版的点校本《二十四史》《清史稿》编制。该索引将以上正史中有纪传、列传、附传的人物收录在内，仅有提名而无完整事迹者不收。历代帝王以习惯称谓为主目，姓名列为参见。同一个人多个异名者，选常用者为主目。全部人名条目按姓氏的四角号码排列。人名后标出上海影印版《二十五史》的册数、卷数、总页数、栏数以及中华书局点校本《二十四史》各书与《清史稿》中的册数、卷数、页数。书后附有字头笔画索引，方便不熟悉四角号码的人查找。

（9）《地方志人物传记资料丛刊：人名索引》。王冠、张爱芳、郑伟编，国家图书馆出版社 2013 年出版。《地方志人物传记资料丛刊》系国家图书馆出版社精心策划组织、编辑出版的迄今为止搜集资料最全面、最充分、最丰富的大型人物传记资料汇编。其选编内容包括方志中各类人物传记，如名宦、乡型、乡宦、仕进、孝友、节烈、耆旧、寿民、方技等，以及与人物有关的各类表志和艺文志、金石志中的墓志、碑记、传诔等，举凡与人物有关的内容，尽数囊括其中；所收人物传记资料的时限远及上古，下迄民国。全书按全国行政区划分为西北、东北、华北、华东、中南、西南六大卷，网罗方志近 3000 种，而在编辑过程中参照的方志更多达 6000 种，涉及人物近千万。先期推出了《西北卷》《东北卷》《华北卷》三种，《华东卷》即将推出。延请中国索引协会副理事长、华东师范大学图书馆馆长黄秀文先生、北京大学图书馆李雄飞先生组织专家为每卷编制《人物姓名拼音索引》和《人物姓名笔画索引》，与每册细目相互补充，以目录统类、以索引统人，构成相对完整、极其方便的人物传记资料检索系统。

（10）《辛亥以来人物传记资料索引》。复旦大学历史系资料室编，上海辞书出版社 1990 年出版。收录了 1911~1949 年的 1.8 万人的传记资料条目达 8 万多条。资料取材于 1900~1985 年大陆和港台地区出版的中文专著、论文集、报刊、年鉴、索引、百科全书和文史资料。以政治、经济、军事、文化等知名人士为主，兼收华侨人士及少量中国籍外国人、辛亥革命以前的死难烈士。无论正面人物还是反面人物，兼收并蓄。按传主姓名笔画顺序编排。下列传记资料，按专著、报刊、论文集等分类。人物的别名、字号酌设参见条。

（11）《传记、家谱总索引》（*Biography and Genealogy Master Index*）。这是一本专门介绍各种传记工具书（以传记词典、传记百科为主）中的条目的综合性传记索引。此书第 2 版收录 350 多部当代和回溯性传记词典及名录中的 320 万条被传者的资料。这些工具书大都没有索引，因而读者可以利用这部总索引迅速查到某一人物的基本资料收录在何种传记词典、名人录、文学评论或传记百科中，尤其当要找的人物国籍、生卒年不明确，很难确定要找哪一种传记工具书时，利用该书可大大提高查询效率。该书另一用处是可以通过比较同一人在不同传记工具书中收载的情况，核实资料，进行分析对照。条目著录了被传者的姓名、生卒年、被录工具书的简称及卷期年代。所收条目大都为当代在世人物。此外，该书有联机版。

（12）《传记索引》（*Biography Index：a cumulative index to biographical material in books and Magazines.* New York：Wilson，1947-)。季刊。它是专门摘录分散在英文书刊中的传记资料的连续性检索工具。目前有一年和两年两种累积本。提供分散在 3000 多种现期英文期刊和 2500 种新书中的传记资料以及对人物的最新研究成果。利用该书的最大优点是可以查到大量一次文献，包括《纽约时报》《时代杂志》等报刊中重要人物讣告、评论、自述、会见、书信、日记、回忆录、家庭记事以及文艺作品和儿童读物的传记资料。每期分两大部分：正文按被传人姓氏字顺排列，书后有按职业、专业编排的人名索引。每一条目提供被传者生卒年、职业、国籍、资料来源、注明原文是否有图像。

3）碑传文索引

检索词：索引、集、碑传、碑录。

检索式：碑 * （索引＋集）。

通过上述检索式基本可以罗列有关碑传文的索引，以下是国内 20 世纪 90 年代至现阶段比较主要的碑传文索引。

（1）《辛亥人物碑传集》。卞孝萱、唐文权编，凤凰出版社 2011 年出版。该书收录了 250 多件与辛亥革命有关的人物碑传，分为 15 卷。1～6 卷为革命人物，7～11 卷为民初政治军事人物，12～14 卷为清廷人物，15 卷泛收其他人物。

（2）《民国人物碑传集》。卞孝萱、唐文权编，凤凰出版社 2011 年出版。该书收录了 250 多件民国时期的人物碑传，分为 13 卷。人物包括丁世峰、王宠惠、林翔、马占山、夏瑞芳、袁希涛等。

（3）《中国历代名医碑传集》。方春杨编著，人民卫生出版社 2009 年出版。该书收集先秦至清代历代名医的传记碑版及有关资料，按时代汇编。

（4）《清代碑传文通检》。陈乃乾编，北京图书馆出版社 2003 年出版。以1025 种清人文集中所载碑传文为基础编撰而成（包括哀辞、祭文、传记等资料）。按传主姓氏笔画顺序排列。注明字号、籍贯、生卒年、碑传文作者、所载书名与页码。

（5）《历代人物年里碑传综表》。姜亮夫编，台湾商务印书馆 1993 年出版。该书既可查考人物生卒年，也能提供人物传记资料的线索。收录自孔子至卒于1919 年的历代人物约 12000 人。生卒年可考者，按生卒先后排列；生年不可考者，以卒年排列。著录项目有姓名、字号、籍贯、岁数、生卒年、备考。备考注明传记资料出处及生卒年异说等。书后附人名索引。

(6)《广清碑传集》。钱仲联主编，苏州大学出版社 1999 年出版。清代人物传记总集，已有钱谦益《碑传集》、缪荃孙《续碑传集》、闵尔昌《碑传集补》及汪兆铺《碑传集三编》四种，素以收录广博、资料丰赡而被视为文献渊薮。但以上四书尚有不少欠缺，如漏选重要人物和重要文献、失收大量明遗民、农民起义军领袖、艺人百工的碑传以及体例烦琐等。有鉴于此，著名学者钱仲联教授数年来广博收罗、精心积储，组织人员勒成《广清碑传集》一书，共 20 卷，凡 180万言，洋洋大观，堪称巨著。书中按人物的生卒年或活动时期排列，所收资料均为前列四书未收之文，其中包括未刊稿本、钞件及钱教授个人收藏的罕见文献多种。全书计收传主 1000 多人，对明遗民和清初江南、两浙抗清志士，以及辛亥前著名人物的传记资料收罗尤为丰富。作为一部重要的史书，它具有很高的史学价值；又因其为传记体，故富于浓郁的文学色彩，可读性甚强。

(7)《滇南碑传集》。方树梅纂辑，李春龙等点校，云南民族出版社 2003 年出版。全书共收录由包括方树梅本人在内的 284 人（佚名者除外）制撰的明、清两代云南籍人士 427 人的碑传文 506 篇。其中，明代传主 123 人，所收碑传文 147 篇；清代传主 293 人，所收碑传文 347 篇；方树梅本人为 11 人（其中，明代 1 人，清代 10 人）撰述了 12 篇碑传文。不包括方树梅撰的碑传，传主有 416 人，碑传文 494 篇。在具体编排上，将所辑明人（123 人）的 147 篇碑传文分为 12卷，清人（293 人）的 347 篇分为 20 卷。方先生为 11 人制撰的 12 篇碑传文则作为附录列入卷末。在人物类别上，将明人碑传依传主事功区分为 21 类，即宰辅、部院大臣、九卿、科道、曹司、使臣、巡抚、司道、守令、校官、佐杂、武臣、忠义、孝友、儒林、文苑、卓行、隐逸、遗民、列女（内分贤明、节烈、女侠三目）、方外等。清代则分为 18 类：分别是部院大臣、内阁九卿、科道、曹司、巡抚、司道、守令、醢尹、校官、佐杂、武臣、忠义、孝友、儒林、文苑、卓行、列女（内分贤明、节孝、贞烈、才智四目）、方外等。

(8)《云南回族人物碑传精选》。王子华、姚继德主编，云南民族出版社 2004 年出版。全书共汇集了 250 篇碑传资料，涉及云南回族历史人物 200 多人，他们生活的历史时间，上始蒙元，下迄 1949 年，这些人都在云南地方史和回族史上产生过重要影响。

(9)《海南史传与碑传汇纂》。周伟民、唐玲玲编，知识产权出版社 2013 年出版。书中如记述国家大范围史事的像二十五史等正史，记地方史的地方志或文人笔记等别史，记家族史的家谱等家史里面，都有传记保存，在正史中往往还是主要部分，诸如帝王、宰辅、文武大臣、循吏、儒林、文苑、忠义、孝友、高士、烈女节妇等，都各有传。这些与海南史事有关的人物传记，是为史传。而碑传，即海南人的墓志、传略以及没有刻印流传的私家著述中的传记等。这两者有很高的互补价值。因为史传所记都是人物生平大节，文字也过于严肃；而碑传则是将人物的生平中的典型事件写出，烘托出一个完整的个体，文字也鲜活感人。而史传中常漏写的人物生卒年，碑传中补入。有些在某个方面有成就但史传认为不够档次而缺记，碑传则补入。这样，将史传与碑传合纂在一起，便于读者更全面地把握一个历史人物。

3. 文摘

（1）《历史学文摘》。该文摘是我国首家历史类文摘学术期刊，由中国人民大学主办，中国人民大学书报资料中心编辑出版。读者定位于大中专院校、研究机构的历史专业的教师、学生、研究人员、史学爱好者等。内容涵盖中国历史、世界历史、史学理论、考古学和各专门史等，主要栏目有中国古代史、中国近现代史、世界史、史学理论、学术争鸣、书评、资讯等。每期从上百种学报、专业期刊的历史文章中筛选观点突出、有一定新意的文章汇集成刊，突出观点、提炼精华，形成一个浓缩版的学术对话空间，便于读者把握历史学科研究的动态。

（2）《中国近现代史研究导引》。姜良芹、孙扬等编著，南京大学出版社2011年出版。该书以中国近现代史研究领域具有学术典范价值、体现不同研究范式的优秀学术论文为主体，按主题分类编排。以导论的形式为读者梳理学术脉络、呈现研究现状；辅以延伸阅读和思考题，将问题意识与研究方法贯穿于篇章之中。《中国近现代史研究导引》倡导一种全新的教学模式，直接以学术研究为切入点，旨在推动师生之间的对话交流，提升学生思维层次，激发其从事研究的兴趣。

（3）《台港清史研究文摘》。王戎笙编，辽宁人民出版社1988年出版。该书集35年来台湾、香港清史学家十余人所著之论文1000多篇、专著200多部之精粹，展现了台港清史学界的简况，介绍了台港清史学家的简历。内容收罗至广至深。全书分30个专题：①史学方法论；②清史通论；③满族的先世及其文化；④太祖太宗时代的农业和手工业；⑤太祖、太宗时代的军事和政治；⑥清兵入关和南下；⑦郑成功研究；⑧秘密会社和秘密宗教；⑨传教士来华和西方文化的输入；⑩清代社会经济；⑪清代财政金融；⑫清代政治制度；⑬清代军事制度；⑭清代的思想文化；⑮清代前期的几次"民变"；⑯清政府的治台政策和台湾地区的开发；⑰东北及西北地区的开发；⑱清代奏折制度；⑲清代法制研究；⑳鸦片战争；㉑中国近代始于何时；㉒殖民主义、帝国主义对中国的侵略；㉓太平天国；㉔外贸与海关；㉕洋务运动；㉖对洋务运动中各派人物的评价；㉗甲午之战；㉘戊戌变法；㉙义和团运动；㉚孙中山先生的早期革命活动。几乎涵盖了清史研究的方方面面。

（4）《历史文摘》［*Historical Abstracts*，by Davis，R，W. Oxford （England），Santa Barbare （California）：ABC—CLIO］。该文摘是美国目录中心（ABC）和欧洲目录中心（EBC）出版的著名的历史学英文文摘检索刊物，每年出 1 卷，实际上是"世界近现代史文摘"。1964 年以前摘录 1775～1945 年各国（以美国、加拿大为主）有关史学的论题内容。目前收录除美国、加拿大以外 80 多个国家，40 多种不同文字出版的刊物 2600 多种，包括文集、年鉴、会报、会议录、杂集中的有关内容。所做文献内容包括政治史、外交史、战争史、军事史、经济史、文化史、宗教和教会史、科学与技术发展史。自 17 卷起，每卷分 A、B 两册，A 册是近代史文摘（1775～1914），B 册是 20 世纪文摘（1914 年至今）。文摘多由专家学者摘录并署名，按国家编排。另有主题索引、作者索引。美国、加拿大历史文献未收录在内，而是编入另一种文摘季刊《美国：历史与生活》（*America：History and life*），该刊收录 2200 种连续出版物上的历史论文。目前，我国大陆地区先后有 20 多家历史学期刊、综合性期刊、综合性学报被收录。

第7章 自然科学专业信息检索

本章各节介绍普通高校常设专业的信息检索的主要工具和检索方法。对于数个学科专业都可利用的工具，本章根据其对专业的利用频率侧重放在某个专业介绍。教师教学时视具体情况可适当选用临近专业的工具讲授。

7.1 数学专业信息检索

现代科学发展表明，数学已成为各门科学研究的工具，渗透到众多学科领域，若需查找某门具体应用数学，请利用其名称直接在搜索引擎和馆藏目录中检索；或在《中图法》中各学科类目下寻找其类号，然后再利用类号查找文献线索。本节只介绍大学普通数学专业的专业信息检索。

7.1.1 主要参考工具书

(1)《数学辞海》。共 6 卷，《数学辞海》编辑委员会编，山西教育出版社、东南大学出版社、中国科学技术出版社 2002 年出版，全书 1500 多万字，是目前数学专业领域的权威词典。

全书包括数学科学的 100 多个分支学科或专题项目，按照从初等数学到高等数学，从古典数学到现代数学，从理论数学到应用数学的原则，将整个数学科学划分为 6 卷编辑出版。各卷正文均按数学知识的结构体系编排。条目按其释文的长短分为五类：特长条目（3000 字左右）、长条目（1000～3000 字）、中条目（300～1000 字）、短条目（300 字以内）和参见条目。条目释义精当，同义词作出参见。每卷正文后面附有数学符号表、条目笔画索引、条目音序索引、条目西文索引、中外人名译名对照表，检索方便。

(2)《幼狮数学大辞典》。该辞典为上下册，外加一册参考篇，由台湾幼狮文化事业公司 1982 年印行，供数学教育与数学研究者教学、研究与阅读英文数学文献参考使用。内容包括基础数学、应用数学和数学研究史的全部内容，共 25920 条目。条目按英文名称的字母顺序排列，条目和释文中的名词术语都跟有英文名称，这给翻译和阅读英文数学文献工作带来了极大的方便。释文流畅准确，图表和图像精美。附有英中、中英及中文数学名词索引。参考篇可以独立使用，有数学各学科的公式、数表及英中名词对照索引。

（3）《简明数学词典》。沈以淡主编，北京理工大学出版社 2003 年出版。该词典不仅是一本可供查阅的工具书，而且读者亦可按需要选择有关的词条，把它作为一本科普读物来阅读。该词典的词条按汉语拼音排序，每个词条均有英文译名。该词典的附录有常用数学符号、公式和等式的（英语）读法及英语缩写词，可供读者参考。

（4）数学百科全书。《数学百科全书》编译委员会编译，科学出版社 1994～2000 年出版，共 5 卷。该百科全书先由苏联大百科全书出版社出版，后由荷兰莱德尔出版公司出英文版，中文版由英文版翻译而来，正文条目排列仍按英文词条顺序排列。该书条目由三类组成：一类是综述性的长条目，叙述数学各个主要研究方向的研究现状；二类是中等篇幅的条目，专门介绍具体的数学问题和方法；三类是简短的条目，可供查阅名词术语定义。第五卷末附有三种索引：中文索引、英文索引、俄文索引，供读者查阅正文条目中的详细内容。

7.1.2　主要信息检索平台

1. MathSciNet 数据库（http：//www.ams.org/mr-database）

MathSciNet 由美国数学会（Amarican Mathematical Socicty，AMS）创建，是著名的《数学评论》（*Mathematical Reviews*，MR）和《近期数学出版物》（*Current Mathematical Publications*，CMP）的网络版，提供 200 多万条数学研究文献的书目数据及评论，每年增加书目数据 8 万条、评论 6 万个。MathSciNet 收录的文献涉及数学及数学在统计学、工程学、物理学、经济学、生物学、运筹学、计算机科学中的应用等，数据来源于期刊、图书、会议录、文集和预印本等。MathSciNet 的主要特点有：①数据来源广泛，收录了自 1940 年以来 180 多万条有关数学学科领域的摘要，并以每年 7.4 万条的速度增长；②检索方式多样化，MathSciNet 提供简单检索（search）、高级检索（advanced）和索引式检索（index）等多种检索方式，这为提高检索效率提供了可能；③搜寻功能强，MathSciNet 在不同的检索方式下设立了不同的检索选项，可以通过选择（原始）刊名、ISSN、作者、摘要、文章名、语言、出版年、地址/机构等关键词进行检索；④通过 MathSciNet 的检索结果，可以链接到已订购的全文数据库，实现在线浏览、下载全文；⑤提供服务导航，在 MathSciNet 界面中，有两种服务导航，一是在 Database Guide 下提供 MathSciNet 数据库的检索功能帮助，二是在 Help 中则侧重介绍银盘信息检索系统的功能，指导用户使用该信息检索系统。

在 MathSciNet 中，提供了快捷检索（quickstarts）、简单检索、高级检索、作者检索、期刊检索、按美国数学评论分类号检索等多种检索途径；在文献浏览方面：主页左下"浏览数学科学网"提供最新杂志、最新图书、按数学主题分类三种浏览方式。

2. 中国数学会（http：//www. cms. org. cn）

设有新闻动态、学会简介、学会章程、组织机构、学会档案、学术期刊、学会三个奖项、会议纪要、年度活动、专业分会等栏目，介绍中国数学会和数学研究的有关信息。

3. 中国科学院数学与系统科学研究院（http：//www. amss. ac. cn）

介绍该院的活动和学者的学术信息以及国内外的数学研究情况。

4. 欧洲数学会（http：//www. emis. de）

该网站有两个重要数据库：德国数学文摘数据库 Zentralblatt MATH，统计理论与方法文摘数据库 STMA-Z。

5. 美国数学会（http：//www. ams. org/）

该网站可检索到《数学评论》数据库、数学研究信息、美国数学会主办的各种刊物及出版数学丛书。

7.2 物理与电子专业信息检索

物理学是一门基础自然科学学科，它研究物质运动普遍规律和物质基本结构，其知识和方法已成为自然科学和工程技术的基础。随着物理学在各方面的广泛应用，形成了许多学科分支和边缘学科，与天文学、地球科学、化学、生物学、信息科学等多个学科交叉，其文献资源丰富，检索工具多样。第 1～5 章介绍的搜索引擎和检索平台，其中多数物理与电子专业都可利用。本节只介绍物理与电子专业主要的参考工具书、数据库和网站。

7.2.1 主要参考工具书

1. 词典

1）物理学综合性词典

（1）《大学物理学词典》。鲁永令等编，化学工业出版社 1993 年出版，收集了有关力学、热学、电磁学、光学及原子物理学等方面有关术语 1000 多条。术语中包括定律、定理、定则、各种物理概念、理论及结果、著名实验、仪器原理、典型的应用举例及有关单位制等。

（2）《物理学词典》。徐龙道等主编，科学出版社 2004 年出版。该词典内容涵盖物理学专业本科的基础课程、专业课程，并适当延伸至有关的研究生课程，还涉及当前科学研究中的主要热点新词新语，共收词条 5000 多条，并提供简明扼要的定义或概念解释。书后附有物理学常用资料及中英文词目索引。

（3）《不列颠图解物理学词典》。（英）柯伊安·斯托克利等著，秦伟平等译，吉林教育出版社 2002 年出版。该书把物理学研究的内容划分为力学与普通物理、热学、波动学、电磁学、原子物理与核物理、物理学常用参考资料六个部分进行讲述，图文并茂，结合丰富的彩图介绍物理学基本知识，使读者对概念定义的理解犹如亲手做实验一样，清晰透彻，印象深刻。

（4）《物理学词典》。科学出版社名词室合编，科学出版社 1988 年出版，分 13 个分册出版，它们分别为理论物理学、电磁学、力学、光学、声学、分子与原子物理学、原子核物理学、粒子物理学、宇宙线物理学、等离子体物理学、低温物理学、固体物理学、高压物理学。各分册选收相应学科的主要名词，与该学科有关的其他学科的名词可参阅有关分册。

2）物理学专科词典

（1）《光学词典》。程希望等编，科学出版社 2009 年出版。该词典对经典光学和非经典光学、光与物质和物质各种运动形态及其他质能形式相互作用的基本概念、基本原理、基本技术、基本技能的有关条目进行了概略解释，总计可检索条目约 6000 多条。

（2）《力学词典》。中国大百科全书出版社 1990 年出版。该词典约收 3000 个词目，既包括基础理论，也包括工程技术领域中常见的经典和现代力学词汇。词典正文按汉语拼音排列，正文前有分类词目表，附录有词目英汉对照索引，词目汉英对照索引，词目汉字笔画索引（附繁简字对照表），外国人名译名对照表。

（3）《世界物理学家词典》。（苏）Ю. A. 赫拉莫夫著，梁宝洪编译，湖南教育出版社 1988 年出版。内容分为两部分：传记词典和物理学年表。传记词典部分收录中外著名物理学家 1222 人，按汉译人名的汉语拼音字母顺序排列。物理学年表记载了物理学大事 2000 项，按历史年代的顺序概述了物理学的发展，物理学的重大发现、发明和成就。

3）物理技术词典

（1）《麦格劳-希尔电子学词典》（*McGraw—Hill Electronics Dictionary*）。（美）尼尔·斯克莱特、约翰、马库斯编，张伦等译，科学出版社 2004 年出版。该书以通俗易懂的形式汇集了电子学领域各个专业的名词术语，并附有精要定义和大量图表，总共收录 14000 多个词条和 1200 多幅插图。可供电子学相关专业工作者、翻译人员及大专院校师生使用。

（2）《图解电子学辞典》（*The Illustrated Dictionary of Electronics*）。（美）吉布里斯科（Giblisco）主编，张宝玲等译，科学出版社 2004 年出版。该书涉及内容广泛，涵盖电子学领域各分支学科的基础术语以及应用技术中大量的专业词汇。该辞典在美国是相应领域的一本权威、经典的工具书，该书以原文第 8 版为蓝本，翻译修订时又增加了无线通信、机器人、人工智能、数字电视、视频和音频技术、光纤、个人计算机等新兴技术的词条与定义，总计 28000 多个词条。书中附带插图，可使读者更直观、更明确地理解名词术语定义的含义。该书配一张内容包括能检索的 PDF 文件的光盘，供读者双语学习，深入理解电子学概念与词意。

2. 手册

1）物理学综合性手册

（1）《实用大学物理手册》。周一平等编著，湖南科学技术出版社 2005 年出版。该手册以大学物理学的基本理论为主，分为力学、热学、电磁学、光学、近代物理五篇。每篇分为两部分：第一部分列出所有该篇相关公式；第二部分对于基本概念、基本原理、基本定律、基本公式作了较详细的介绍和解释，并介绍了一些现代物理学的知识。书末附录有物理量和单位、物理常数、常用物理量数据表、物理学大事年表、1901～2004 年诺贝尔物理学奖获得者名册、物理学词汇汉英对照表。

（2）《大学物理手册》。胡盘新主编，上海交通大学出版社 1999 年出版。该手册分为七篇 23 章，介绍基本概念、基本规律以及常用物理量的符号和单位制，还联系实际介绍了其在工程技术上的实际运用。在附录中，还列举了 100 多张常用数据表，便于读者查阅。

2）物理学专科手册

（1）《光学手册》。李景镇主编，陕西科学技术出版社 2010 年出版。全书分上、下两卷，共 38 章，49 门光学分科，7200 多个公式，3200 多幅插图，800 多个表格和 3300 条参考文献。提供几乎所有光学分科的基本概念、基本原理、基本公式、基本数据和基本方法，做到一本手册具有几十本书的功能，是一部有实用价值的工具书。

（2）《声学手册（修订版）》。马大猷、沈㠉著，科学出版社 2004 年出版（第二版），该书简明扼要地介绍声学工作者常用的基本原理、公式、数据、图表等，附录包括 18 个表，介绍一般常用的数据。

3）物理技术手册

（1）《维修电工技能手册》。白公编著，机械工业出版社 2010 年出版（第二版）。该书根据国家维修电工技术等级标准，详细介绍维修电工应备的技术技能及学习掌握技术技能的方法技巧，同时讲述电工必备的安全技术。

（2）《家用电器维修工简明实用手册》。程美玲主编，江苏科学技术出版社 2009 年出版。该书是技工实用手册丛书的一本，内容包括家电维修基础知识、彩色电视机的维修、家用洗衣机的维修、家用电冰箱的维修、家用空调的维修及小家电的维修，知识覆盖面广，通俗易懂，便于操作。

（3）《光信息通信技术实用手册》。（日）光信息通信技术实用手册编辑委员会编，金轸裕译，科学出版社 2005 年出版。该手册简洁阐述了有关光信息通信技术的基础理论、基本器件、基本系统，对最新成果作了完整的归纳和总结。

3. 百科全书

（1）《物理百科全书》。（美）帕克主编，科学出版社 1996 年出版，《物理百科全书》翻译组译。该书是美国麦格劳-希尔图书公司出版的 *ENCYCLOPEDIA of PHYSICS*（1983 年，第 5 版）的中译本，全书约 760 个词条，汇集了近代物理学基础知识及技术应用的主要内容和成就。每个条目都由有关学科国际一流的科学家撰写。

（2）《科学技术百科全书》。该书是美国麦格劳-希尔图书公司出版的《科学技术百科全书》（1977 年，第四版）的中译本，原书由美国、英国、日本、瑞典和澳大利亚等国的科学界、教育界知名人士和专家参与组织编撰。中译本由科学出版社出版，共 30 卷，其中第一卷为数学，第二卷为力学，第三卷为理论物理学、核物理学、核工程学，第四卷为光学、声学原子物理学、分子物理学，第五卷为电学与电磁学、固体物理学、热学、热力学，第六卷为天文学，第九卷为物理化学、分析化学，第二十三卷为电子工程学，第二十五卷为电工学。每卷正文按条目名称的汉语拼音排列，书末有条目中文笔画索引。

综合性的百科全书也可查检物理学词条，如《中国大百科全书》中的《力学卷》《物理学卷》《天文学卷》《电子学与计算机》卷、《中国中学教学百科全书：物理》《中学百科全书：物理》。

7.2.2　主要信息检索平台

1. INSPEC 数据库（www.webofknowledge.com）

英国 INSPEC 数据库，全名为《物理学、电技术、计算机及控制信息数据库》（Information Service for the Physics, Electro-technology, Computer and Control, INSPEC），是理工学科最重要、使用最为频繁的数据库之一。其对应的印刷版检索刊为《科学文摘》（*Science Abstract*，SA，创刊于 1898 年），由英国电器工程师学会（IEE）出版。专业面覆盖物理学、计算机科学、电子与电气工程、信息技术、控制工程以及生物医学工程、材料科学、生物物理学、海洋学、纳米生物技术、核工程、地球物理学、动力与能源、雷达等学科领域。数据来源于全球 80 个国家出版的 4000 多种科技期刊的摘要与索引，2000 多个会议录，同时还有图书、研究报告和学位论文的相关信息，覆盖的文献年限自 1898 年至今。每周更新。可以通过 Engineering Village 2（EV2）平台和 ISI Web of Knowledge^{SM}平台检索。

基于 ISI Web of Knowledge^{SM}平台提供跨库检索、快速检索、一般检索、高级检索和个性化服务。通过个性化服务可以实现定题跟踪服务，引文跟踪服务。包含的检索字段有题录检索字段（bibliographic fields）、作者（author）/编者（editor）（AU）、来源文献（source publication）（SO）、地址（address）（AD）、会议信息（meeting information）（MI）、识别码（identifying codes）（IC）、主题检索字段（subject fields）、标题（title）（TI）、文摘（abstract）、控制词索引（controlled Index）（CI）、非控制词索引（uncontrolled index）（UI）、特殊索引（special indexes）、分类（classification）（CL）、处理代码（treatment codes）（TR）、化学物质索引（chemical index）（CR）、天体索引（astronomical object）（AO）、数值数据索引（numberical index）。其提供的控制词表、叙词和主题分类，可以帮助识别某个概念和想法，查到通过自由词检索无法获得的相关文献，获取高度相关及全面的检索结果，按照需求缩小或者扩大检索范围，提高准确性。另外，数据库还提供了对检索结果的分析功能，可以从作者、分类、控制词、国家/区域、文献类型、刊名、语种、处理代码等多个字段进行分析。

2. IEL（IEEE/IET）（电气和电子工程师协会/英国工程技术学会）（http://ieeexplore. ieee. org/Xplore/home. jsp）

IEEE/IET Electronic Library（IEL）数据库提供电气和电子工程师协会（IEEE）和英国工程技术学会出版的 450 种期刊、17136 种会议录、4945 种标准、659 种电子图书的全文，并可看到出版物信息。总共提供超过 160 万份期刊与会议录文献全文，数据最早回溯到 1913 年，一般提供 1988 年以后的全文，部分期刊还可以看到预印本（forthcoming articles）全文。除 IEEE 和 IET 出版物外，该库还可查到 IEEE-Wiley 电子书、MIT 电子书、AIP/AVS、IBM 期刊的文摘索引信息以及部分德国 VDE 英文会议全文等。其内容覆盖了电气电子、航空航天、计算机、通信工程、生物医学工程、机器人自动化、半导体、纳米技术、电力等各种技术领域。IEEE 会议录是学术界和相关行业公认的世界上电气、电子工程、计算机及其相关领域最重要的文献资源，而且这些会议录全部被 EI 收录。IEEE 会议录的内容广泛，收录的论文主题涉及技术学科各个领域，大部分会经过同行评审。

3. Landolt-Börnstein（LB）网络版工具书（http：//www. springermaterials. com/docs/index. html）

Landolt -Börnstein Numerical Data and Functional Relationships in Science and Technology（Landolt -Börnstein 科学与技术数值数据和函数关系，简称 LB），由德国施普林格出版社（Springer）于 1883 年开始出版。这是一套系列出版的，以化学、物理及相关技术数据为主的大型工具书。全世界千余名知名专家和学者常年为这套工具书提供系统而全面的原始研究资料。自 2002 年，LB 工具书通过 SpringerLink 开通网络版服务。目前可通过清华镜像站和德国站点两个站点访问。LB 工具书涉及的学科包括物理学、物理化学、地球物理学、天文学、材料技术与工程、生物物理学等，内容涉及相关科学与技术的数值数据和函数关系、常用单位以及基本常数等。

4. AIP（美国物理联合会）Scitation 平台（http：//scitation. aip. org/）

Scitation 平台是美国物理联合会（American Institute of Physics，AIP）开发的新平台（原 OJPS 平台），平台中包含 27 个科技出版社的 110 多种科技期刊，内容有学术期刊、在线会议录以及 SPIN 书目资料库，学科涉及一般物理学、应用物理学、化学物理学、地球物理学、医疗物理学、核物理学天文学、电子学、工程学、设备科学、材料科学、数学、光学、真空科学、声学等。通过 Scitation 平台能检索美国声学学会、美国物理教师学会、美国医学物理学家学会、美国真空学会、美国流变学学会等 20 多家声誉卓著的学协会和技术出版社的出版物，对全世界的图书馆及机构而言，AIP 及其成员学会的期刊已成为物理学相关文献的核心。该平台提供免费目录检索和文摘，部分免费全文。

5. APS（美国物理学会）（http：//www. aps. org/）

美国物理学会（The American Physical Society，APS）成立于 1899 年，是世界上最具声望的物理学专业学会之一。该网站主要包含物理期刊、物理资源、物理会议、物理日历、物理教育。其主办的各种物理期刊内容相当丰富，而且可免费看到全文。APS 出版的物理评论系列期刊包括 *Physical Review*、*Physical Review Letters*、*Reviews of Modern Physics*，分别是各专业领域最受尊重、被引用次数最多的科技期刊之一，在全球物理学界及相关学科领域的研究者中具有极高的声望。物理会议和物理日历把近几年的物理会议主题和物理活动主题的承办单位和具体情况列出，方便查找。

6. IOP（英国物理学会）（http：//iopscience. iop. org）

英国物理学会（Institute of Physics，IOP）成立于 1873 年，现今会员遍布

世界各地，是全球最大的物理及相关学科的信息传播机构之一。IOP 出版世界知名的学协会的期刊，如英国物理学会、中国物理学会、欧洲物理学会、德国物理学会、欧洲光学学会、国际计量局等。出版物包括 *Journal of Physics* A～E 在内的 35 种物理学领域的核心刊物、几百种书籍和各种参考文献，是物理学及相关学科学者和研究人员普遍使用的期刊，学术价值很高。

目前，NSTL 购买了 IOP 网络版期刊 1874～2002 年回溯文档数据库以及英国物理学会出版社与欧洲物理学会、俄罗斯科学院等机构合作出版的 14 种网络版学术期刊 2011 年 8 月 1 日～2014 年 12 月 31 日的使用权，大陆地区所有非商业机构用户可申请免费开通。回溯文档数据库包括 66 种期刊，学科包括应用物理、计算机科学、凝聚态和材料科学、物理总论、高能和核能物理、数学和应用数学、数学物理、测量科学和传感器、医学和生物学、光学、原子和分子物理、物理教育学、等离子物理等。14 种现刊包括《欧洲物理快报》《数学通报》《物理科学进展》《量子电子学》《俄罗斯化学评论》《俄罗斯数学述评》《数学汇编》《宇宙论与天体粒子物理学学报》《统计力学学报：理论和实验》《仪表学报》《物理学手稿》《流体动力学研究》《呼吸研究学报》《生物制造》。

7. AGU（美国地球物理学会）（http：//www. agu. org/）

美国地球物理学会（American Geophysical Union，AGU）是一个非盈利的国际科学组织。AGU 数据库内容涉及大气科学、海洋学、空间科学、地球科学、行星研究等领域，可访问 19 种在版全文期刊、会员通信 AGU EOS、AGU 数字文献库。在版期刊包括著名的《地球物理学研究杂志，JGR》系列。这些出版物声誉卓著，在领域内有很高的影响力。在地球科学中，影响因子排名前 10 位的刊中 AGU 的期刊占两席。

8. SPIE（国际光学工程学会）（http：//spiedigitallibrary. org/）

国际光学工程学会（International Society for Optical Engineering，SPIE）成立于 1955 年，是致力于光学、光子学、光电子学和成像领域的研究、工程和应用的著名专业学会。SPIE 是世界上最大的光学和光子学文献资料数据库，它综合了 SPIE 的会议录、期刊和电子书出版物。其中，会议录具有信息量大、报道速度快、涉及交叉学科领域广泛等特点，已成为光学及其应用领域科技人员极为重视和欢迎的情报源，是国际著名的会议文献出版物。

9. Annual Reviews（http：//www. annualreviews. org/）

Annual Reviews 出版社成立于 1932 年，是一家致力于向全球科学家提供高度概括、实用信息的非营利性组织，专注于出版综述期刊，回顾本学科最前沿的进展，为科学研究提供方向性指导。Annual Reviews 始终坚持严格的编撰标准，不接受普通投稿，编委会成员均为该学科领域最权威的科学家，其专业性和权威性使 Annual Reviews 文章的半衰期显著长于一次文献。Annual Reviews 出版多个学科领域的权威综述期刊，其中物理学有 16 种。

10. OSA （美国光学学会）（http：//www. osa. org/）

美国光学学会（The Optical Society of America，OSA），成立于 1916 年，宗旨是促进光学和光子学知识的发展、应用和保存，并将这些知识传播到全世界。OSA 电子期刊包含 13 种同行评审期刊、每月出版的新闻杂志（*Optics & Photonics News*）等，通过 OSA 开发的 OpticsInfoBase 平台访问。

11. The SAO/NASA Astrophysics Data System （http：//adswww. harvard. edu/）

这是一个开放获取 OA 资源，是天文和物理学方面的一个数字图书馆入口，由 NASA 下的 Smithsonian 天文台设立，主要包括三个数据库，数据部分来源自 arXiv eprints。其中，ADS Artical Service 可以免费获取全文数据。

12. E-Print ArXiv （http：//arxiv. org/）

E-Print ArXiv 是由美国国家科学基金会和美国能源部资助建立的免费电子预印本文献库，旨在促进科学研究成果的交流与共享。研究者按照一定的格式将论文进行排版后，通过网络、E-mail 等方式，按学科类别上传至相应的库中，不经过任何审核，文责自负。目前包含物理学、数学、非线性科学、计算机科学四个学科共计 78 万篇预印本文献。

13. 科学网 （http：//www. sciencenet. cn）

科学网由中国科学院、中国工程院、国家自然基金委、中国科学技术协会主管、中国科学报社主办的全球最大的中文科学社区。科学网提供新闻、博客、群组、人才、会议、论文、基金、科普、小白鼠方面的信息。通过该网站可以了解最新的科学进展、时事咨询，阅读科普知识，了解全国将要举办的学术会议信息。通过小白鼠可购买各种实验器材。

14. 中国科学院研究所中与物理专业相关的网站

（1）中国科学院物理研究所（http：//www. iphy. ac. cn/）；

（2）中国科学院理论物理研究所（http：//www. itp. ac. cn/）；

（3）中国科学院力学研究所（http：//www.imech.ac.cn/）；

（4）中国科学院高能物理研究所（http：//www.ihep.ac.cn/）；

（5）中国科学院光电所（http：//www.ioe.ac.cn/）；

（6）中国科学院声学所（http：//www.ioa.ac.cn/）；

（7）中国科学院大气物理研究所（http：//www.iap.ac.cn/）；

（8）中国科学院等离子体物理研究所（http：//www.ipp.ac.cn/）；

（9）中国科学院长春光学精密机械与物理研究所（http：//www.ciomp.ac.cn/）；

（10）中国科学院上海技术物理研究所（http：//www.sitp.ac.cn/）等。

以上这 10 个网站都是提供该所科研立项与研究进展情况、与国内外的学术交流、研究生教育、学术讲座等信息。

15. 中学生科技网（http：//www.zxskj.com/）

专为学生群体打造的关于科技小制作、小发明、小实验、小论文科学知识学习和作品展示平台，让中学生制作发明的同时学习到更丰富的实践知识。学生还可以在这里阅读科普动画和大百科知识。

16. 爱课程网（http：//www.icourses.cn/home/）

爱课程网是教育部、财政部"十二五"期间启动实施的"高等学校本科教学质量与教学改革工程"支持建设的高等教育课程资源共享平台。该网站集中展示"中国大学视频公开课"和"中国大学资源共享课"，并对课程资源进行运行、更新、维护和管理。

17. 物理学科网（http：//wl.zxxk.com/）

这是一个关于物理初中、高中的各种版本的课件、教案、各种试题试卷、导学案、素材、资讯等备课资源的网站。该网站的资源非常丰富，所有的内容都可以免费在线预览，有的可以免费下载，有的需要高级点。高级点可以通过上传资料、参与活动等免费获取，也可以通过充值获取。

7.3　化学专业信息检索

化学专业信息是人们从事化学化工生产、科学实验及社会实践的记录，化学专业信息中积累着大量的事实、数据、理论、定义、方法、科学构思和假设，是无数科技工作者的劳动结晶。化学专业信息具有数量多、类型复杂的特点，不仅包括传统的化学文献信息，还包括化学及其相关领域的商务信息、远程教学信息、远程会议信息以及在线交流信息等。因此，要充分地挖掘和利用化学专业信息资源，有必要了解化学专业信息资源的类型和检索化学专业信息资源的重要工具。

7.3.1　主要参考工具书

1. 字典、词典（辞典）

（1）《化学辞典》。由周公度主编，化学工业出版社 2004 年出版，2011 年出版第二版。该辞典收集有关化学方面的词目 8000 条，概念性条目着重于解释其意义，物质性条目介绍中文名、英文名、化学式或结构式、性质、制法和应用等内容。

（2）《化学化工大辞典》（上、下）。由《化学化工大辞典》编委会主编，化学工业出版社 2003 年出版。《化学化工大辞典》是"十五"国家重点图书，是一部大型、综合性专业辞书，共收录 50000 多词条，覆盖专业近 30 个。主要收录化学和化工基本知识、原理和技术方面的词目，包括定义、概念、现象、术语、物质、方法、过程、机械设备、仪表和自动化等方面。

（3）《海氏有机化合物辞典》（*Heilbron's Dictionary of Organic Compounds*）。该辞典于 1934～1937 年出版了第一版，由 I. Heilbron 主编。提供了有机化合物的化学结构、物理、化学性质以及有关的参考文献和美国化学文摘社登记号。该书第三版有中译本，书名为《汉译海氏有机化合物辞典》，共四卷，1966 年由科学出版社出版。

此外，还有《化学词典》（常文保主编，科学出版社 2008 年出版）、《精细化工辞典》（王大全主编，化学工业出版社 2003 年出版）、《化工辞典》（王箴主编，化学工业出版社，1969 年第一版，2000 年第四版）、《化工字典》（http://china. chemnet. com/）等可供查阅。

2. 手册

（1）《CRC 化学和物理手册》（*CRC Handbook of Chemistry and Physics*）。《CRC 化学和物理手册》由 David R. Lide 主编，美国化学橡胶公司（Chemical Rubber Corporation）出版。它初版于 1913 年，每年累积增新并再版一次。《CRC 化学和物理手册》是一部关于化学、物理及其相近学科数据资料完整和详细的手册，其内容分为 16 个部分：基本常数、单位和转换因子；名称、符号和术语；有机化合物的物理常数；元素和无机化合物的特性；热力学、电化学和动力学；液体特性；生物化学和营养物；分析化学；分子结构和光谱学；原子、分子和光学物理；核物理和粒子物理；固体特性；聚合物特性；地球物理学、天文学和声学；实际的实验数据；健康和安全信息。

可通过 http：//www.hbcpnetbase.com/ 查阅《CRC 化学和物理手册》网络版。

（2）《Beilstein 有机化学手册》(*Beilstein's Handbuch der Organischen Chemie*)。《Beilstein 有机化学手册》是世界上最完整的一部有机化合物数据事实和文献的大全，是目前关于有机化合物资料最完备、最权威的一套大型参考工具书。它以内容丰富、取材精确可靠、编排科学、条目清晰而著称，具有很高的参考价值。

该手册的编纂工作最早是由在德国做研究工作的俄籍化学家 F. K. Beilstein 开创的。第一版（共两卷）于 1881~1882 年问世。该手册共收录 80000 种有机化合物的数据资料，主要介绍这些化合物的组成和结构、来源、形成和提取方法、制备、分子结构和物理性质、化学性质和各种反应的数据、用途及其衍生物等内容。该手册将有机化合物分为四大部系：Ⅰ部为无环化合物（1~4 卷）；Ⅱ部为碳环化合物（5~16 卷）；Ⅲ部为杂环化合物（17~29 卷，其中，28 卷是主题索引，29 卷是分子式索引）；Ⅳ部为天然有机化合物（30~31 卷）。

可通过联机检索系统 STN 和 Dialog 检索 Beilstein Online，也可利用 Reaxys 数据库（http：//www.Reaxys.com）检索网络版《Beilstein 有机化学手册》（7.3.2 节）。

（3）《Gmelin 无机化学手册》(*Gmelin's Handbuch der Anorganischen chemie*)。《Gmelin 无机化学手册》是目前世界上最完整、最系统、最具权威性的德文版无机化学大型参考工具书。该手册由 L. Gmelin 主编，初版于 1817~1819 年。

该手册编排方法较特殊，它把元素周期表中的元素排列成 71 个系统号（system number），除三种同族元素［稀有气体（1）、稀土元素（39）、铀后元素（71）］每个族给一个系统号外，其他的每个元素和氨都分别给一个系统号。但系统号的确定不是按元素名称顺序，也不是按元素周期表的顺序，而是根据阴离子型元素系统号较小，阳离子型元素系统号较大的原则确定的。对于"化合物"则以"最后位置优先的原则"确定其系统号。例如，Na_2SO_4，其中，O、S、Na 的系统号分别为 3、9、21，以 Na 的系统号为最高，则 Na_2SO_4 被编入 Na 的编内。

该手册对每种元素和化合物的发展历史、存在、物理和化学性质、实验室制备、工业制造、用途、化学分析、生产统计和毒性等都作了详尽的叙述，并配有大量的数据、图表和参考资料。

可通过 Reaxys 数据库（http：//www.Reaxys.com）检索网络版《Gmelin 无机化学手册》（7.3.2 节）。

（4）《兰氏化学手册》（*Lange's Handbook of Chemistry*)。该手册由 J. A. Dean

（迪安）主编，科学出版社 1991 年出版第 1 版（原书第 13 版，尚久方等译），科学出版社 2003 年出版了第 2 版（原书第 15 版，魏俊发等译）。该手册原书第 1 版于 1935 年问世，第 1～10 版由 N. A. Lange（兰格）主持编纂，原名《化学手册》，第 11～13 版由 Dean（迪安）任主编。内容包括数学、综合数据和换算表、原子和分子结构、无机化学、分析化学、电化学、有机化学、光谱化学以及热力学性质、物理性质、杂录等共 11 章。

（5）《佩里化学工程师手册》（*Perry's Chemical Engineers' Handbook*）。该手册由 Robert H. Perry、Don W. Green 编著，科学出版社 2001 年出版了《佩里化学工程师手册》第七版的影印本。《佩里化学工程师手册》（第七版）提供了从基础知识到计算机应用与控制的化学工程各方面的详细内容。

除以上介绍的手册外，还有《现代化学试剂手册》（段长强等编，化学工业出版社 1992 年出版）、《试剂手册》（第三版）（中国医药集团上海化学试剂公司编著，上海科学技术出版社 2002 年出版）、《分析化学手册》（第二版）（杭州大学化学系分析化学教研室编，化学工业出版社 2003 年出版）、《实用精细有机合成手册》（段行信编著，化学工业出版社 2000 年出版）、《环境化学毒物防治手册》（江泉观等主编，化学工业出版社 2004 年出版）等可供查阅。

3. 年鉴

（1）《中国化学工业年鉴》。由中国石油和化学工业协会主办，中国化工信息中心编辑出版，是唯一逐年辑录中国石油和化学工业发展及介绍世界化学工业现状的重要资料性工具书。1984 年创刊，原名《世界化学工业年鉴》，从 1993～1994 年卷开始更名为《中国化学工业年鉴》。主要内容包括中国石油和化学工业发展概述、天然气、石油化工、基本有机化工原料、基本无机化工原料、精细化工、化肥、农药等 80 多种主要石油和化工行业的产品产量、经济指标、市场行情、进出口贸易、主要生产企业及行业预测、化工进出口贸易分析、化工科研、化工资本市场、省市化工发展概况、化工企业介绍、国外化工概况、国内外石油和化学工业统计等。

（2）《中国基础教育学科年鉴·化学卷》。《中国基础教育学科年鉴》由刘军等编著，自 2009 年开始每年编写一卷，北京师范大学出版社从 2011 年开始出版。《中国基础教育学科年鉴》包含基础教育语文、数学、英语、政治、历史、地理、物理、化学、生物、音乐、美术、体育、信息技术、学前教育等 14 个分卷。其中，《中国基础教育学科年鉴·化学卷》旨在对一年中基础教育阶段化学教育的理论与实践作全局性的回顾和总结。

4. 百科全书

(1)《中国大百科全书·化学卷》。由中国大百科全书出版社编辑，中国大百科全书出版社 1989 年出版。该卷包括化学史、无机化学、有机化学、物理化学、分析化学、高分子化学、核化学、放射化学、计算化学以及著名化学家、化学文献、化学机构、中国化学教育等内容。

(2)《中国大百科全书·化工卷》。由中国大百科全书出版社编辑，中国大百科全书出版社 1987 年出版。该卷从化学工程、无机化工、燃料化工、基本有机化工、高分子化工、精细化工等方面，全面系统地概述了化学工业、化学工程和化学工艺的知识，并侧重介绍了化工过程的原理、化工产品的工艺、技术和用途，以及化工发展史。

《中国大百科全书（第二版）》于 2009 年 4 月正式出版，全书总卷数为 32 卷。《中国大百科全书》还出版了光盘版和网络版。其中有众多的化学、化工的条目。

(3)《科学技术百科全书》。该书是美国麦格劳-希尔图书公司出版的《麦格劳-希尔科学技术百科全书》(*The McGraw-Hill Encyclopedia of Science and Technology*) 1974 年第四版的中译本，是科学技术方面最有声誉的百科全书，它的内容几乎囊括了所有科技领域的主要论题，全书共 30 卷（第 4 版），按学科（专业）出版。其中，第七卷为无机化学；第八卷为有机化学；第九卷为物理化学、分析化学；第二十八卷为石油工程学、石油化学、化学工程学、食品工程学、轻工学。该书第七版由 Parker 编辑，麦格劳-希尔图书公司 1992 年出版。

(4)《化工百科全书》。《化工百科全书》编委会编，化学工业出版社 1990～1998 年出版。该书是一部全面介绍化学工艺各分支的主要理论知识和实践成果，并反映化学工业及其相关工业的技术现状与发展趋势的大型专业性百科全书。全书按条目标题汉语拼音顺序编排，主词条 800 多条，分 20 卷出版，并附索引 2 卷，约 4000 万字。全书涉及的专业和学科包括无机化工、有机化工、精细化工、高分子化工、日用化工、造纸和制革、油脂和食品、医药、石油、半导体和电子材料等。

(5)《中国中学教学百科全书·化学卷》。《中国中学教学百科全书》由许嘉璐等主编，化学卷由吴永仁等编，沈阳出版社 1990 年出版，该卷全面汇集了与中学化学教学有关的基础理论、元素、化合物、化学反应、化学实验、化学计算、化学课外活动、化学工业、化肥与农药等知识。全卷共收条目 1500 多条。

7.3.2 主要信息检索平台

1. 化学专业搜索引擎和门户网站

（1）ChemWeb.com（http：//www.chemweb.com）。ChemWeb.com 于 1997 年建立，整合了化学研究、化学工业及其相关领域的资源，是非常著名的网络化学信息索引。ChemWeb.com 的导航部分分成主题、学术期刊、免费杂志、数据库、软件工具、新闻、会议消息及职业介绍等。其主题部分的内容按照分析化学、生物化学、催化剂、电化学、燃料、天机化学、材料化学、有机化学、药学、物理化学和聚合物等分类。

（2）Chemdex（http：//www.chemdex.org/）。Chemdex（英国谢菲尔德大学化学导航系统，The Sheffield Chemdex），是英国谢菲尔德大学的 Winter 于 1993 年建立并一直维护的 Internet 化学资源导航系统，其特点是链接了较多的与化学有关的院校、研究机构、学术组织等。Chemdex 链接了来自国际组织、欧洲、北美、非洲、亚洲、南美的有关大学化学系、学习资源、元素和化合物、官方站点、社团、化学家等资源网站。链接的化学资源内容包括分析化学、生物化学、无机化学、有机化学、理论化学、化学教育、化合物和分子、元素、化学史等。

（3）ChemSpy.com（http：//www.chemspy.com/）。ChemSpy.com（化学数据库集成检索引擎）是重要的化学与化学工程有关网络信息的搜索工具，为用户提供化学结构和分子数据库、化学化工新闻、博客等内容，以及与化学和化学工程相关的术语、定义、同义词、缩写和缩略语等信息。

（4）ChemYQ（http：//www.chemyq.com/）。ChemYQ（化工引擎）创立于 2005 年，ChemYQ 的内容包括化工产品供求搜索、化工新闻、化工网站、化工词典、化工产品供求发布、化工专利、化工网页搜索等栏目。

（5）ACS（http：//www.acs.Org/）。ACS 是美国化学学会（American Chemical Society，ACS）建立的化学专业型资源站点。美国化学学会成立于 1876 年，现已成为世界上最大的科技学会。ACS 出版的期刊有 39 种，内容涵盖了有机化学、分析化学、应用化学、材料学、分子生物学、环境科学、药物化学、食品科学等 24 个主要化学研究领域，被 ISI 的 *Journal Citation Report*（JCR）评为"化学领域中被引用次数最多的期刊"。通过 ACS 网络期刊平台可检索 ACS 期刊从 1879 年创刊到最新一期的内容。所有期刊可免费浏览文章的文摘内容，阅读全文需付费。

（6）CCS（http：//www.ccs.ac.cn/）。CCS 是中国化学会的资源网站。中国化学会是从事化学或与化学相关专业的科技、教育工作者自愿组成并依法注册登记的学术性、公益性法人社会团体，是中国科学技术协会的组成部分。中国化学会于 1932 年在南京成立，是国际纯粹与应用化学联合会（IUPAC）、亚洲化学学会联合会（FACS）等五个国际组织的成员。有会员 5 万多人，团体会员 60 多个。

通过访问中国化学会主页，可以了解组织机构、学会动态、学术活动、国际交流、期刊图书、学会奖励、化学竞赛、科普工作等内容。

（7）ChIN（http：//www. chinweb. com. cn/index. shtml）。ChIN（化学学科信息门户）是中国科学院知识创新工程科技基础设施建设专项"国家科学数字图书馆项目"的子项目，是一个化学化工综合性资源的导航系统。ChIN 的主要栏目为动态及相关信息、日常工具、机构信息、信息源知识、资源搜寻工具等。ChIN 除了提供导航系统通用的浏览模式，还提供了快速检索和高级检索功能和基于数据库检索的最新内容查询功能，用户可随时了解 ChIN 中最新增加/更新的内容。

（8）Cheminfo（http：//www. cheminfo. gov. cn/）。Cheminfo（中国化工信息网）是中国化工信息中心（CNCIC）旗下网站之一。中国化工信息中心由 1958 年成立的化工部科技情报研究所和 1984 年成立的化工部经济信息中心合并而成。1997 年，中国化工信息网正式在互联网上提供服务，提供综合信息、产品信息、检索咨询、企业推广策划、企业竞争情报、网络营销推广等信息服务。

除此以外，还可利用 RSC（http：//www. rsc. org/）、Links for Chemists（http：//www. liv. ac. uk/Chemistry/Links/links. html）、ChemEurope. com（http：//www. chemeurope. com/en/）、中国化工网（http：//china. chemnet. com/）、ChemIndusty（http：//www. chemindustry. com/index. html）、ChemSpider（http：//www. chemspider. com/）、ChemOnline. net-化学在线（http：//www. Chem-Online. net）等检索信息。

2. 化学专业常用网络数据库

1）SciFinder Web（https：//scifinder. cas. org/）

（1）概述。SciFinder Web 是美国《化学文摘》的网络版，美国《化学文摘》（*Chemical Abstracts*，CA）由美国化学会化学文摘服务社（Chemical Abstracts Service of the American Chemical Society，CAS）编辑出版，创刊于 1907 年。1977 年 CAS 开始出版《化学文摘》光盘版，1995 年开始出版网络版 SciFinder，2008 年 CAS 推出了基于网络浏览器的 SciFinder Web。SciFinder Web 不仅提供丰富实用的信息资源，而且将 CAS 不同数据库的书目信息、化合物信息和反应信息之间进行了无缝链接，实现了对存储在多个数据库中的书目信息、化合物信息和化学反应信息的有效关联，在检索到化合物后，可以方便地利用

CHEMLIST 和 CHEMCAT 这两个数据库查看化合物的商品订购信息及重要化学品市场上化合物的管制信息，让检索者真正可以实现一站式检索。

SciFinder Web 整合了 Medline 医学数据库、欧洲和美国等 60 多家专利机构的全文专利资料以及化学文摘 1907 年至今的所有内容。它涵盖的学科包括应用化学、化学工程、普通化学、物理化学、生物学、生命科学、医学、聚合体学、材料学、地质学、食品科学和农学等诸多领域。

（2）数据库内容。

①CAplus（科学文献与专利），涵盖了从 1907 年至今的期刊、专利、技术报告、书籍、会议论文集和专题论文，其领域涉及化学、生物化学、化学工程及相关科学。此外，它还提供 1907 年之前的 100000 多条专利和期刊参考文献记录。CAplus 的信息来源于 1500 多种重要化学期刊，包括化学文摘（CA）中未包含文件类型的记录：传记项、书刊评论、社论、勘误表、致编辑的信、新闻发布、产品评论、会议摘要以及全球 63 家权威专利发行机构的专利及其专利族信息。目前收录超过 3600 万项化学及其相关学科的专利与期刊论文信息，每日更新。9 家主要专利发行机构发行专利后的 2 天内提供该专利参考资料。

②CAS REGISTRY（化学物质），收录 1957 年至今的化学物质及其序列的信息，文献中的物质可追溯到 19 世纪初期。CAS REGISTRY 不仅涵盖了化学期刊和专利中的物质信息，同时收录了来自化学目录、全球政府法规监管机构和重要网络资源的物质。目前已收录 6800 多万种有机和无机物质，6300 多万条序列，每天更新约 15000 条新物质记录。

③CASREACT（化学反应），收录 1840 年至今来自 CA 所选录的数百万篇已发表的期刊论文和专利文献的单步或多步反应信息。目前可检索超过 4400 万种单步和多步反应，1400 万物质合成制备信息，每周可增加超过 150000 种单步和多步化学反应。

④CHEMCATS（化学物质供应商），收录从 2010 年至今的化学物质目录和资料。信息来自 1050 多家商业化学物质供应商的 1180 多个化学物质目录。可查找商业可用化学物质、价格以及供应商联络信息。目前已收录超过 6900 万种商业可用化学物质，每周至少两次增加新信息或修订信息。

⑤CHMLIST（管制化学物质），收录 1979 年至今的管制化学品的信息，它是全球主要市场管制的数千种化学物质的电子信息数据库。可找出物质是否受到管制以及由哪个机构管制。目前已收录超过 295000 种物质，每周添加 50 多种新物质或现有物质的附加记录到数据库。

⑥MEDLINE（生物医学文献数据库），收录 1949 年至今来自 70 多个国家的 4800 多种生物医学期刊的文献。目前已收录超过 1800 万条参考书目记录，每周更新 5 次。

（3）注册和登录。

检索 SciFinder Web 数据库之前，必须先用用户所在单位域名后缀的邮箱（如@cwnu. edu. cn）通过 SciFinder Web 注册用的网址进行注册，注册后系统将自动发送一个链接到用户所填写的邮箱中，激活此链接即可完成注册。

注册时需要注意的是，用户名必须是唯一的，且包含 5～15 个字符。它可以只包含字母或字母组合、数字和/或特殊字符。特殊字符包括－（破折号）、＿（下划线）、．（句点）、@（表示"at"的符号）；密码必须包含 7～15 个字符，并且同时包含以下字符其中的三种——字母、混合的大小写字母、数字、非字母数字的字符（如 @、＃、％、＆、＊）；完成注册之后，进入 https：//scifinder. cas. org/，登录之后进行检索（进行结构检索、反应检索需下载 Java 插件）。

（4）检索模式。

在 SciFinder Web 数据库检索窗口最上方的主工具栏中列出了 Explore References、Explore Substances 和 Explore Reactions 三种检索模式，每一种检索模式下又列有不同的检索途径。

①Explore References 模式（文献检索模式）。检索数据库 CAplus 和 MEDLINE 中的期刊、专利、会议录、图书、技术报告、学位论文等多种出版类型的文献。系统提供了七种检索途径。a. Research Topic（主题检索）：可以使用介词作为关键词之间的连接，SciFinder Web 后台对检索词作了同义词、近义词扩展，可通过勾选系统提供的包含"as entered"或"Closely associated with one another"等候选项，单击"Get Reference"获取检索结果。b. Author Name（著者姓名检索）：用著者姓名检索时，若对所键入著者姓名的拼写没有把握，可以在执行检索之前勾选"Look for alternativespellings of the last name"来克服由于名字的变更或者排版问题而导致的差异。c. Company Name（机构名检索）：用机构名称检索时，系统会自动执行对所键入检索词的不同变格形式、单词缩写、首字母缩写以及同义词的检索。d. Document Identifier（文献标识符检索）：文献标识是指文献的唯一标识代码，如 CAS 入藏号、专利号、专利申请号、专利优先申请号、PubMed ID 等。e. Journal（期刊检索）：通过期刊名进行检索。f. Patent（专利检索）：通过专利号进行检索，还可通过专利权人名称、发明人姓名、年代等进行检索。g. Tags（文献标记检索）：在文献检索结果中单击标题，查看文章的具体内容，在文献记录的最后有 Tag 标签，单击"Editor Tags"并在文本框中输入关键词，选择"Save"即可对这篇文献进行标记。下次检索文献时，可以选择"Tags"，快速查看有标记的文献，不需要进行重复检索、筛选等过程。

②Explore Substances 模式（物质检索模式）。在数据库 CAS Registry 中检

索化合物及相关信息。系统提供五种检索途径。a. Chemical Structure（化学结构检索）：结构检索的一般过程为在结构式编辑器中键入结构式，选择检索类型，添加限定条件，执行检索。化学结构检索有三种类型：精确结构检索（exact search）、亚结构检索（substructure search）和相似结构检索（similarity search）。b. Markush（Markush 检索）：用于检索专利 Claim 中的 Markush 结构，能检索到通过结构检索查不到的专利，用于初步专利评估。c. Molecular Fomula（分子式检索）：在输入分子式进行检索时要遵守 Hill 排序规则。同一组分中的元素，必须有明确的分割符号，可以用数字和空格来分割。含 C 物质，CH 写前面，其他元素一般按照字母顺序表从 A 到 Z 进行排序，不含 C 的物质，所有元素按字母顺序表排列。对于多组分物质，用"."将不同的组分分开。聚合物的表示方法，用括号表示聚合物，括号外是 x 表示聚合物是通过括号内的单体聚合而生成；括号外是 n 表示括号内的分子式就是聚合物的重复单元的分子式；如果聚合物由多个单体聚合而成，括号内各个单体分开写；排布顺序为，C 数目多的写前面，如果 C 数目一样，就按照 H 数目的多少排列，H 数目再一样，就按照第三个元素数目多少排列，依次类推。区分英文大小写。d. Property（理化性质检索）：可以通过实验性质，预测性质检索物质。e. Substance Identifier（物质识别号检索）：可利用物质名称，CAS 登记号，化合物名称（包括系统命名、商品名、首字母缩写等）等进行物质检索。

③Explore Reactions 模式（反应检索模式）。在数据库 CASREACT 中检索化学反应及相关信息。系统仅提供了 Reaction Structure（化学结构）一种检索途径。用化学结构进行检索时，需用结构式编辑器绘制或调用已保存的化学结构式，指定各化学结构的角色（反应物、产物、试剂等），选择亚结构检索或仅在有变量标识的地方允许有取代。还可利用 Scifinder Web 推出的合成路线设计工具——SciPlanner，随时记录 Scifinder 检索过程中感兴趣的文献、物质、反应；辅助进行物质的逆合成分析，创建出能共享的反应路线报告。

（5）检索结果的后处理功能。

①检索结果的分析/限定。SciFinder Web 提供了对检索结果进行分析/限定（Analyze/Refine）的功能，可以帮助检索者对检索结果集合中的记录按某种特征进行分析与聚类。

文献检索结果的 Analyze/Refine（分析/限定）功能和 Categorize 系统分析功能。a. Analyze（分析）：可通过 Author Name（作者姓名）、CAS Registry Number（报道的物质）、CA Section Title（学科分类）、Company/Organization（机构/组织）、Database（来源的数据库）、Document Type（文献类型）、Index Term（索引词）、Journal Name（期刊名称）、Language（语种）、Concept Heading（概念术语）、Publication Year（发表年代）、Supplementary Term（辅

助索引词）等对检索结果进行分析。b. Refine（限定）：可通过 Research Topic（主题词）、Author Name（作者姓名）、Company Name（机构名称）、Document Type（文献类型）、Publication Year（出版年代）、Language（语种）、Database（所属数据库）限定检索结果。c. Categorize（系统分析工具）：根据学科方向对文献进行自动分类，便于读者选择感兴趣的研究方向的相关文献。

结构检索结果 Analyze/Refine（分析/限定）功能。a. Analyze（分析）：可通过 Bioactivity Indicators（生物活性标记）、Commerciao Availability（商业来源）、Elements（元素）、Reaction Availability（反应提供性）、Substance Role（结构角色）、Target Indicators（靶点标记物）等对检索结果进行分析。b. Refine（限定）：可利用 Chemical Structure（化学结构）、Isotope-Containing（是否包含同位素）、Metal-Containing（是否包含金属）、Commercial Availability（是否具有商业来源）、Property Availability（理化性质）、Property Value（物性参数）、Reference Availability（是否有相关文献）、Atom Attachment（原子附属性）等选项限定检索结果。

反应检索结果 Analyze/Refine（分析/限定）功能。a. Analyze（分析）：可利用 Author Name（作者姓名）、Catalyst（催化剂）、Company-Organizatin（机构名称）、Docuent Type（文献类型）、Experimental Procedure（实验过程）、Journal Name（期刊名称）、Language（出版语言）、Number of steps（反应步数）、Product Yield（产率）、Publication Year（出版年代）、Reagent（反应试剂）、Solvent（溶剂）、Complete Iterations 等分析检索结果。b. Refine（限定）：可利用 Reaction Structure（反应结构）、Product Yield（产率）、Number of steps（反应步数）、Reaction Classification（反应类型）、Excluding Reaction Classification（排除反应类型）、Non-participating functional groups（不参加反应的官能团）等选项限定检索结果。

②记录去重与排序、保存答案集及添加标记。利用窗口上方的"Tool"（工具）下的"Remove Duplicates"命令进行去重处理；"Combine Answer Sets"命令对答案集进行整合；"Add Tag"命令为记录添加标记，以便使用标记检索被标记的文献。

③查看相关信息。SciFinder Web 实现了对书目数据库、化合物数据库和化学反应数据库的有效关联，因此在检索结果集合显示窗口上方有下面列出的一个或多个链接功能，帮助检索者查看标记记录或所有记录（如果未作任何标记）的相关信息，包括查看文献信息（Get References）、查看引用的参考文献（Get Cited）、查看被引用情况（Get Citing）、查看源文献涉及的化合物（Get Substances）、查看化学反应（Get Reactions）、查看化学品订购信息（Get Commercial Soruces）。

④邮件即时提醒功能：可利用邮件即时提醒功能（keep me posted）自动追踪新动态，及时获取最新的更新文献。

⑤检索结果的保存与打印。选用窗口右上方的"Save"可把检索结果存储在CAS服务器上，可保存10000条记录；选用"Print"可打印检索结果；选用"Export"命令可把检索结果输出到桌面或者本地电脑的其他文件夹，输出限50条记录。

综上所述，SciFinder Web检索方法如图7.1所示。

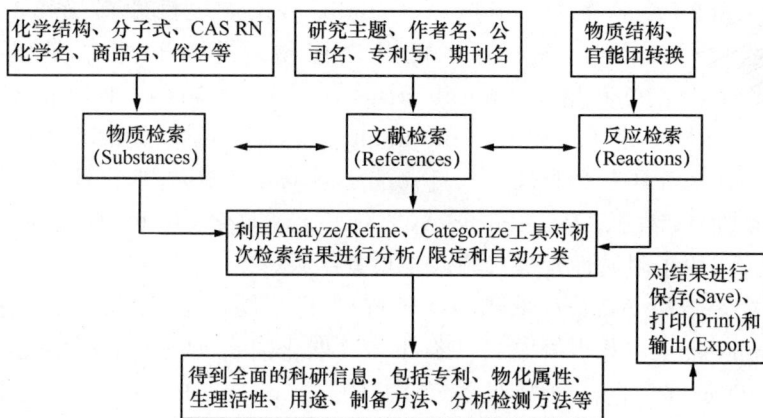

图7.1　SciFinder Web检索方法示意图

2）Web of Science中的化学信息数据库（http：//wokinfo.com/）

通过Web of Science（4.3.3节）可检索的化学信息数据库包括Index Chemicus和Current Chemical Reactions。

（1）Index Chemicus（化学索引数据库，简称IC），收录1993年以来的重要期刊报道260万种化合物的数据，并列出自原始物质到最后成品的整个化学反应流程，每年增加新化合物200000种。

（2）Current Chemical Reactions（化学反应，简称CCR），收录超过100万种化学反应信息，数据最早可回溯至1985年。

3）Reaxys数据库（http://www.Reaxys.com 或 http://www.elsevier.com/online-tools/reaxys）

Reaxys数据库由爱思唯尔（Elsevier）公司出品，是内容丰富的化学数值与事实数据库。Reaxys将贝尔斯坦（Beilstein）、盖墨林（Gmelin）数据库、专利化学数据库（Patent）以及化学相关期刊的内容整合为统一的资源。Reaxys为CrossFire Beilstein/Gmelin的升级产品。同时，Reaxys还集成eMolecules和PubChem数据库内容，提供统一检索和访问。

（1）CrossFire Beilstein Database。它是世界上最全的有机化学数值和事实数据库，涵盖时间范围从 1771 年至今；包含化学结构相关的化学、物理等方面的性质；包含化学反应相关的各种数据；包含详细的药理学、环境病毒学、生态学等信息资源。

（2）CrossFire Gmelin Database。Gmelin Database 是全面的无机化学和金属有机化学数值和事实数据库，涵盖时间范围从 1772 年至今；包含详细的理化性质，以及地质学、矿物学、冶金学、材料学等方面的信息资源。

（3）Patent Chemistry Database。选自 1869～1980 年的有机化学专利；1976 年以来有机化学、药物（医药、牙医、化妆品制备）、生物杀灭剂（农用化学品、消毒剂等）、染料等的英文专利（WO、US、EP）。

Reaxys 数据库基于网络访问，无需安装客户端软件。检索界面简单易用，可以用化合物名称、分子式、CAS 登记号、结构式、化学反应等进行检索，并具有数据可视化、分析及合成设计等功能。

4）Chemical Industry Notes（CIN）（http://www.cas.org/support/stngen/dbss/index.html#c）

Chemical Industry Notes（化学工业札记，简称 CIN）由美国化学文摘社编辑出版，创刊于 1974 年，每周更新。主要报道世界市场信息和化工新闻，摘录各国期刊发表的化工生产、产品价格、销售、设备、政府活动及化工界社团、人物介绍等方面的新闻资料，以弥补 CA 报道纯技术文献的不足，可利用此数据库检索化工经济信息和商品信息。可通过 STN 平台检索《化学工业札记》的内容。

5）化学数据库（http：//www.organchem.csdb.cn/）

化学数据库由中国科学院上海有机化学研究所承担建设，是中国科学院知识创新工程信息化建设的重大专项，是中国科学院科学数据库的一个重要组成部分。它综合现有信息资源，形成以基础化学数据为核心向化工产品和医药化学品延伸的化学化工数据库群，建立化学化工信息服务平台和基本服务框架，通过 Internet 面向全社会提供化学化工信息的检索服务。目前已经建设完成的数据库有植物化学成分数据库、核磁谱图数据库、化学综合数据库、化合物结构数据库、化学反应数据库、红外谱图数据库、中药与化学成分数据库、化学核心期刊文献数据库 2.0 版、药品数据库、危险化学品安全技术说明书（MSDS）数据库、精细化工产品数据库、专业情报数据库、中国化学专利数据库、生物活性数据库、化学物质分析方法数据库、物质毒性数据库、药物和天然产物数据库、化学配方数据库、化工产品数据库、中国化学文献数据库、质谱谱图数据库、工程塑料数据库 22 个数据库。化学数据库可以提供与化合物有关的命名、结构、基本性质、毒性、谱学、鉴定方法、化学反应、医药农药应用、天然产物、相关文献和市场供应等信息。

6）理化性能及分析数据库（http：//www.chemicalphysics.csdb.cn/）

理化性能及分析数据库由中国科学院大连化学物理研究所承担建设，包含四个子数据库，分别是"储氢材料数据库""手性药物、农药及其中间体拆分数据库""寡糖生物工程数据库"和"色谱数据库"。目前已经积累了大量的数据，全部数据将实现数据共享网络服务功能。

除以上的数据库，还有 Organic Compounds Database（有机化合物数据库）（http://www. colby. edu/chemistry/cmp/cmp. html/）、Methods in Organic Synthesis（有机合成方法，简称 MOS）（http://www. rsc. org/Publishing/CurrentAwareness/MOS/index. asp）、Chemical Information System（CIS，化学信息系统）（http://www. nisc. com/cis/）、Chemical Safety NewsBase（化学安全信息库）（http://www. rsc. org/is/database/csnbhome. htm）等检索信息。

3. 化学专业开放存取资源站点

1）ABC-Chemistry：FREE CHEMICAL INFORMATION （http://abc-chemistry. org/）

ABC Chemistry：FREE CHEMICAL INFORMATION 化学免费全文期刊是由白俄罗斯国立大学化学系的一位教授建立的免费网上化学期刊全文数据库链接网站，分为长期免费期刊和免费试用期刊两大类。

（1）Permanently available chemical journals［长期免费期刊］。

（2）Trials and temporarily available chemical journals［免费试用期刊］。

ABC Chemistry：FREE CHEMICAL INFORMATION 是一个集合很多化学方面期刊链接的网站，本身并不存取这些期刊数据。

2）NIST Chemistry WebBook（http://webbook. nist. gov/chemistry/）

NIST Chemistry WebBook（美国技术与标准研究所化学网络图书）是美国国家标准与技术研究所（NIST）的标准参考数据库（Standard Reference Data）中的化学部分，该站点被认为是网上著名的物性化学数据库。可通过分子式、化学名、CAS 登录号等检索信息。

7.3.3　主要印刷型检索工具

（1）《中国无机分析化学》。《中国无机分析化学》（原名《中国无机分析化学文摘》，2011 年 3 月更名为现名）1984 年创刊，季刊，中国有色金属学会、中国有色金属工业总公司编辑，冶金工业出版社出版。该刊报道国内有关无机分析化学文献。

（2）美国《化学文摘》。美国《化学文摘》（*Chemical Abstract*，CA），由美国化学会化学文摘服务社（Chemical Abstracts Service of the American Chemical Society，CAS）编辑出版。创刊于 1907 年，是举世公认的最完整的化学文献检索工具之一。CA 摘录的文献来自于世界上 150 多个国家和地区的 56 种文字出版的 9500 多种科技期刊、会议论文、科技报告、学位论文、资料汇编、技术报告、新书及视听资料,并报道 28 个国家和地区的专利文献。CA 的内容以化学化工方面的文献为主,还涉及生物、医学、冶金、物理、农业、印染等化学相关学科领域。CAS 于 2010 年 1 月 1 日起停止出版 CA 纸本刊。CA 除有印刷版,还有磁带版、光盘版和网络版(7.3.2 节)。

7.4　生物学专业信息检索

生物学信息记录和积累了生物学知识和研究成果,是人们从事生物学学习和研究的宝贵资源。要充分有效地利用这一知识宝藏,就应该了解与生物学学科相关的参考工具书、检索工具和数据库,掌握检索生物学信息的技能和方法。

7.4.1　主要参考工具书

1. 字典、词典(辞典)

(1)《麦格劳-希尔生命科学词典》(*McGraw-Hill Dictionary of the Life Science*)。由拉佩斯(Lapedes)主编,美国麦格劳-希尔图书公司出版。该词典收录了动物学、植物学、生物化学、生物物理学、细胞学、胚胎学、组织学、微生物学、遗传学、解剖学、生理学、生态学以及古生物学等专业名词 20000 多条。全书配有近 800 幅插图。

(2)《英汉生物学大词典》。陈宜瑜主编,科学出版社 2009 年出版。《英汉生物学大词典》是一部综合性的生物学大词典,内容涉及生物化学及分子生物学、遗传学(含进化论)、细胞生物学、生物工程、微生物学、动物学(含动物生理学、组织学)、植物学(含植物生理学)、免疫学、生态学、发育生物学、神经科学(包括脑科学)等。

(3)《环境科学大辞典》。《环境科学大辞典》编委会主编,中国环境科学出版社 2008 年出版。它是一部以环境科学为主的大型专业辞典,主要供环境科学工作者,以及广大理、工、农、医、法律、经济、管理等专业工作者使用。

除以上介绍的词典(辞典),还有《英汉生物化学及分子生物学词典》(谭景莹,董志伟编,科学出版社 2002 年出版)、《中国种子植物科属词典(修订版)》(候宽照编,吴德邻等修订,科学出版社 1982 年出版)、《英汉农业与生物技术词典》(詹英贤等编,中国农业大学出版社 2013 年出版)等可供查阅。

2. 手册

(1)《现代分子生物学实验手册》(第二版)。由张维铭主编,科学出版社 2008 年出版。该书从基础的实验器具使用、操作及相关设备的主要原理开始,直到当前最为前沿的研究方法、手段,均有较为详细的介绍,是一本系统的、理论与应用并重的实验参考用书。

(2)《细胞生理学手册·膜生物物理学精要》。《细胞生理学手册·膜生物物理学精要》(上、下册)(原书第 4 版)由(美)斯皮尔莱克斯主编,张志鸿导读,科学出版社 2013 年出版。该书包含了动物、植物等各种细胞内发生的重要生命事件的分子基础、物理化学的机制、发现的历史渊源、数学上的定量描述、生理学功能、病理变化和疾病的关系,以及近代进展和展望等方面的详细内容和原始文献,具有作为"手册"的重要参考价值。

(3)《伯杰细菌鉴定手册》。由布坎南、吉本斯主编,中国科学院微生物研究所译,科学出版社 1985 年出版。该手册是国际上普遍采用的细菌分类鉴定工具书 *Bergeys Manual of Determinative Bacteriology*(第八版)的中译本。该书是微生物学工作者常用的一本重要参考工具书。

(4)《环境监测方法标准实用手册》。中国环境监测总站、国家环境保护环境监测质量控制重点实验室编,中国环境科学出版社 2013 年出版。该丛书从环境监测方法的实用性和现行有效性的角度出发,结合我国环境监测的主要领域,汇编了我国现行有效的、常用的环境监测方法标准和监测技术规范,是一部具有较强实用性和较高便利性的工作手册。该丛书共分五册:第一册《水监测方法》、第二册《气监测方法》、第三册《土壤、固体废物和生物监测方法》、第四册《辐射噪声监测方法》、第五册《监测技术规范》。

除以上介绍的手册,还有《真菌鉴定手册》(魏景超著,上海科学技术出版社1979 年出版)、《生物工程实验技术手册》(栾雨时、包永明编,化学工业出版社 2005年出版)、《细胞生物学实验手册(导读版)》(共四册)[(丹麦)赛利斯(Julio E. Celis)编,科学出版社 2008 年出版]等可选择利用。

3. 年鉴

(1)《中国环境年鉴》。由《中国环境年鉴》编辑委员会编,中国环境出版社出版,1990 年创刊。《中国环境年鉴》是一部大型资料性工具书,是我国环境保护事业年度信息、资料史实的总汇。

(2)《中国农业年鉴》。由《中国农业年鉴》编辑委员会编辑,中国农业出版社出版,1980 年创刊。《中国农业年鉴》是反映我国农业、林业、畜牧业、渔业、乡镇企业、农垦、农机、水利、气象基本情况的资料工具书。该年鉴撰稿人主要是各有关专业机构和研究部门的工作人员,统计资料由国家统计局和农业、林业、气象等部(局)计划部门及各省、自治区、直辖市有关部门提供。

(3)《联合国环境规划署年鉴》。《联合国环境规划署年鉴》(*The UNEP Year Book*)(2008 年以前称《全球环境展望年鉴》),是联合国环境规划署与各国环境专家进行合作,针对变化中的环境而编写的年度调查报告。中文版由国家环境保护部国际合作司编辑,中国环境科学出版社出版。《联合国环境规划署年鉴》从全球层面和区域层面概述了过去一年全球环境保护和相关政策的最新进展。可通过http://www.unep.org/yearbook/ 了解相关内容。

(4)《新生物学年鉴》。由《新生物学年鉴》编委会编辑,科学出版社从 2013 年开始出版。《新生物学年鉴》是一部反映生命科学最前沿领域的综述性文集,内容涉及细胞生物学、免疫学、药物化学、蛋白质组学,以及现代生物学的新技术与新方法等。这些文章的内容均为撰写者的最新研究成果,因此该年鉴可以在一定程度上体现出我国生物学领域的发展现状。《新生物学年鉴》每年出版一本,记录生命科学的发展与进步。

(5)《中国基础教育学科年鉴·生物卷》。《中国基础教育学科年鉴》由刘军等编著,自 2009 年开始每年编写一卷,北京师范大学出版社出版。《中国基础教育学科年鉴》包含基础教育语文、数学、英语、政治、历史、地理、物理、化学、生物、音乐、美术、体育、信息技术、学前教育等 14 个分卷。其中,《中国基础教育学科年鉴·生物卷》主要反映全国各省市广大生物学教师的教学和教育科学研究的现状与成果。年鉴包括专家视野、概况与摘要、学科动态、论文索引等栏目。

4. 百科全书

(1)《中国大百科全书·生物学卷》。由中国大百科全书出版社编辑,中国大百科全书出版社 1990 年出版。该卷包括分子生物学、生物学史、生物数学、生物物理、生物化学、细胞学、植物学、形态学、遗传学、发育生物学、分类学、微生物学、动物学等内容。

(2)《中国大百科全书·建筑 园林 城市规划卷》。由中国大百科全书出版社等编辑,中国大百科全书出版社 2004 年出版。内容涉及建筑学、园林学、城市规划等,并附有建筑 园林 城市规划大事年表等内容。

(3)《中国大百科全书·环境科学卷》。由中国大百科全书出版社等编辑,中国大百科全书出版社 1983 年出版第一版,2002 年出版了修订版。《环境科学卷》共收条目 672 个,插图 555 幅,计 136 万字。内容包括环境地学、环境生物学、环境化学、环境物理学、环境医学、环境工程学、环境管理学、环境经济学和环境法学等。

《中国大百科全书(第二版)》于 2009 年 4 月正式出版,全书总卷数为 32 卷。《中国大百科全书》还出版了光盘版和网络版。

(4)《科学技术百科全书》。《科学技术百科全书》中与生物学相关的分卷包括:第十三卷,古生物学、古人类学;第十四卷,细胞学、组织学、遗传学、生物生长与形态发生学、寄生生物学;第十五卷,生物物理学与生物化学;第十六卷,医学与兽医;第十七卷,动物学;第十八卷,植物学;第十九卷,微生物学;第二十卷,生理学、生理心理学与实验心理学;第二十一卷,农业、林业。

(5)《生物化学百科全书》(全四卷)。由(美)纶纳支(Lennarz)、雷恩编著,科学出版社 2006 年出版。该套书共 4 卷,原版是爱思唯尔(Elsevier)出版公司 2004 年出版发行的版本。全书共编写了 519 款条目,包括生物化学的相关领域、医学方面、实用技术方面等内容。

(6)《中国农业百科全书·生物学卷》。该书总编委员会编辑,中国农业出版社从 1984 年起按分卷出版,计划出版约 30 卷。内容涉及农、林、牧、渔各业的知识和资料,《中国农业百科全书·生物学卷》内容包括生物学总论、生态学等分支学科和生物技术等方面的基础知识。

(7)*The Encyclopedia of Life Sciences*(http://www.els.net/)。*The Encyclopedia of Life Sciences*(《生命科学百科全书》,简称 ELS)是 Nature Publishing Group 继书本式、光盘式之后新一代的在线百科全书,拥有 4800 多篇同行业特别评审的生命科学相关论文,《生命科学百科全书》的文章都是由该领域权威学者撰写,每年大约更新 400 篇文章,按月更新。

(8)《中国中学教学百科全书·生物卷》。《中国中学教学百科全书·生物卷》由彭奕欣等编,沈阳出版社 1990 年出版。内容包括植物学、动物学、生理卫生、高中生物、课外活动、生物学教育、著名生物学家及与生物学有关的名著,以及生物学大事记等,收词条 2600 多条,插图 600 多幅。

5. 志、图谱、图鉴

(1)《中国动物志》。该书由中国科学院《中国动物志》编辑委员会主编,科学出版社从 1978 年开始出版。《中国动物志》的编研是有史以来首次摸清我国动物资源家底的一项系统工程,是反映我国动物分类区系研究工作成果的系列专著。据不完全统计,中国约有脊椎动物 6000 多种(计划编志近 50 卷)、无脊椎动物 50000 多种(计划编志近 150 卷)、昆虫 15 万种(现已记述了 4 万种,计划编志近 300 卷)。该书按动物分类系统编排,分卷、册出版,每个卷册都有检索表、汉英拉及拉汉英名称对照表及中文名、拉丁名索引等。

(2)《中国经济动物志》。该书由中国科学院《中国经济动物志》编辑委员会主编,科学出版社 1960 年开始出版。这套动物志专门记载和描述分布在我国的与农、林、牧、副、渔、医药、卫生、地质、外贸等方面有一定关系、与人类有密切关系的经济意义较大的动物。该书按动物分类系统编排,分卷出版。

(3)《中国药用动物志》。该书由《中国药用动物志》协作组编著,天津科技出版社1979~1983 年出版。这是我国第一部较全面、系统的药用动物志,全书共两册,收载药用动物 832 种,附图 935 幅,有动物的中文名及拉丁学名索引。

(4)《中国植物志》。该书由中国科学院《中国植物志》编辑委员会主编,科学出版社从 1959 年开始出版,于 2004 年 10 月全部出齐,共计 80 卷,126 分册。这是一部总结我国现有蕨类植物和种子植物种类基本科学资料的巨著,全书记载中国产的维管束植物(蕨类和种子植物)300 科 3407 属 31141 种,图版 9000 多幅,是世界各国已出版的植物志中种类数量最多的一部。它不但是"植物分类学"的重要参考文献,也是农、林、牧、副业以及医药、轻工业等生产部门利用植物资源、鉴定植物种类不可缺少的工具书。全书按分类系统排列,每种植物都记载有形态描述、产地、分布、生态环境、重要种类的经济用途等。书中附有帮助鉴别的形态图,书末有植物中文名索引和拉丁名索引。

(5)《中国高等植物图鉴》。该书由中国科学院植物所主编,科学出版社 1972年开始出版。《中国高等植物图鉴》共五卷和两卷增补本。其中,收录了包括苔藓植物、蕨类植物、裸子植物和被子植物 9000 多个物种,约占我国野生植物种数的 1/3。这是我国较系统的一部图鉴,对每种植物均有形态、分布、生态方面的简要描述和线条图,每册都有科、属检索表和中文名、拉丁名索引。

(6)《人体解剖彩色图谱(第二版)》。该图谱由刘执玉,田铧主编,科学出版社2008 年出版。该图谱大部分标本是按教育部规划教材内容要求,加工制作的新鲜标本拍摄而成。该图谱在第一版的基础上进行了精选,补充了很多新的标本图片,共收录图片 519 幅,并按人体各器官系统进行编排。为帮助读者更好地学习记忆,第二版特增设大量口诀。图谱名词以全国自然科学名词审定委员会公布的《人体解剖学名词》为准,中英文对照。

除以上介绍的,还有《中国经济昆虫志》(中国科学院动物志编辑委员会等主编,科学出版社出版从 1959 开始出版)、《中国树木志》(《中国树木志》编辑委员会主编,中国林业出版社 1983 年开始出版)、《中国珍贵濒危动物》(中华人民共和国濒危物种进出口管理办公室编,上海科学技术出版社 2001 出版)、《中国鸟类图鉴》(中国野生动物保护协会主编,河南科学技术出版社 1995 出版)、《世界名蝶鉴赏图谱》(周尧等主编,河南科学技术出版社 2004 出版)等可供查阅。

7.4.2　主要信息检索平台

1. 生物学专业搜索引擎和门户网站

(1)PubMed(http://www.ncbi.nlm.nih.gov/pubmed)。PubMed 是一个免费的搜索引擎,是美国国家医学图书馆(NLM)所属的国家生物技术信息中心(NCBI)于 2000 年 4 月开发的基于 WEB 的生物医学信息检索系统,它是 NCBIEntrez 整个数据库查询系统中的一个。PubMed 界面提供与综合分子生物学数据库的链接,其内容包括 DNA 与蛋白质序列、基因图数据、3D 蛋白构象、人类孟德尔遗传在线以及提供期刊全文的出版商网址链接等。

(2) Linnean Society of London(http://www.linnean.org/)。 Linnean

Society of London(伦敦林奈学会)是一个研究生物分类学的协会,并出版动物学、植物学以及其他生物学期刊。学会成立于 1788 年,名称来自生物分类系统早期建立者、瑞典博物学家卡尔·林奈。

（3）生物通（http://www. ebiotrade. com）。生物通是一个中文生物门户网站,包括最新的科研动态、研究成果、生物工程报告、学术交流、生态环境、科普新闻、综合论坛、生物资源、电子杂志等。

（4）资源环境学科信息门户（http://www. resip. ac. cn/）。资源环境学科信息门户是国家科学数字图书馆项目中心资助的建设项目,由中国科学院资源环境科学信息中心建立。资源环境学科信息门户提供地球科学、农业科学、生态科学、环境科学技术、资源科学等学科的信息导航,整合文献信息资源系统及其检索利用,并逐步支持个性化制定和开放式集成。

（5）中国生物技术信息网（http://www. biotech. org. cn/）。中国生物技术信息网（BIOTECH）是由中国科学院生命科学与生物技术局、中国生物工程学会、中国科学院微生物研究所共同合作建设,定位于建设中国生物技术领域最权威、最及时、最专业的信息资讯类门户网站。该网站以生物技术类综合信息为主,还包括学术专题、专家频道、产业动态、文献导读等栏目。

除以上介绍的搜索引擎和门户网站,还可利用 NCBI（美国国家生物技术信息中心）（http://www. ncbi. nlm. nih. gov/）、BioWorld（生物世界）（http://www. bioworld. com/）、MedBioWorld（http://www. medbioworld. com/）、中国细胞生物学学会（CSCB）（http://www. cscb. org. cn/index. asp）、BIOSINO,中国生物信息（http://www. biosino. org/）、Biology. com（http://www. biology. com/）、生物谷（http://www. bioon. com/）等检索信息。

2. 生物学专业网络数据库

1）BIOSIS Previews（http://isiknowledge. com）

（1）概况。BIOSIS Previews（BP）是基于 ISI Web of Knowledge（WOK）平台（4.3节）关于生命科学的文摘索引数据库。由原美国生物学文摘生命科学信息服务社（Bioscience Information Service of Biological Abstracts, BIOSIS,现隶属于 Thomson Reuters）编辑出版。它是目前世界上规模较大、影响较深的著名生物学信息检索工具之一。它是将印刷出版物《生物学文摘》（*Biological Abstracts*, BA）与《生物学文摘——综述、报告、会议》（*Biological Abstracts/ Reports, Review, Meetings BA/ RRM*）整合在一起的网络版数据库。

BIOSIS Previews 收录了来自 90 个国家和地区的 5000 多种期刊及国际会议、综述性文章、书籍和专利,学科覆盖生物学、生物化学、生物技术、植物学、临床医学、药理学、动物学、农业科学、兽医学等生命科学相关领域。数据每周更新并一直回溯到 1969 年，每年新增数据量超过 56 万条。

（2）检索方式。基于 Web of Knowledge（WOK）平台的 BIOSIS Previews 数据库，其检索方式分为一般检索（general search）和高级检索（advanced search）。

①一般检索：检索特定的研究主题、标题、作者、出版物名称、地址、会议信息、文献类型、化学成分等，获取生物学及生命科学领域的文献信息，可通过选择检索字段、选择逻辑组配关系、限定检索年限等完成检索，还可使用检索辅助索引帮助选择检索词。

②高级检索：高级检索页面允许使用两个字符的字段标识符和集合号创建一个复杂的检索式。需要注意是，不可以在同一个检索式中同时使用字段标识符和集合号。"高级检索"检索式由一个或多个字段标识（TS、TI、AU 等）以及一个检索字符串组成，允许使用布尔运算符和通配符，还可使用检索辅助索引帮助选择检索词。

字段标识符：Topic（TS，主题）、Title（TI，标题）、Author（AU，作者）、Publication Name（SO，出版物名称）、Address（AD，地址）、Year Published（PY，出版年）、Taxonomic Data（TA，分类数据）、Major Concepts（MC，主要概念）、Concepts Code（CC，概念代码）、Chemical（CH，化学）、Gene Name Data（GN，基因名称数据）、Sequence Data（SQ，序列）、Chemical and Biochemical（CB，化学和生化名称）、CAS Registry No.（CA，化学物质登记号）、Disease Data（DS，疾病名称）、Parts & Structures Data（PS，器官/系统/细胞器数据）、Methods & Equipment Data（MQ，方法和设备数据）、Geographic Data（GE，地理数据）、Geological Time Data（GT，地质时间数据）、Miscellaneous Descriptors（DE，综合叙词）、Patent Assignee（AN，专利权人）、Meeting Infomation（MI，会议信息）、Identifying Codes（IC，识别码）等。

检索的辅助索引（search aids）：在作者、出版物名称、分类数据、主要概念和概念代码等检索字段中都提供了检索辅助工具。在进行一般检索和高级检索时均可使用检索辅助索引，以帮助用户更快更准的选择检索词。

（3）检索算符与禁用词。

①布尔逻辑运算符：AND（连接限定词，缩小检索范围）；OR（连接同义词，扩大检索范围）；NOT（排除）；SAME（连接的检索词在同一字段或同一句子中）。

②通配符：＊表示任何字符组，可位于检索词的中间或结尾；　？表示任意一个字符，问号个数代表字符数，可位于检索词的中间或结尾；＄表示零或一个字符，可位于检索词的中间或结尾。

③短语检索："" (将短语用""标引，表明要精确查找短语，即词间不能插词，词序不能改变。仅适用于"主题"和"标题"字段检索。若两词之间用连字符"—"，逗号","连接，系统将按短语检索)。

④括号：() 用于将合成布尔语句进行分组，区分优先级。

⑤禁用词：禁用词是指无检索意义的词，如冠词 (a、an、the)、介词 (of、in、for、through) 及代词等常用词。当用词组进行检索时，系统将屏蔽其中的禁用词。

(4) 检索结果处理功能与输出

①检索结果处理功能。a. 二次检索：如果希望增加其他检索词来改进检索结果，可以使用二次检索功能检索。b. 精炼检索结果 (refine results)：可以通过学科分类、文献类型、作者姓名、来源期刊、出版年代、机构名称、语种、国家及地区等对检索结果进行精炼。c. 分析检索结果 (analyze results)：可根据 Assignee (专利权人)、Author (作者)、Concepts Code (概念代码)、Document Type (文献类型)、Language (语种)、Major Concepts (主要概念)、Year Published (出版年)、Super Taxa (上位学科分类)、Source Title (来源文献标题) 等对检索结果进行分析，通过分析检索结果可获得更多的隐含的信息。在检索结果页面上，单击分析检索结果按钮即可。d. 直接链接获取原文：可以从"检索结果"页面上的记录信息直接链接获取原文。e. 检索结果排序：可以按出版年、相关性、更新日期等对检索结果进行排序。

②检索结果输出：可以选择打印、电子邮件、输出到文献管理软件 (EndNote Web) 等检索结果输出方式，如果限制检索结果的输出条数、输出形式 (文摘或全文) 等可单击"更多选项"，导入 Endnote Web 后，便于将来的写作。

(5) 个性化服务。Web of Knowledge 向用户提供了多种个性化服务。用户可以注册、登录自己的个性化服务界面，选择利用个性化服务功能，如利用 My EndNote Web 管理个人文献信息，订制我的引文跟踪 (My Citation Alerts)，订制我的期刊列表 (My Journal List)，保存我的检索历史、订制检索历史提醒服务 (My Saved Searches)，编辑管理我的首选项 (My Preferences)，申请 ResearcherID，建立个人发表论文列表等。

2) BIOSIS Citation Index (BCI) (http://www.webofknowledge.com; http://www.thomsonscientific.com.cn/productsservices/BCI/)

BIOSIS Citation Index (BCI) 是 BIOSIS Previews 的引文版本。2011 年，Thomson Reuters (汤森路透集团) 为 BIOSIS Previews 收录的记录增加了引文索引，形成了全球生命科学领域中具有权威性的、功能强大的引文数据库——BIOSIS Citation Index。BCI 的收录范围除了传统的生物学领域，如植物学、动物学、微生物学以外，还包括生物学相关领域，如生物医学、农业、药理学、生态学、遗传学、兽医学、营养学和公共卫生学，以及跨学科领域，如内科学、生物化学、生物物理学、生物工程学和生物工艺学等。

BCI 能够实现被引参考文献检索，并通过汇总表追踪来自所有 Web of Knowledge 引文数据库的引文数量；提供对生命科学领域的近 5000 种期刊和 2000 万条记录的无缝检索，可回溯到 1926 年，并可检索来自 1500 多个会议录的 165000 多条会议文献；提供增强的作者甄别、分析和资料查看工具；专业的索引功能，并带有关键数据标记，如 Enzyme Commission 编号，以及基因、疾病和有机物名称之间的交叉参考；直观的检索功能，如左截词和词形归并等。

3）CAB Abstracts（http://thomsonscientific.com.cn/productsservices/cababstracts/）

CAB Abstracts 是由 CABI（国际应用生物科学中心）出版社提供的农业和相关应用生命科学研究的全面信息资源。CABI 英文全称是 Centre Agriculture Bioscience International，该中心前身为英联邦农业局，是一个非盈利的国际农业学组织。CAB Abstracts 数据库是从 150 多个国家和地区用 50 多种文字发表的 11000 种期刊、书籍、报告以及其他国际上出版的各种专著中选录的英文文摘组成的，主题包括农学、林业、园艺、畜牧、兽医、经济、植物保护、生物技术、遗传及育种、除草剂、灌溉、微生物、营养、寄生虫、环境保护、农村发展及旅游和野生动物等。CAB Abstracts 适于农学、森林学、资源管理和保护、人类健康学、人类营养学、动物健康学、兽医学及相关生物科学领域的研究人员使用。数据库信息为 1990 年至今，每周更新。

通过 ISI Web of Knowledge 平台可检索 CAB Abstracts 数据库。

4）Zoological Record（http://www.thomsonscientific.com.cn/productsservices/zoologicalrecord/）

Zoological Record（动物学记录，简称 ZR），是由汤森路透集团（Thomson Reuters，http：//www.thomson.scientific.com）开发的信息服务产品，是世界上历史最悠久的动物生物学数据库，它被视为全球领先的分类学参考文献，收录内容可追溯到 1864 年。Zoological Record 收录了生物多样性、分类学、兽医科学、生态学、环保及野生生物保护管理等方面的信息资源。数据来源于 100 多个国家的 5000 多种丛书、书籍、报告和会议等。Zoological Record 对研究人员确定某种动物在已出版文献中的首次出现时间、跟踪重要领域的研究进展，如生物多样性、跟踪有机体的分类和关系的变化、查找新物种描述、寻找并确定国际范围内的潜在合作者等方面都具有参考作用。

通过 ISI Web of Knowledge 检索平台，可进入 Zoological Record 的主界面进行检索。

5）中国生物学文献数据库（CBA）（http：//www.cba.ac.cn/）

中国生物学文摘数据库经中国科学院立项，由中国科学院上海文献情报中心于1987年研建，是目前国内容量最大的生物学文献综合性文摘数据库。收录1985年以来生物学及相关专业领域的800多种源期刊文献的摘要，同时也包含一定比例的专利、硕/博士学位论文以及重要学术会议论文等文献。收录学科覆盖生物科学、基础医学、基础农学、基础药学与生物交叉学科等，累积约45万条数据，每年更新5000多条记录。中国生物学文献数据库提供六种检索途径（主题、作者、单位、出版物、分类、文摘和标题中的全文检索功能等），并且从汉字、英/拼音的途径均能检索，是检索功能较强的文献数据库。

6）中国植物物种信息数据库（http：//www.plants.csdb.cn/eflora/default.aspx）

中国植物物种信息数据库由中国科学院昆明植物研究所、中国科学院植物所、中国科学院武汉植物园和中国科学院华南植物园联合建设，以中国高等植物为核心，采集、集成、整合现有的各相关数据库的中国植物物种信息数据库（参考型数据库）。该数据库共涉及高等植物300多科，3400多属，31000多种，其数据内容主要包括植物物种的标准名称、基本信息、系统分类学信息、生态信息、生理生化性状描述信息、生境与分布信息、文献信息、图谱图片、微结构和染色体等信息。

7）中国动物主题数据库（http：//www.zoology.csdb.cn/）

中国动物主题数据库是中国科学院"十一五"信息化专项及国家科技基础条件平台项目"基础科学数据共享网"共同资助的项目，由中国科学院动物研究所和中国科学院昆明动物研究所主持，联合成都生物所、上海植物生理生态研究所共同建设。主要目的是为我国动物科学研究提供翔实的基础数据；为相关政府决策提供全面的数据支持；为科普教育与国际交流提供友好的信息平台。

中国动物主题数据库包括脊椎动物代码数据库、动物物种编目数据库、动物名称数据库、《中国动物志》出版与编研信息数据库、濒危和保护动物数据库、中国昆虫新种数据库、中国昆虫模式标本数据库、动物研究专家数据库、中国动物志数据库、中国动物图谱数据库、中国蜜蜂数据库、中国隐翅虫名录数据库、云南鸟类数据库、中国灵长类物种及文献数据库、中国两栖爬行动物数据库、中国直翅目昆虫数据库、中国鸟类数据库、中国内陆水体鱼类数据库、西南县级脊椎动物分布名录、西南保护区脊椎动物分布名录、云南蝴蝶分布名录、云南森林昆虫分布名录。

此外，还可通过PDB（蛋白质数据库）（http：//www.rcsb.org/pdb/home/home.do）、植物园主题数据库（http：//www.plantpic.csdb.cn/）、中国微生物资源数据库（http：//sdb.im.ac.cn/）、The ScientificWorld（sciBASE），生命、环境科学

综合性资源（http://www.thescientificworld.com/）、中国生物医学文献数据库
（http://www.sinomed.ac.cn/）等检索信息。

3. 生物学专业开放存取资源站点

（1）BioMed Central（http://www.biomedcentral.com/browse/journals/）。
BioMed Central(BMC)是生物医学领域的一家独立的新型出版社。以出版网络版
期刊为主，目前出版 120 种生物学和医学领域的期刊，少量期刊同时出版印刷
版。BioMed Central 期刊刊登的文章内容均经过同行评议（peer-review）以保证
有效的质量控制。BMC 是全球领先的开放获取出版社，基于"开放地获取研究
成果可以使科学进程更加快捷有效"的理念，坚持在 BMC 网站免费为读者提供
信息服务，其出版的网络版期刊可供世界各国的读者免费检索、阅读和下载
全文。

（2）PubMed Central（http://www.ncbi.nlm.nih.gov/pmc/）。PubMed
Central（PMC）是由美国国家生物技术信息中心（National Center for
Biotechnology Information，NCBI）于 2000 年 2 月建立的生命科学期刊文献数
据库，保存生命科学期刊主要研究论文的全文，免费供公众使用。PMC 的所有
全文在 PubMed 中都有相应的条目，在利用 PubMed 检索时，检索结果中可以在
网上免费获得全文的文献记录都会有相应的链接，其中包括在 PMC 免费获取
全文。

（3）Bioline International（http://www.bioline.org.br/）。Bioline Interna-
tional 是一家提供发展中国家出版的高质量学术期刊开放获取的非盈利电子服务
机构。Bioline International 收录了巴西、古巴、印度、印度尼西亚、肯尼亚、南
非、乌干达、津巴布韦等发展中国家的数十种经同行评审的期刊，目的是使国际
学术界了解发展中国家的生命科学研究成果。

7.4.3　主要印刷型检索工具

（1）《中国生物学文摘》。由中国科学院上海文献情报中心出版，1987 年创
刊，1989 年起为月刊，收录国内外有关生物学方面的期刊论文、专著、会议录
等。同时还出版有网络版（7.4.2 节）。

（2）美国《生物学文摘》。美国《生物学文摘》(*Biological Abstracts*，BA)，
1926 年创刊，由美国《生物学文摘》生物科学情报服务社（Bioscience
Information Service of Biological Abstracts，BIOSIS）编辑出版。BA 摘录来自
110 多个国家和地区出版的期刊、科技报告、会议文献、学位论文、专题资料与
专著等，文种达 20 多种。内容涉及生物学、农学和生物医学方面的理论；实验
室、临床、野外和现场的原始研究材料；生物学史和哲学问题；生物科学研究中

的新方法、新技术、新仪器与设备等。BIOSIS 还出版了《生物学文摘报告、评论、会议》（简称 BA/RRM），半月刊，每年出两卷。以补充报道 BA 没有收集的研究报告、会议录、评论、学位论文、图书评价等。BA 还出版有网络版（7.4.2 节）。

（3）《动物学记录》。《动物学记录》（*Zoological Record*，ZR），1864 年创刊，是由美国生物科学情报服务社与伦敦动物学会共同出版的题录性检索刊物。ZR 以分册形式出版，1959 年以后分为 20 个分册。ZR 从世界上 6000 多种期刊及图书中收录资料，内容涉及动物学各个领域。ZR 还出版有网络版（7.4.2 节）。

7.5　地理专业信息检索

地理学是研究地球表面的地理环境中各种自然现象和人文现象，以及它们之间相互关系的学科。由于它所涉及的学科范围广泛，其文献信息不仅丰富，而且分散。利用相关工具，可系统地获取所需的专业文献信息，从而更好地开发和保护地球表面的自然资源，协调自然与人类的关系。

7.5.1　主要参考工具书

地理专业的常用工具书包括各类词典、手册、年鉴、百科全书与地图等。利用它们可查阅专业名词术语、学说、理论、人物、古今地名的概况、方位及世界各地的风景名胜等知识。

1. 词典

1）地理学词典（*dictionary of geography*）

这类词典主要收集地理学科领域的术语和概念、专名，并加以解释，系统反映专业知识的概要。

（1）《现代地理科学词典》。刘敏、方如康主编，科学出版社 2009 年出版。该词典内容涉及地理科学综论、自然地理学、地球概论、地质学、地貌学、气象气候学、水文地理学、生物地理学、土壤地理学、海洋地理学、环境地理学、化学地理学、医学地理学、灾害地理学、地图学与测绘学、遥感学、地理信息系统、人文、经济地理学、资源能源地理学、工业地理学、农业地理学与乡村地理学、交通运输地理学、商业地理学、社会地理学、文化地理学、旅游地理学、人口地理学、城市地理学、政治地理学、军事地理学、历史地理学等地理科学各方面的词目共 4600 多条。词目为中英文对照，均配有简明释义。并收录了有关单位换算表、星座表、太阳系八大行星基本数据，太阳、地球、月亮的数据，地质年代表、地球上各种水体的储量数据、世界大洋的基本数据、海水中主要化学元素组成表、中国节气、候应表、云的分类表、时区对照表、大陆各纬度带的年平均降水量、蒸发量和径流量、蒲福风力等级表、集中式生活饮用水地表水源地特定项目标准限值等作为附录。书后附"中文词目索引""英文词目索引"。

（2）《中国地学大事典》。陈国达等主编，1992 年出版。该书内容包括法规政令、国土整治、大型工程、著作、刊物、国际交流与合作等项。全面介绍地理学的研究进展、名词术语、学说、理论、人物等知识。

也可参考《现代地理学辞典》（左大康主编，商务印书馆 1990 年出版）、《牛津地理学词典：牛津英语百科分类词典系列》（梅休编，上海外语教育出版社2001 年出版）、《人文地理学词典》（Johnston 主编，商务印书馆 2004 年出版）、《自然地理学名词辞典》（刘继湘主编，名山出版社 1985 年出版）等。

2）地名词典

地名词典（*Gazetteer or Geographical Dictionary*）是专门汇辑地区、城镇、都邑、山水、名胜等各类地理名称的工具书。它提供地名的读音、异称、方位、沿革、概况等。

（1）《中国古今地名大辞典》（全三册）。戴均良等主编，上海辞书出版社2005 年出版。全书分为古地名、旧地名和今地名三大部分。古地名收录 1912 年以前古代的郡、州、府、路、县及古地区、古山、古水、古桥、古镇等；旧地名收录 1912 年以后设立，后又撤销的旧县、旧市、旧区和旧地区名；今地名收录2004 年 6 月以前存在的各省区市、县，建制镇，重要集镇以及山、河、湖、海和交通水利、名胜古迹等自然地名和人文地名。

商务印书馆于 1931 年曾出版过臧励龢等人编纂的《中国古今地名大辞典》，但它的内容过于陈旧、简单，没有今地名的知识信息，实际上是一部历史地名词典。查历史地名还可使用《中国历史地名大词典》（魏嵩山，广东教育出版社 1993 年出版）。

（2）《中华人民共和国地名词典》。中国地名委员会编，商务印书馆 1984 年起出版。该书按省市、直辖市、自治区分卷出版，包括县辖镇以上全部政区名和大量重要村名、集镇名、交通名、名胜古迹等 10 万条。少数民族地名提供规范的汉字和读音。附音序索引和笔画索引。

（3）《世界地名词典》。上海辞书出版社 1996 年出版。该词典选收中国以外的地名 10200 条，包括世界各国家、地区及其首都、首府，历史上发生过重大事件的地名等。

查中国地名还可利用《中国地名词典》（上海辞书出版社编，上海辞书出版社 1990 年出版）、《中国分省市县大辞典》（李汉杰主编，中国旅游出版社 1990年出版）、《中国城市辞典》（严重敏主编，四川辞书出版社 1992 年出版）、《西域地名词典》（冯志文等编著，新疆人民出版社 2002 年出版）等。

　　查阅世界各国地名，也可利用《日本地名词典》（傅昌文主编，上海译文出版社 1992 年出版）、《苏联地名词典》（张寰海主编，黑龙江人民出版社 1984 年出版）等中文工具，以及英文版的综合性地名词典 *Merriam-Webster's Geographical Dictionary*（3rd rev. ed. by Springfield，MA. Merriam-Webster Inc，2001）和 *The Columbia Lippincott Gazetteer of the World*（by Cohen，Saul B. Columbia University Press，1998）等。

　　3）名胜词典

　　（1）《中国名胜词典》。上海辞书出版社，1986 年出版，1997 年第 3 版。该书介绍我国各地风景区、游览胜地、著名的山水湖泊、亭台楼阁、园林、寺庙、建筑等。附条目笔画索引和条目首字拼音索引。

　　（2）《世界名胜词典》。新华社国际资料编辑组编，新华出版社 1986 年出版。收录除中国以外的世界各国及地区的名胜古迹、城市、山水园林、宫殿城堡、寺庙、陵墓、历史遗迹、现代建筑，以及大学、博物馆、动物园等 3000 多条。词目按汉字笔画顺序排列。正文前有总目、词目检字表；后附"各国（地区）名称、面积、人口、首都（首府）一览表"，"世界各大自然景观表"，"分洲词目表"和"外文索引"。

　　查各地的名胜古迹还可参考《北京名胜古迹辞典》（北京市文物事业管理局编，北京燕山出版社 1989 年出版）、《陕西名胜词典》（孙向东编，陕西人民出版社 1985 年出版）、《山东风景名胜词典》（韩喜凯主编，山东友谊书社 1989 年出版）、《福建名胜词典》（福建人民出版社辞书编辑室主编，福建人民出版社 1988 年出版）、《广东名胜古迹辞典》（杨森主编，北京燕山出版社 1996 年出版）、《云南名胜古迹辞典》（邱宣充主编，云南科技出版社 1999 年出版）等工具书。

2. 手册

　　（1）《文化地理学手册》。该手册由（英）安德森等主编，李蕾蕾、张景秋译，商务印书馆 2009 年出版。全书分为九大部分，前八个部分分别从受到文化研究影响的文化地理学视角讨论社会、经济、自然、景观、主体性、帝国、西方、地缘政治等本体论议题，最后一个部分则探讨了文化地理学的认识论或方法论议题。书后附"索引"。

　　（2）《牛津经济地理学手册》。该手册由（英）克拉克、（美）费尔德曼、（加拿大）格特勒主编，商务印书馆 2005 年出版。全书分为 14 部分，共 34 章，内容包括研究视角、全球经济一体化、公司战略与区位、创新的地理、地方性与差异、全球变革等，几乎涉及了目前西方经济地理学研究中所有前沿议题。书后附"人名对照表""主题词对照表"。

（3）《地理信息国家标准手册》。何建邦等编，中国标准出版社 2004 年出版。该手册是快速获取我国地理信息标准的工具。从中可了解正在制定中的部分地理信息国家标准、部分地理信息标准化出版物和部分专业领域中与地理信息相关的标准化概况。

（4）《中国气象地理区划手册》。中国气象局预测减灾司等编，气象出版社 2006 年出版。该手册分为全国气象地理区划和各省（市、区）气象地理分区两部分。各省（市、区）主要内容为该省（市、区）分区图及其地理气候特征和气象灾害等信息摘要（各地极端最高、最低气温和日最大降水量的资料一般截止到 2003 年）。另外，对于气象产品中采用的专用地名的命名原则、区域范围和我国海域的分区也进行了必要的说明与原则性的界定。

此外，还可使用《世界地理速查手册：彩图版》（何文彬编，中国书籍出版社 2004 年出版）、《中国地理速查手册：彩图版》（裴雨来编，中国书籍出版社 2005 年出版）、《中国地理知识手册》（曹玉荣编，中国林业出版社 1988 年出版）等。

（5）《世界地名常用词翻译手册》。白文祥编，测绘出版社 2005 年出版。该书收录了世界上 115 种语言的 17000 多条地名常用词汇，每条词汇包括不同语种的罗马文字、意译汉字和音译汉字。

另外还有《世界地名翻译手册》（萧德荣主编，知识出版社 1988 年出版）、《外国地名译名手册》（中国地名委员会编，商务印书馆 1983 年出版）、《美国地名译名手册》（中国地名委员会编，商务印书馆 2004 年出版）等。

3. 地图

地图是按照一定的法则，有选择地以二维或多维形式与手段在平面或球面上表示地球若干现象的图形或图像。按其区域范围可分为世界图、半球图、大洲图、大洋图、大海图、国家（地区）图、省区图、市县图等；按专题学科可分为自然地图、人口图、经济图、政治图、文化图、历史图；按具体应用可分为参考图、教学图、地形图、航空图、海岸图、天文图、交通图、旅游图等；按使用形式可分为挂图、桌面图、地图集（册）等；按其表现形式可分为缩微地图、数字地图、电子地图、影像地图等；按照地图的内容又可分为普通地图、地形图和专题地图三种。下面介绍常用的地图集。

（1）《世界地图册（最新版）》。西安地图出版社 2011 年出版。该地图册介绍了世界地理信息、旅游景点、交通出行导航等信息。它是一本了解世界知识的工具书。

（2）《中国地图册》。中国地图出版社 2011 年出版。该地图册收录 147 幅地图，涵盖地形、气候、资源、环境、政区、交通、工业、农业、历史、文化各个领域，用地图、图片、表格及文字展示中国 34 省市区地理知识。也可利用山东省地图出版社 2007 年 1 月出版的《中国地图》、成都地图出版社 2006 年出版的《中国实用地图集》等。

(3)《中国城市地图集》。成都地图出版社 2005 年出版。该图集收录城市 108个，内容包括城市的地理位置、人口、面积、气候、特点、交通状况、经济结构、风景名胜、风土人情等，并在城市的选取上尽量反映我国主要城市分布的基本现状，是了解中国城市的一扇窗口。

(4)《中国自然地理图集（第 2 版）》。中国地图出版社 2006 年出版。全图划分为地貌和地质、气候、陆地水、海域、土壤、生物、自然环境的演变、资源、综合自然区划、环境问题、主要改造自然工程、中国自然保护等 12 个图组。每一图组按照自然要素分为若干单元，每个单元又由地图、图表和统计资料组成。图集比较全面系统地反映了各种自然要素分布规律、相互联系和各个自然地理区域的基本特征。

(5)《中国交通地图册》。人民交通出版社 2003 年出版。汇集各省市自治区、香港特别行政区、澳门特别行政区、台湾交通图以及主要干线公路图。

(6)《中华人民共和国气候图集》。气象出版社 2002 年出版。该图集包括基本气候图（包括气温、降水、日照、湿度、云、风、地温）、物理气候图（包括辐射、热量、水分）、天气气候图（包括热带风暴、强热带风暴、台风、寒潮）、气候变化图（包括气温变化、降水变化）和应用气候图（包括农业气候、工程气候、航空气候）五个图组计 339 幅图。从中可以系统地了解中国的基本气候状况、气候资源分布和气候变化。

(7)《中国沙尘气候图集》。王锦贵、任国玉主编，气象出版社 2003 年出版。该图集统计了标准气候期（1971～2000 年）全年包括沙尘暴在内的各类沙尘天气多年平均日数、多年平均四季沙尘天气日数占全年百分率等内容，并分析绘制了相应的等值线分布图。

此外，其他相关气候图还包括《中国热带气旋气候图集》（中国气象局上海台风研究所编，科学出版社 2006 年出版）、《中国内海及毗邻海城海洋气候图集》（中国气象局国家气象中心编，气象出版社 1995 年出版）、《中国气候灾害分布图集》（中国科学院大气物理研究所等编，海洋出版社 1997 年出版）、《中国气温降水变率图集》（国家气象局北京气象中心气候资料室编，气象出版社 1986 年出版）等。

4. 年鉴

通过相关学科年鉴或地方年鉴、城市年鉴，可进一步检索各城市当年最新的地理概况、人口数据、城市环境、气象资料及其各方面的统计数据。

（1）《中国气象年鉴》。该年鉴创刊于 1986 年，由中国气象局主编，是记录全国气象部门上一年工作情况的大型资料性工具书。内容包括气象工作综合情况、各省（区、市）气象局工作情况、中国气象局直属单位工作情况、其他部门气象工作情况、国际合作与交流、全国气候综述与影响评价、人物、重要会议简介、统计资料、中国气象局大事记、附录等。另有《中国气象灾害年鉴》（中国气象局编，气象出版社出版）。

（2）《沙尘天气年鉴》。中国气象局编，气象出版社出版。该年鉴内容包括对当年沙尘天气过程概况描述和沙尘天气产生的气象条件分析，全年和逐月沙尘天气时空分布及主要沙尘天气过程相关图表等。

（3）《中国旅游年鉴》。中国旅游出版社出版，1990 年创刊。该年鉴是全面反映中国旅游事业发展概况和成就的专业年鉴，收录中国旅游事业的方针、政策、专论、统计数据以及有关的信息资料等。全书采取分类编辑法。

（4）《中国交通年鉴》。中华人民共和国国家计划委员会主办，中国交通年鉴社出版，1986 年创刊。该年鉴内容包括公路、水路、铁路、邮政、电信、民用航空、石油管道、国防交通和城市公共交通各项事业的发展状况和面临的问题、重要交通文献和法规、权威性统计资料等。

（5）《中国城市年鉴》。由原国家新闻出版总署 1985 年批准创刊。主要内容为城市重要文献法规选载，中国历史文化名城，中国城市概况，城市综合问题和专题研究，城市领导专文、专访，新世纪中国城市风采，城市介绍，城市市辖区、县、乡镇及企事业单位选介，国内报刊城市文章选载等，反映中国城市发展现状和历史进程。

5. 百科全书

（1）《辞海·中国地理 外国地理 历史地理》。中国地理分册由夏征农主编，上海辞书出版社 1987 年出版。该书收录中国地理词目 4990 条，分类编排，其中包括国名、直辖市、省、自治区其他地区、各省市县及旧县、重要集镇、山河湖海及旧名、简称等；外国地理分册 1982 年出版，其中包括大洲大洋、国家和地区、主要城市、山、河、湖、海、港湾、岛屿等；历史地埋分册 1978 年出版，介绍了历史上的古国、部落、都邑、军镇、各级政区、古地理名称和其他重要建筑、历史地理学家和著作以及一般名词等。书前有分类词目表；书后列词目笔画索引。

（2）《中国大百科全书·地理学》。中国大百科全书出版社 1990 年出版。全书收录条目 909 条，介绍了自然地理学、人文地理学、历史地理学、区域地理学、地图学、地名学、方志学以及地理学史等方面的知识。该卷反映了 20 世纪 80 年代地理学的新成果和新进展，尤其注意反映地理学的计量化、生态化和人文化的发展方向。另外，还介绍了地理学分支学科，如综合自然地理学、化学地理学以及人文地理学。

（3）《中国大百科全书·世界地理》。中国大百科全书出版社编，1990 年出版。该书正文分 12 大类：亚洲、欧洲、非洲、大洋洲、北美洲、拉丁美洲、南美洲、南极洲、太平洋、大西洋、印度洋、北冰洋，下设若干小类。释文中设目录和层次标题。正文后附条目汉字笔画索引、外文索引、内容索引。

另有《中国大百科全书·中国地理》（中国大百科全书出版社 1998 年出版）以及英文版百科全书 *Lands and Peoples*（美国 Grolier 出版公司 1981 年出版，共 6 卷）。

6. 地名录

地名录是收录经审定的规范化的地方名称，并注明所属的国家、行政区划以及在地图集上的具体位置的工具书。

（1）《中华人民共和国地名录》。中国地名委员会编，中国社会科学出版社 1994 年出版。该名录收各级行政区域、居民聚落、自然地理实体等地名约 10 万条，有地名首字音节和笔画查字表。

（2）《21 世纪世界地名录》。萧德荣、周定国编，现代出版社 2001 年出版。该书收录了世界最新的地名，每条目一般包括罗马字母拼写、汉字译名、所在地域和地理坐标四项内容。地名按拼音字母顺序排列。附录包括我国南海诸岛地名的正名、外国报刊对我国南海诸岛的称谓和拼写、我国部分地名在外国报刊中常见的拼写法、地名性专名、常见地名通名、世界各国一级行政区划。

（3）《最新世界地名录（汉英·英汉）》。梁良兴主编，外文出版社 1999 年出版。该名录辑录了外国地名 20000 个，包括国家（地区）名、首都（首府）名、各国一级行政区划名、较大的城镇和居民点名以及重要的自然地物如山、河、湖、海、岛等的名称，以及若干知名的古国、古城、广场、道路、建筑物、名胜古迹等。全书采取汉-英和英-汉双向排法。汉-英部分按汉语拼音次序排列，英-汉部分则以拉丁字母为序。附"本书中地理通名的英文缩写和全称对照表"等。

7.5.2　主要信息平台

1. 数据库资源

（1）人地系统主题数据库（http：//www.data.ac.cn）。该数据库原名为中国自然资源数据库，由中国科学院地理科学与资源研究所承建。它是面向人地系统基础研究、国家经济建设和国家战略需求，以人口、资源、环境和发展

（PRED）为核心的数据库服务系统。在完善原中国自然资源数据库的基础上，通过整合东北黑土区、黄土高原、西南山地等人地关系典型区域以及中国周边与全球主要国家（地区）的人地系统数据形成。数据库的内容涉及自然资源、环境、人口、社会经济、生态等多个方面，主要为地球科学基础研究、区域可持续发展、政府管理决策以及社会公众提供数据服务。该库由 32 个子库构成，目前的数据量总量超过 6TB。其中，属性数据库包含 400 多个关系表，8000 多个数据项，约 1000 万个数据；矢量数据库包括不同比例尺的地理背景要素和专题要素；栅格数据产品包括 1 平方公里分辨率的气温、降水、日照时数、相对湿度、NDVI 等生态环境背景数据和人口、GDP 等人文数据。

人地系统主题数据库包括中国水资源数据库、中国土地资源数据库、中国气候资源数据库、中国生物资源数据库、中国能源资源数据库、中国农村能源属性数据库、中国渔业资源属性数据库、中国综合经济数据库、中国旅游资源数据库、中国农业经济数据库、中国工业经济数据库、中国交通运输邮电业经济属性数据库、中国建筑业经济属性数据库、商业经济属性数据库、中国城市属性数据库、中国科教文卫属性数据库、中国人口与劳动力数据库、中国环境污染治理与环境保护数据库、中国自然灾害属性数据库、中国及周边地区基础地理要素数据库、中国 1：1000000 县界数据库、中国 1：4000000 县界数据库、全球 DEM 数据库、中国及周边地区 1 平方公里 NOAA AVHRR Ts（地表最高温度）数据库、中国及周边地区 1 平方公里基于 NOAA-AVHRR 的 NDVI（归一化植被指数）数据库、中国 1 平方公里气温数据库、1 平方公里降水量数据库、1 平方公里日照时数数据库、1 平方公里相对湿度数据库、1 平方公里社会经济数据库、1 平方公里人口数据库、中国人口流动数据、70 年前后遥感影像数据库、NOAA-AVHRR 遥感影像数据库、MODIS L1B 数据、专题图件库等。该数据库提供了多种检索途径，如分类查询浏览、关键词查询、分省、县数据查询、变量数据查询等。

此外，在中国科学院国家科学图书馆兰州分馆的主页上还提供"中国地球科学与资源环境科学机构数据库""中国全球变化文献数据库"检索。

（2）地学数据库（GeoRef）。GeoRef 地学数据库（www. geoscienceworld. org/site/georef/georef. xhtml）是由美国地质协会（American Geological Institute）编辑的，由美国银盘公司（Silver Platter Information）与其合作发行的光盘数据库。它收录了 1785 年以来的北美地学文献和 1933 年以来的全世界地学文献，至 1994 年共计 170 万条，包括期刊、会议录、图书、地形图和地质图、学位论文、报告、传记等。涉及的学科范围包括地质学、地球物理、古生物、地层学、工程地质、环境地质、水文地质、水文学、矿物岩石学、结晶学、地球化学、海洋学、海洋地质、石油地质，另外还包括行星科学、天体物理学、天体化学、数学地质、遥感地质、电子学和计算机应用、分析化学等。

另有地学数据库（GeoBas）（由荷兰 Elsevier 公司出版，是一个包含地球科学、生态学、地理学和海洋学方面的书目数据库）。

2. 学术期刊网站

（1）中国地理资源期刊数字传媒网（http：//www. geores. com. cn/qkw）。该网提供期刊导航、论文检索、期刊动态、工具列表、科研助手、科研基金、会议信息、招生招聘、地学书店、媒体推广、图书出版、期刊论坛等栏目。可进行论文、资讯搜索、阅读与下载，包括《地理学报》《地理研究》《地理科学》《地理科学进展》《经济地理》《人文地理》《旅游学刊》《资源科学》《地球信息科学学报》《自然资源学报》等杂志上的文章。

（2）中国地学期刊网（http：//www. geojournals. cn/oa _ journal _ list. aspx）。中国地学期刊网目前成为国内地学界唯一的容纳期刊最多、年单击率最高的网站。它提供中英文的专业期刊，读者可通过门户网站直接检索目标期刊，免费阅读，并下载过刊全文，此外，还可检索文献或投稿。

（3）汉斯出版社——地球与环境类期刊（http：//www. hanspub. org/2. shtml）。汉斯出版社是一家国际综合性开源学术期刊出版机构，目前已有国际开源中文期刊 80 多本，所有期刊都是开源的（Open Access，或称开放存取，简称 OA）。期刊已被国际知名 DOAJ 开源数据库以及中国万方、维普数据库收录。检索方法如下：先选择汉斯出版社电子期刊数据库，单击资源网址进入主页（www. hanspub. org），在"期刊分类"栏目选择"地球与环境"类期刊，即可下载期刊文章。也可输入关键词、作者名、作者单位等词语进行检索。

国外著名的地理期刊网站还有美国国家地理杂志（http：//www. nationalgeographic. com）、加拿大地理杂志（Canadian Geographic Magazine，http：//www. cangeo. ca）、地理信息系统月刊（Geo Info Systems，http：//www. geoinfosystems. com）等。

3. 资源导航网站

导航网站是把有用的学术类网络资源进行搜集归类，为某一专业领域的学科提供权威和可靠的信息导航，也称为学科信息门户，它是按照学科、主题或知识门类来浏览专业学术资源的特定网站。相关网站介绍如下。

（1）地理学科分类导航网址大全（http：//www. shoulai. cn/BBS _ Topic/Topic _ 2247. html＃）。该网站由中南出版传媒集团股份有限公司、湖南教育出版社分公司等单位建立，并提供地理及其地理教学、地理相关网站的链接。

（2）地理导航网（http：//www. pantao108. cn/dili/index. asp）。该网站由

湖北蟠桃教育网提供，包括地理名站、地理报刊、地理教学、教辅、地理考试、地理教研、地理学习以及天文、组织等网站导航。

（3）气象学分类导航（http：//www.china001.com/show _ hdr.php?xname＝PPDDMV0 & dname＝1K5KV21 & xpos＝0）。由数字中国网提供，包括大气科学综合门户网站、行业组织机构、气象专家、气象综合报刊、大气物理、天气学、气候学等网站导航。

4. 地理信息相关网站

（1）中国国家地理网（http：//www.dili360.com）。该网站设地理资讯、考古、探奇、图片、行游天下、地图、地理论坛、电子杂志等栏目。地理资讯栏目设独家原创、探索中国、地理时空、生物传奇、星空万象、考古探秘、环境档案、深度评论、图片观察、大千探奇，主要报道地理科学类国内外动态；地理论坛设摄影天地、户外旅行、社会万象等；商城提供杂志线上订阅，购买过刊、地理旅游类图书等服务。该网站还提供关键词检索。

（2）地理信息系统论坛（http：//www.gisforum.net）。该网站设 GIS 资讯、GIS 业界、GIS 资源、GIS 职涯、GIS 调查、GIS 社区、GIS 人才招聘、专题等栏目。提供有关 GIS 入门知识、教程、电子杂志、词典与 GIS 研究方面的文章和图片信息以及 GIS 百科搜索。

（3）GIS 空间站（http：//www.gissky.net）。GIS 空间站设有新闻资讯、技术文章、资料下载、论文中心、求职招聘、企业频道、遥感专栏等栏目。提供GIS、遥感、GPS、摄影测量、测绘工程论文以及相关工具软件、系统的解决方案、电子书刊的检索与下载。

（4）中国环境遥感网（http：//www.ers.ac.cn）。提供新闻动态、数据发布（包含极轨气象卫星、静止气象卫星、航空高光谱、大气环境和地物光谱数据）、遥感应用、学术论坛、知识介绍以及遥感信息研究实验室等栏目。

（5）资源网（http：//www.lrn.cn）。该网站由国土资源部信息中心主办，设媒体聚焦、部委信息、地产市场、矿业市场、投资指南、科普园地、政策法规、标准规范、基础数据、资料集萃、行业 E 览、资源概况、资源科技、资源文化、在线访谈、网上直播等栏目，提供关键词搜索。

（6）中国地名网（http：//www.cgn.ac.cn）。该网站设地名机构、地名标准化、地名信息化、地名文化、标牌检测、地名规划、知识资料等栏目。提供县级以上政区地名的查找以及英语地名计算机译写、外语分国地名译写。

（7）地名大词典（英文）。（http：//www.getty.edu/research/conducting _ research/vocabularies/tgn/index.html）。该站提供术语、名家和人物、地方等相关信息，介绍艺术、建筑学、物质文化等相关概念。

（8）Columbia Earthscape（http：//www. earthscape. org）。哥伦比亚地球图景是一个地球与环境科学资源汇集的网站。它提供简单搜索和高级搜索，快速检索地球科学知识。

5. 机构网站

（1）中国科学院地理科学与资源研究所（http：//www. igsnrr. ac. cn）。该所是由中国科学院地理研究所和中国科学院自然资源综合考察委员会整合而成的。网站设所况介绍、机构设置、研究队伍、科学研究、合作交流、研究生教育、党群园地、创新文化、科学传播、学术期刊、精选论文推介等栏目。

（2）资源与环境信息系统国家重点实验室（http：//www. lreis. ac. cn）。该所是我国最早的国家重点实验室之一，是中国地理信息系统事业的开拓者和摇篮。主要致力于地球信息科学的基础理论与方法的研究，发展地理信息系统核心技术，构建国家级行业重大应用示范系统，建立"数据-模型-软件-系统"一体化的地球信息科学研究体系，对我国地球信息科学的发展起到学科导向、应用示范及人才培养的作用。该网站包括实验室简介、科研人员、学术研究、开放交流、招生信息、创新文化等栏目。主页上有"资源共享链接"，可链接到地球系统科学数据共享网、资源环境科学数据中心、超图免费下载中心、MODIS 共享平台、国家生态系统观测研究网络等。

（3）国家遥感中心（http：//www. nrscc. gov. cn）。国家遥感中心网站介绍其概况、业务部门、专家队伍、创新平台，并提供 GEO 数据共享、地理空间信息产品、导航与位置服务、空间信息系统软件测评。该中心的业务领域从遥感与地理信息系统技术扩展到以遥感、地理信息系统、卫星导航定位及空间探测等为主的地球观测与导航技术领域等。

（4）国家基础地理信息中心（National Geomatics Center of China，NGCC）（http：//ngcc. sbsm. gov. cn）。NGCC 负责管理全国测绘成果资料和档案资料；负责国家级基础地理信息系统建设、维护、更新、开发以及有关研究工作，承担国家测绘地理信息局下达的专题数据库的建库工作；承担国家测绘地理信息局交办的基础测绘和重大测绘项目。该网站提供执行的主要标准规范、空间数据、产品应用及信息服务等内容。

6. 教学资源网站

（1）中学地理教学参考（http：//www. jwdili. com）。该网站由资讯动态、期刊阅览、资源精品、教师园地、部门介绍、商城服务、期刊订阅、经纬论坛等栏目组成，可通过关键词进行检索课程设计、教学素材、精选试题、优秀作品以及教学资讯等信息。提供《中学地理教学参考》期刊的阅览。

（2）北京地理教学资源网（http：//zxdl. bjedu. gov. cn/new）。提供北京市教科院教研中心地理室及北京市地理教学研究会举办的各种教研活动，北京市各区的优秀地理教师的教学论文、优秀课例、课件等教学资源，全国地理教学改革新信息等。

7. 在线电子地图

电子地图（electronic map），即数字地图，是利用计算机技术，以数字方式存储和查阅的地图。可以非常方便地对普通地图的内容进行任意形式的要素组合、拼接，形成新的地图，也可以对电子地图进行任意比例尺、任意范围的绘图输出。它包括地形图、栅格地形图、遥感影像图、高程模型图、各种专题图等。

（1）国家动态地图网（http：//www. webmap. cn）。该网站是基于国家基础地理信息系统全国 1：4000000、1：1000000 数据库，结合各权威部门公开发布的具有空间分布特征的社会、经济、自然等专题信息，以及与人民生活密切相关的城市、旅游信息等，实现在线或非在线发现与获取，并对这些信息进行整理、组织和集成，对其进行综合分析与利用，以各种形式进行表达，形成一系列内容不断增加和更新的专题地图，建立在线地图制图集成系统，动态、直观地揭示这些信息所蕴含的规律和知识，展现我国自然地理、社会历史和经济文化状况等基本国情，为广大用户提供一个基于 Internet 信息的地图界面和以地图为形式的分析与表达工具。它包括基础地图（基础地理——水系、居民地、交通、通信、行政区、地形、地面特殊地物；地理单元与科学测站——综合自然地理单元、地理格网、科学测站、其他地理单元）和专题地图（人口统计、社会经济、历史、影像图、居民生活、自然环境、自然资源、自然灾害）。

（2）天地图（http：//www. tianditu. cn/map/index. html）。天地图是国家测绘地理信息局主导建设的国家地理信息公共服务平台，运行于互联网、移动通信网等网络环境。它以门户网站和服务接口两种形式提供 24 小时不间断的"一站式"地理信息服务。通过天地图的门户网站进行基于地理位置的信息浏览、查询、搜索、量算以及路线规划等各类应用；也可以利用服务接口调用天地图的地理信息服务，并利用编程接口将天地图的服务资源嵌入到已有的各类应用系统（网站）中。该网站包括在线地图、综合服务手机地图、地图 API、专题应用、服务资源等栏目。专题应用栏目提供天地旅游（基于天地图的旅游地理信息服务平台，提供基于空间位置的各类旅游信息查询、旅游路线规划、上传图片、信息标注等丰富实用的功能）、车辆监控（加强车辆的可视性运行管理而建立的集成系统）、中华舆图（文字与图片结合，展示悠悠中华的历史变迁）、三维数字城市（一个可视化三维地理信息数据综合处理及应用发布平台）、《伟业宏图——庆祝中国共产党建党 90 周年专题》（将中国共产党 90 年的光辉历程以地图为载体、通过网站的形式表现出来)、标准地图下载 (包括《中华人民共和国地图》和《世界地图》共 908 幅) 等。

此外，通过 www. sbsm. gov. cn/article/zxbs/dtfw 国家测绘地理信息局网页上浏览与下载《中华人民共和国地图》和《世界地图》，也可利用谷歌地图、百度地图、搜狗地图。

(3) Topozone (http：//www. topozone. com)。这是一个自然地形地图网站，提供建筑物、河流、港口、树林、山脉等方面的自然地形测绘信息。

(4) Virtual Tourist (http：//virtualtourist. com)。它属于旅游信息查询网站，包括 200 多个国家或地区的旅游景点信息。

7.5.3　主要检索工具书

《地理学文摘》(*Geographical Abstracts*)

(1) 概况。其前身是《地貌学文摘》(*Geomorphological Abstracts*，1960～1965)，1972～1985 年曾名为《地学文摘》(*Geo Abstracts*)，双月刊，分 7 辑，每辑各有年度索引。A～G 辑名称如下。A："地貌和第四纪"(*Landforms and the Quaternary*)。B："气候学和水文学"(*Climatology and Hydrology*)。C："经济地理"(*Economic Geography*)。D："社会地理和历史地理"(*Social and Historical Geography*)。E："沉积学"(*Sedimentology*)。F："区域和城乡规划"(*Regional and Community Planning*)。G："遥感、摄影测量学和制图学"(*Remote Sensing Photogrammetry and Cartography*)。1989 年起，A、B、E、G 辑合并成《地理学文摘：自然地理》，C、D 和 F 辑合并成《地理学文摘：人文地理》。

(2) 编排方法。《地理学文摘》的名称虽几经变更，但不管是分辑或综合本，其编排方法和著录格式基本相同，它主要由目录 (contents)、文摘 (abstracts)、索引 (index) 三部分组成。目录部分分为几大类，在每一大类下又分若干小类，在每一小类下列有若干条文摘；文摘按目录表的类目分类编排，在每一小类下列有文摘，文摘号从每年的第 1 期的 1 号排起；1990 年以前的分辑本在每年最末一期 (第 6 期) 后面附上地区索引和著者索引，并作为年度累积索引。1990 年改为综合本"自然地理"出版后，在每期文摘后面都设有"地区索引"和"会议日记"(meeting diary)。这种"会议日记"。一般是预告下一个月将在世界各地召开的有关专业和学术会议。此外，GA 还编有年度累积索引，即在每一年度末，出版一本综合本的累积索引，包括主题索引、著者索引、地区索引。

(3) 检索途径与使用方法。该文摘有三种检索途径：分类途径 (已知所查课题所属的分类类目，利用目次表进行查找)、著者途径 (已知所查课题的有关研究人员的姓名，可利用著者索引查找)、主题途径 (已知所查课题的区域名称或其他的主题内容，选择区域索引、单独出版的年度索引分别进行查找)。

　　此外，检索地理论著还可使用国内的检索工具书，例如，《中国历史地理要籍介绍》（杨正泰著，四川人民出版社 1987 年出版）、《中国地理著作要览》（毛继同主编，测绘出版社 1990 年出版）、《中国地学论文索引》（全 2 册，王庸、毛乃文编，国立北平师范大学、国立北平图书馆 1934 年出版）、《国内报刊有关地理资料索引 1955 年》（中国科学院地理研究所编，科学出版社 1956 年出版）、《内报刊有关地理资料索引 1957～1958 年》（中国科学院地理研究所编，商务印书馆 1959 年出版）、《全国主要期刊有关地理资料索引》（中国科学院地理研究所编，商务印书馆 1961 年出版）、《国外地理文摘》（中国科学院文献情报中心，1983～2003）以及由中国科学院地理科学与资源研究所编的《中国地理科学文摘》（后改名为《中国地理与资源文摘》2004～2010）和《中国国土资源文摘》（1987～2001）。国外地学方面的检索工具还包括 *Bibliography and Index of Geology*、*Meteorological & Geoastrophysical Abstracts*（1950 年创刊，月刊，美国气象学会编）、*Annual Review of Earth and Planetary Sciences* 等。

7.6　计算机专业信息检索

　　计算机科学是一门包含各种各样与计算和信息处理相关主题的系统学科，从抽象的算法分析、形式化语法等，到更具体的主题如编程语言、程序设计、软件和硬件等。要查找计算机专业方面的相关知识，如查考计算机专业名词术语、重要人物、国内外大事、具体统计数据、行业专业发展状况等问题，需利用事实数据参考工具书和主要信息检索平台。

7.6.1　主要参考工具书

1. 词典

　　（1）《英汉双解微软因特网与联网技术辞典》。美国微软出版社编，章天懿主译，清华大学出版社 2003 年 7 月出版。该书共收 3000 多个条目，内容涉及 Internet 与联网技术，也涉及与网络相关的各种最新的技术、标准、软硬件产品及其缩略语、行话与符号。释义准确而简明扼要，附录中给出常用的文件扩展名、万维网中的顶级域名以及各种联网与聊天用的缩略语。

　　（2）《英汉计算机与信息技术综合词典（精装）》。由战晓苏、徐洸主编，国防工业出版社 2005 年 6 月出版。该词典收录了计算机与信息技术领域的英文词汇及其中文解释，包括 8500 多条专业名词术语及词组，还精选了 2500 多条常用的非专业通用词汇。内容涵盖了计算机与信息技术的整个领域，尤其是注意收集了热点分支领域的专业词汇；适当选收了与计算机科学密切相关且经常使用的名词术语；尽可能多地选收了近 3 年内出现的概念或内涵比较明确的、相对稳定的新名词术语。为便于读者使用，所收基本词汇均标注了国际音标；基本词汇均给出了专业词义。该词典适合计算机与信息技术领域的教学、科研、应用、工程、服务人员与及广大院校师生及计算机用户使用。

（3）《新世纪英汉计算机词典》。由陆卫民、谢建勋主编，科学出版社 2006 年出版。该词典所收词汇覆盖了"全国科技名词委"公布的最新计算机名词近万条。另外，收录新词、新义 5000 多条，充分体现了时代气息。

（4）《牛津英汉双解计算机词典》。由 Valerie Illingworth 等编，张季东编译，上海外语教育出版社 2007 年出版。该词典收录术语 6000 多条，其中包括新词 1700 多条。所收词条涉及计算机在工业、办公、科研、教育以及家庭等方面的应用。

（5）《日英汉计算机词典》。由朱丽颖等编著，商务印书馆有限公司 2013 年 8 月出版。该词典为日、英、汉三语词典，收录词条 10 万多条，词条范围包括主机、工作站、智能机、外围设备、软件工程、程序设计、人工智能、计算机网络、数据库、计算机辅助设计与图形学、模式识别与图像工程、多媒体技术等。末尾附英汉计算机缩略语和英语词汇检索目录，方便读者查找。

2. 手册

（1）《OpenCV2 计算机视觉编程手册》。由 Robert Laganière（加）著，张静译，科学出版社 2013 年 7 月出版。该手册以案例的形式介绍 OpenCV2.X 的新特性和 C++新接口，案例中包含具体的代码与详细的说明。《OpenCV2 计算机视觉编程手册》很好地平衡了基础知识与进阶内容，要求读者具有基础的 C++知识。该手册既适合想要学习计算机视觉的 C++初学者，也适合专业的软件开发人员。该手册可作为高等院校计算机视觉课程的辅助教材，也可以作为图像处理和计算机视觉领域研究人员的参考手册。

（2）《计算机常见故障排除及使用技巧手册》。由马振超主编，华中科技大学出版社 2005 年 9 月出版。该书主要介绍目前计算机各种常见的软、硬件故障和解决办法以及常见软件的使用技巧。内容包括计算机故障概述、操作系统常见故障及解决、办公软件常见故障及解决、网络常见故障。

（3）《网络互连技术手册（第四版）》。美国 Cisco Systems 公司著，李莉、童小林译，人民邮电出版社 2004 年出版。该书共分九个部分。第一部分简单介绍了网络互连的基本概念和技术。随后的几个部分详细讨论了这些概念和技术，涉及的主题包括 LAN 协议、WAN 技术、多业务接入技术、桥接和交换、网络协议、路由选择协议以及网络管理。与前面几个版本相比，该书第四版增加了一些新的内容，包括 VoIP/DPT/SRT、EAP、QoS 和 IOS 等。

（4）《计算机常用小型工具软件使用手册》。由刘向东等编，由机械工业出版社 1998 年 10 月出版。该书详细介绍了小型工具软件的使用方法和技巧，包括数十个目前广为流传的软件，其内容涵盖计算机性能评测、磁盘工具、压缩与解压、加密与解密、病毒防杀、静态与动态图形工具、内存管理及游戏克星等。

（5）《计算机系统工程师手册》。由刘观兴、李维田等编，科学出版社 1996 年出版。全书分六编 35 章。第一编通过具体系统地提出计算机可以应用在何处及如何使用，并说明现场与组成系统的关系。第二编介绍引进计算机时的各种计划、注意事项及评价方法。第三编阐述在系统开发和移交时系统的各种支援工具，提供了"软件系统工程"的方法，以在系统生产时应用。第四编主要介绍为避免系统实际运行后产生不满足用户的现象的必要条件、没有充分达到系统目的等现象，在系统设计中必须注意的地方；还介绍了分布系统、数据库关系、信息的探索技术等。第五编以操作系统为中心，介绍在操作系统管理下的各种基础软件。第六编通过具体事例介绍不分业务种类、在广义范围内使用的应用软件和某些业种特定的软件，尤其是近年来发展迅速的专家系统和计算机集成制造技术，以期随着计算机应用范围的日益扩大，逐步进行应用标准化，并在扩大应用领域方面起到一点作用。

3. 年鉴

有关计算机专业与教育技术专业的历史事件、研究进展等信息除了用《中国百科年鉴》《自然科学年鉴》外，还可用以下年鉴。

（1）《中国信息年鉴》。2002 年创刊，创刊号为《中国信息年鉴 2001》，由国家信息中心、中国信息协会组织编纂。该年鉴主要记录中国信息产业发展情况、信息技术研究进展和信息技术新产品等信息。

（2）《中国计算机年鉴》。《电脑报》合订本中的光盘赠送品，最早一期是《中国计算机年鉴 2001》。该年鉴主要介绍计算机事业发展概况、硬件与软件产品、重要文献、著名人物、研究进展等。

4. 百科全书

（1）《中国大百科全书（电子学与计算机）（Ⅰ、Ⅱ）》。该卷编委会，中国大百科全书编委会编。中国大百科全书出版社 1986 年 10 月第 1 版，共上、下两册。该卷共收条目 1207 个，插图 1567 幅，计 270 万字。内容包括电子学和计算机基本理论、电子元件、电子器件、通信、雷达、遥感等信息传输、处理、显示技术及应用、电子测量与计量、电子产品的可靠性安全防护、计算机硬件、软件及应用等。

（2）《计算机科学技术百科全书》。张效祥主编，清华大学出版社 1998 年月出版。该书是全面、系统、科学地介绍计算机科学技术知识的专业百科全书。全书按六个学科（计算机科学理论、计算机组织与体系结构、计算机软件、硬件、计算机应用技术、人工智能）、四级框架的层次设置了 1293 个条目，按条目题名拼音字母顺序排列。正文前编有条目分类目录，它由条目题名组成，并按学科分支的框架层次编排，体现了计算机科学技术所涵盖知识的内在联系、相关程度和性质特点。该书的检索系统包括条目汉语拼音索引、条目外文索引和内容索引。内容索引包含了全部条目题名和释文内的主题词。书末有三个附录：①缩略语；②计算机及相关学科科技期刊；③计算机及相关学科学术团体。

（3）《网络百科全书（第二版）》。（美）塔洛克（Tulloch）等编著，邓云佳等译，科学出版社 2003 年出版。该书是关于网络技术术语和缩略语的百科全书。该书是关于网络技术术语和缩略语的参考资料，收录 3000 多个条目，覆盖了网络发展、组织机构、协议与标准、网络硬件、数据与存储、通信等领域，对新技术前景进行了展望，许多条目还附有图表说明，并以发展的眼光对与网络相关的领域作了详尽的解释。

7.6.2　主要信息检索平台

（1）IEEE 计算机学会数字图书馆（http：//www.computer.org）。电气和电子工程师协会（Institute of Electrical and Electronics Engineers，IEEE）计算机学会是世界上最早和最大的计算机专业人士的学会，成立于 1946 年，是 IEEE 下 39 个专业学会中最大的一家。学会现有约 85000 名会员，来自 140 多个国家，其中，40% 以上来自美国以外地区。IEEE 计算机学会致力于发展计算机和信息处理技术的理论、实践和应用。通过其会议、应用类和研究类的期刊、远程教育、技术委员会和标准制定工作组，学会在它的成员中间不断推动活跃的信息、思想交流和技术创新，是全球计算机专业人士的技术信息和服务的顶尖提供者。

（2）Engineering Village（http：//www.engineeringvillage.com/）。Ei Village 是美国工程信息公司推出查检《工程索引》，被称为 "Village" 的网络数据库，目前 Ei 公司已经将 Ei Village 升级到 EV2 的平台了。该平台包括著名的《工程索引》（Ei Compendex Web）、INSPEC、商业数据库，还包括专利、标准、多种期刊与会议论文的文摘以及分布于世界各地的 16000 多个对工程信息技术人员有较高价值的资源网址等。Ei Village 收录的文献涵盖了所有的工程领域，该数据库侧重提供应用科学和工程领域的文摘索引信息，其中计算机和数据处理类占 12%，电子和通信类占 12%。大约 22% 的数据是有主题词和摘要的会议论文，90% 的文献是英文文献。近来，Ei 公司尝试并已开通部分二次文献与一次文献（主要是 Elsevier 的期刊）的直接链接服务。

另外，INSPEC 数据库，即英国《科学文摘》网络版也是利用此操作平台，该数据库30％是计算机与信息技术的文献。

（3）The ACM Digital Library。该数据库收录了美国计算机协会（Association for Computing Machinery）的各种电子期刊、会议录、快报等文献的全文信息，还可以看到出版物信息。可检索到其他3000多家出版机构的计算机文献的文摘索引信息（The Guide即计算文献指南）。

（4）太平洋电脑网（http：//www.pconline.com.cn/）。该网站于1999年正式推出，是国内首家以专业计算机市场联盟为基础的大型IT资讯网站。网站包含有今日报价、DIY硬件、数字家庭、产业资讯、企业频道、摄影部落、DV频道、随身听、数码相机、手机、软件频道、下载中心、GPS栏目、个人计算机、通信频道、产品库等多种频道。

（5）华军软件园（http：//www.onlinedown.net/）。华军软件园是中国起步较早、口碑较好的大型专业网站，是中国最有影响力的著名下载网站之一。目前已收录约449350个软件且在不断迅速增加，并将软件合理分类，加入软件搜索，便于用户查询。该网站收录所有软件全部为本地高速下载，更有国产软件专栏，是网上下载软件的好去处，是软件作者发布软件的好地方。在网络中享有很好的声誉，成为搜狐、新浪、网易、YESKY等众多门户网站的信息源，是人气最旺的IT类网站之一。该网站在网民中知名度极高，形成了一种找软件到华军软件园的共识。

7.6.3 主要印刷型检索工具

计算机专业检索工具除《科学文摘》C辑（计算机与控制文摘）和D辑（信息技术）外，还有以下检索工具。

（1）《计算机应用文摘》。1985年创刊，1998年下半年改版试刊二期，1999年1月正式改版为月刊，2003年1月再次改版为半月刊。2010年再次改版为旬刊。它为各类用户提供计算机应用相关软硬件的使用技巧、网络应用方案、数字生活方式、故障完全解决方案等，帮助读者迅速提升使用计算机的水平，使读者能将计算机应用技巧更快地融入工作、学习、生活和娱乐中。期发行量35万册，月发行量45万册，发行量在国内计算机普及性刊物中名列前茅。

（2）《计算机文摘》（*Computer Abstracts*）。1960年创刊，由英国技术情报有限公司（Technical Information Co.，TIC）出版。1990年改由英国牛津大学计算图书馆（Oxford University Computing Library）编辑，由MCB大学出版社（MCB University Press Limited）出版，月刊，另出版年索引。收录世界上期刊、文献、专利、科技报告有关计算机文摘。文摘正文按分类编排，1990年分类类目由1989年19大类改为14大类。文摘正文之后附主题索引和著者索引及计算机新闻报道。年索引包括主题索引、著者索引以及出版者信息。

（3）《计算评论》（*Computing Reviews*）。1960 年创刊，由美国计算机协会编辑出版，月刊。内容按主题维排。从第 22 卷开始，分为图书与会议录、非书文献（如期刊论文等）两部分，分别以主题/分类排列。主要类目包括应用（自然科学、工程学、人文学）、软设备（程序语言、监控系统，评价等）、硬设备（计算机系统、组件与线路等）、计算数字和模拟计算机等。主要提供计算机科学领域中所有近期出版的评论性情报。

第8章 信息分析研究与利用

8.1 概论

8.1.1 信息分析研究的意义与作用

信息分析研究是根据特定的需要，对信息进行定向选择和科学分析的一类研究活动，是信息工作与科学研究工作的有机结合。

1. 意义

信息分析研究有目的地对信息进行深度加工，其目标是为了达到以下目的。

（1）针对所要解决的问题，对浩如烟海的高度离散状态的无序信息进行搜集和整序，从中筛选和提炼出有参考作用的信息。

（2）从所研究的有关事物点滴的、局部的、不完整的信息中，推断出能认识该事物的整体状况及其发展变化规律的信息。

（3）根据已经掌握的事物的过去和现在的信息，推演出能预测其未来发展状况的信息。

2. 作用

作为财富与资源的信息，其巨大效用，并非通过直接使用就能立即显示出来，而是需要经过收集、存储、组织、分析、提供等程序，方能实现它们的价值。其中，通过信息分析研究，可以深入认识某种信息的价值和可能的用途，有针对性地解决实际问题。如果说信息的收集、存储和组织是信息资源开发利用的前提条件，那么信息分析研究则是信息资源开发利用的高级形式。只有通过信息分析研究，才能实现对信息资源的深层次开发。

信息分析研究在社会生活中主要具有下列作用：

（1）在科学管理中发挥参谋和智囊作用；

（2）在研究开发中担负助手作用；

（3）在市场开拓中起保障和导向作用；

（4）在动态跟踪与监视中起耳目和预警作用。

8.1.2　信息分析研究的类型与一般步骤

1. 信息分析研究的类型

（1）信息分析研究按人们的社会生活领域划分，分为政治（含外交）信息分析研究、经济（含产业）信息分析研究、军事信息分析研究、科学技术信息分析研究、交通通信信息分析研究、人物信息分析研究等几个方面。

（2）信息分析研究按研究内容的形式划分，分为跟踪信息分析研究、比较信息分析研究、预测信息分析研究、评价信息分析研究等几种类型。

（3）信息分析研究按研究方法划分，可分为定性信息分析研究和定量信息分析研究两种类型。

2. 信息分析研究的一般步骤

（1）课题选取；

（2）制定研究计划；

（3）信息收集、整理、鉴别与评价；

（4）分析与综合；

（5）成果撰写。

8.2　信息分析研究立题与破题

8.2.1　信息分析研究立题

立题也称选题，是信息分析研究的第一步，也是具有决定意义的第一步。立题恰当与否直接关系到信息分析研究的价值与效果。

1. 课题来源

信息分析研究课题的来源主要有三个方面：一是领导部门提出的研究课题；二是社会需要的研究课题，如经济贸易、设备引进、技术方案、工程论证、新产品开发以及其他社会所需要的信息研究课题；三是自选课题，如信息部门与信息研究人员在实际工作、深入调查、查阅资料等活动中自行选到的课题。

2. 立题的原则

（1）实用：①要根据国家的科学技术、经济建设、环境保护、社会发展等方面的方针政策和需要来选择研究课题；②要从社会的急需与课题的应用性出发来选题；③要掌握好时机，选择那些领导和群众都很关注而又无人研究，或普遍忽略而又较容易产生好的效果的领域中立题。

（2）有新意：①要在未解或解之不深的学术领域中立题；②要在交叉边缘学科领域中立题；③要在有争议的领域中立题。

（3）主客观条件许可：①主观，立题者的知识基础和研究能力；②客观，资金、物资设备、信息资料来源。

另外，在立题工作中应注意以下一些问题：①将信息分析研究与科学研究有机地结合起来，出水平较高的研究成果；②课题选出后应请熟悉业务的专家加以审议，然后再最终确定。

8.2.2 信息分析研究破题

破题，即弄清题意，做好研究前的准备工作。

1. 课题分析与论证

研究者对于上级主管部门和信息用户委托的信息分析研究课题，在刚提出来时，往往目标不够明确、任务范围不够具体，信息分析研究人员要对提出的课题进行整理、归纳和粗略的分析研究，初步明确课题的目的、意义、要求、内容、难度、费用、完成期限等，必要时要与上级主管人员或信息用户进行交流与洽谈，以便准确地把握课题内容和要求。要做好这项工作，信息分析研究人员首先要围绕课题展开调查，采集信息资料和样本。如果调查表明该课题的材料太多、范围太广泛，则需要考虑是否在选题范围、完成期限、费用上作出相应的改变；倘若材料极少或国内已经有人选择并研究过同一课题，则应当考虑是否放弃该课题或调整该课题的研究方向和角度。

2. 写出开题报告

课题初步选定后，对于某些耗资多、费时长、工作量大的重大课题，还要写出开题报告。开题报告是预备研究的成果，能论证这项研究的现实意义或者长远意义。它主要包括以下内容：①研究意义；②研究目标；③研究内容；④拟解决的关键问题；⑤技术路线；⑥国内外研究现状；⑦工作基础。此外，开题报告还应包括课题日程安排、课题组成员及其分工、协作单位及其成员情况、用户基本情况、经费预算、论证意见、相关部门审查意见、论证组成员名单等。开题报告经确认后，如果是上级主管部门或信息用户委托的课题，则双方就课题有关事项签订书面合同，即课题合同书。

3. 制定研究计划

课题研究计划是整个研究工作的指南和纲领，需要周密和详尽，必须认真制定。它应包括下面一些内容：①课题目的；②调查大纲（包括调查方式、调查范围、调查步骤、调查的广度和深度）；③研究方法；④预计成果形式；⑤人员分工；⑥完成时间与实施步骤；⑦编制工作流程表。

8.3　信息搜集、评价与重组

信息搜集、评价与重组是信息分析研究与利用的基础，因此在进行信息分析研究与利用之前，首先要搜集前人已有的研究信息，以及本人在科学实验中积累的信息。

8.3.1　信息搜集

1. 搜集的方式

（1）日常搜集：根据研究与利用需要，经常性地搜集。

（2）突击搜集：限期完成某研究课题的信息搜集。

（3）公开搜集：公开在大众场合、新闻媒体中搜集。

（4）秘密搜集：秘密调查、考察。

2. 搜集的方法

（1）利用信息检索的方法。这是一种省力省时且能获得较为系统完整信息资料的方法。通过对研究课题涉及的学科范围、主题词、机构人物、文献类型、语种、出版年代、地域、时代背景的分析，选择专业对口的检索工具、参考工具书，特别是互联网，查找与研究课题内容相关的信息。

（2）利用科学实验、考察的方法。将在实验时观察到的事物发生变化的全部过程的细节现象、客观条件、测量的数据以及科学实验和考察时所用的仪器设备等详细记录下来。

（3）其他搜集方法：①深入企业、事业单位了解实际情况；②召开有关人员的座谈会；③参加有关专业会议或现场技术交流会议；④参观专业展览会；⑤利用信函向有关单位或专家调查；⑥通过信息交换小组或信息网络搜集信息。

3. 搜集的注意事项

（1）搜集的信息要新、准、全。要从最新书刊、报纸、权威检索系统中的最新内容、政府机构中的最新文件、党政要人的最新讲话，以及国内外知名专家的最新学术报告和著作中搜集信息，这些信息内容相对新颖、准确、全面。

（2）要善于发现捕捉有用信息：①要从大量信息中捕捉有用的素材；②要善

于看棱角、抓苗头，捕捉点滴的信息；③要善于从一般的信息中找出重要信息；④要善于将其他学科中的科技信息移植或嫁接到本学科中；⑤要善于随时记下听到看到的新信息、新知识；⑥要善于捕捉自己思维中瞬息即逝的思路、想法和念头，并使认识继续发展、深化、升华，发生质变和飞跃。

（3）要随议随记。对第一次接触到的新知识、新情况、新数据所产生的联想要及时归纳在搜集的信息条款下，这些联想议论会对今后全面研究问题有所启发。

（4）记载要单元化、规范化。一篇原始文献中往往包括许多内容，为了分类保存和使用方便，摘记素材时不应以原始文献为单元，而应以信息内容的主题为单元进行摘记。

4. 搜集的形式

信息搜集可采用卡片、活页、稿笺、笔记、原文剪贴、原文复制以及摄像、录音或磁盘记录等形式。这些形式各有所长，使用中因人、因题、因内容而异，以具体需要而定。对于一般人来说，采用卡片、活页和笔记较为方便和经济，必要时采用复印或剪贴。随着网络的普及，对网络中与自己搜集项目相关的信息可采用硬盘、优盘、光盘记录等方式下载。

8.3.2　信息评价

搜集到的信息资料，必须进行评价，才能成为便于使用的系统信息资料。其工作步骤如下。

1. 初步分类与筛选

初步分类就是将资料按专题类目集中，使内容相同或相近的资料在一起。在划分的过程中，要对每份资料进行粗略的浏览，将价值不大的资料剔除，将有用的资料按类集中以便阅读重组。

2. 阅读与鉴别

1）阅读

经过初步分类与筛选之后，要对资料进行阅读。阅读的目的主要是了解资料的内容，进一步决定资料的取舍，正式确定资料的分类。信息资料的阅读一般采取粗读、通读和精读三种方式。粗读主要是看题目、目录、作者、摘要、正文大小标题、结论等，对全文则采取跳跃式的有选择地阅读部分段落。经初读选出的信息资料应全篇通读。通读的目的在于全面掌握其信息内容，摘录出资料的重点。摘录要达到只看文摘不看原文即可了解文章的主要内容。经通读选出的重点文章，还要进行精读。精读就是反复阅读，准确掌握文章的论点、论据和结论，达到不看原文就能复述其内容的程度，这样才便于进行思考、推理和论证。精读时还要善于对比分析发现问题，提出问题，为开展研究奠定基础。

2）鉴别

在阅读信息资料的过程中要进行鉴别。通过鉴别，判断其可靠性、先进性与适用性。

（1）可靠性判断。信息资料的可靠性主要表现在资料的真实性、准确性。一般从资料的内容和外部形式进行考察。

从内容进行考察是看文章逻辑推理是否严谨，是否有精确的实验数据为依据；内容的阐述是否清楚，是否达到一定深度与广度；所持的论点与结论是否有充分的理论与实践作依据。对于技术文献，还要看它的技术内容是否详细、具体，是处于试验探索阶段，还是生产应用阶段。一般来说立论科学、论据充分、数据精确、阐述完整、技术细节详尽的文献，可靠性较大，参考价值也较大。

从文献的外部形式进行判断，就是从文献的作者、出版单位、来源、类型等方面来判断。一般来说，由著名专家撰写、著名出版社出版、官方与专业机构人员提供的文献可靠性较大。

（2）先进性判断。先进性是指在科学技术上是否有某种创新或突破，也可以从内容和形式两方面来进行考察。

从内容考察，即文献内容是否在原有知识的基础上提出了新的观点、假说、理论与事实。在原有技术的基础上是否提出了新方案、新工艺、新设备、新措施。对原有技术和经验是否在新领域中进行了应用，并取得了新的成就。

从形式方面考察，就是从资料的来源、发表的时间、经济效益、社会反映等方面考察。通常技术先进的国家发表的、世界著名期刊互相转载的、经济效益好的、社会评论反映好的技术文献资料要先进些。

（3）适用性判断。适用性是指文献资料对用户适合的程度与范围，也要从两方面进行考察。

从内容考察是看文献资料中介绍的理论、方法和技术，是否适合本国国情，是否适合用户的需求。凡能适合研究需要的资料，就具有适用性。

从适用范围考察，看文献资料是只适用于某一方面，还是适用于多个方面；是适用于特定条件的局部，还是适用于整体；是适用于少数有关人员，还是适用于较多人员；是适用于一般水平，还是适用于高水平；是适用于科技发展较先进的地区，还是适用于比较落后的地区。总之，对科学文献的适用性要作具体分析，要根据研究课题的目的、要求，成果应用的时间、地点、条件来进行判断。凡适合研究需要的文献，就是有参考价值的文献。

8.3.3　信息重组

搜集到的各种信息资料，经浏览筛选、阅读鉴别以后，还要进行重组。重组分为两个方面：一是对资料进行整体重组；二是对资料内容进行重组。

1. 整体重组

对资料进行整体重组，将筛选鉴别过后的资料进行著录、分类、组织目录、建立资料档案。

著录是按一定的格式和要求，对每件信息资料做出记载。著录的项目与顺序是：资料题目、编著者（包括地址）、资料信息出处，最后是资料内容提要。在款目上还应写上分类号、主题词及索取号。

资料内容提要的详略应有所不同。对内容切题、参考价值较大、质量较高的资料，可以作较详细的摘要。对只有一定参考价值的文献资料，作一简介即可。对虽与课题内容有关，但质量和参考价值都很一般，且题目就能反映主题内容的资料可以不作摘要，而只著录题录部分。

专题资料的分类，可根据专题的学科内容或所涉及的主题，自拟类目进行分类。但一般采用通用的资料分类表进行分类。分类时一定要保持前后一致、标准统一，并将分类号或类目名称分别记在著录款目和资料上。著录与分类工作可以与对资料的阅读与鉴别结合一起进行。

经过加工整理的信息资料，最后要集中起来，按一定顺序存放，才便于保管和使用。按资料的登记号顺序，或分类号顺序存放都可以。但资料的登记或分类号应与目录款目和资料上的记录完全一致，才便于存取原文。

2. 内容重组

对资料内容进行重组，是指对有关资料的论点进行归纳，对内容加以提炼，对数据加以汇总，对图表进行概括综合、分析比较，使之系统化、条理化，从而进行深入地鉴别、判断。所以，对资料内容进行重组的过程，也是开展研究的过程。通过综合概括、分析比较，可以进一步发现内部联系和规律。结合创造性的思维进行新的探索，这就是科学研究。

8.4　信息分析研究的一般方法

信息分析研究是一项综合性很强的科学工作。它的内容既有自然科学，又有社会科学，并和决策学、预测学、科学学、管理学、系统工程等边缘学科互相联系与交叉。信息分析研究的这些特点决定了它所用的方法多数是从自然科学和社会科学以及某些边缘学科的研究方法中直接援引或借鉴过来的。所以，信息分析研究的方法具有通用性和多样性。常用的方法可以分为三大类，即逻辑思维方法、数理方法和超逻辑想象法。

逻辑思维方法就是根据已知情况，借助于分析、综合、归纳、演绎等一系列逻辑手段来评价优劣，推知未来，并作出判断和结论。

数理方法就是运用数理统计、应用数学和其他一切借助于数学计算和处理等方法来进行信息分析研究的方法。随着预测技术和计算机的应用，一些比较复杂的数学模型方法也开始引入信息分析研究，这对信息分析研究工作的创新和发展有着巨大的推动作用。

超逻辑想象法，就是借助于人在思维过程中的想象力，作出不合理逻辑或者超出正常逻辑判断的思维方法。这种方法对于活跃思路、开阔视野、打破框框、引起认识上的突变具有独特作用。

三类方法各有所长：逻辑思维方法长于推理，数理方法长于定量描述，超逻辑想象法长于创新，交叉应用或配合使用可以相互完善，相互补充。

以上三种类型各自包括多种具体方法，现将常用方法简要介绍如下。

8.4.1　比较法

比较是分析、综合、推理研究的基础，因此，比较法是信息分析研究中最基本和最常用的方法。比较法的研究对象非常广泛，常用于：

(1) 国家公认的能力、水平、技术发展特点的比较；

(2) 学科或专业知识与技术发展的历史和现状的比较；

(3) 同一时期各种设备、工艺的比较；

(4) 以产品为中心的全面技术经济指标的比较；

(5) 市场需求的比较；

(6) 科研、生产或工程方案的比较等。

总之，通过比较可总结经验教训，对比出水平和速度，找到问题的关键和薄弱环节，确立发展方向，寻求最佳决策，探索解决问题的办法，求得高速、高效发展、赶超世界先进水平的战略战术。

比较，一般有数据比较、图表比较和描述比较三种。数据比较，是对技术产品的各项特性参数、各项技术经济指标、各工业部门的投资构成和企业的生产规模等数据进行时间、空间和程度上的比较和计算，得出差额或相对比率，以掌握国内外、地区内外技术产品的各种差距。图表比较，是用图表显示技术经济指标间、技术产品特性参数间的统计关系，其特点是通俗易懂、一目了然、生动活泼、形象化，给人以鲜明、概括的深刻印象。描述比较，是用文字和必要的数字进行叙述的比较方法。描述比较常用在研究的对象较为抽象，常用数字不易表达，或用少数指标难以反映，或为了要增强比较的说服力等方面；它说理清楚，逻辑性强。

8.4.2　相关法

相关法是利用事物之间内在的或现象上的联系，从一种或几种已知事物判断未知事物的方法。

相关法按事物之间联系的方式，可分为因果相关、伴随相关等几种。因果相关是利用已知事物和未知事物具有的因果关系来研究事物的方法，例如，石油原油价格涨落之因，可以推测石油产品价格涨落之果。伴随相关是利用已知事物和未知事物相伴出现的特点来研究事物的方法，例如，根据互联网现在的建设和发展，预测科技信息未来全球性共享的发展。相关法具有以下几个特点。

（1）间接、迂回、侧面。相关法是一种由此及彼的研究方法。它研究甲事物，但直接面对的却是乙事物，然后通过甲乙事物之间的联系，从乙事物出发，采用迂回的、侧面的方式去接近甲事物，最后认识甲事物。

（2）层次性。相关法具有由表及里的研究特点。研究事物由表及里，由原因追踪到结果，由现象追溯到本质，从而对事物的认识发生从感性到理性的深化与飞跃。

（3）依靠研究者的丰富经验和渊博的知识。相关性是事物间普遍存在着的一种特性，如何将相关的事物巧妙地联系在一起联想，产生新的构思，在很大程度上要依靠研究者的丰富经验和渊博的知识以及逻辑思维能力。应用相关法必须对各种相关事物进行细心观察，大量累积相关的资料，分析研究其所有的内在和外在的相关因素，才能总结出规律性的东西。

相关法的应用非常广泛。它尤其适用于军事技术、专利及其他高难技术和战略、战术研究。广义的相关既可用于定性分析，也可用于定量研究。定性分析即以上所讲的逻辑相关，定量研究即所谓的数量相关分析。

8.4.3　综合法

综合法是把众多与某科学发展有关的片面、分散的素材进行归纳整理，把各个部分、方面和各种因素联系起来进行综合考虑，从错综复杂的现象中，探索各因素间的相互关系，统观事物发展全貌和全过程，从而获得新的知识、新的结论的一种逻辑方法，也称综合归纳法。

综合又分纵向综合和横向综合。纵向综合着眼于事物的历史与过程，横向综合着眼于事物的因素与关系。综合有深有浅：将情况、数据、观点进行归纳和整理的一种逻辑思维加工的方法称为初级综合（或简单综合）；把个别的、分散的、局部的情况、数据、观点等进行综合分析研究，从中提炼出新的认识、新的概念或新的结论的一种逻辑思维加工方法，称为高级综合（或提炼综合）。

8.4.4　专家调查法

专家调查法也称特尔菲法，是美国兰德公司首先采用的方法。该法的基本步骤如下。根据课题的内容和性质选择答询者，答询者就是课题领域内有造诣的专家与相关学科的专家，然后将调查内容和要求设计成调查表分别寄送，由专家作出书面回答。组织者在收齐专家的答复后，对各种意见进行归纳、整理，在此基础上进一步提出问题，再一次匿名分送专家征询意见，如此反馈多次，直到可以作出判断为止。这种方法的特点是：研究结论是由一批专家各自充分思考，在不受特定因素影响、自由发表和反复修改意见的基础上形成的，可以较好地保证结论的客观性和正确性。特尔菲法的应用范围很广，主要用于预测研究，但也可以用于技术评价、产品评价等。由于此法本质上是建立在有关专家根据其知识和经验，并对研究对象进行判断的基础上，因此特别适合于信息资料和数据较少情况下的预测，以及其他方法难以进行的评价和预测。

8.4.5　数学法

数学法是将两个或两个以上有某种函数关系的信息的数据用数学公式进行研究的方法。这种方法可以对事物作定量描述，把事物间的数量关系高度抽象成各种曲线和模型，由此得出事物发展的规律。用数学方法进行信息分析研究，必须根据研究对象的特点和目的，采用相应的数学方法。在信息分析研究中利用数学方法最多的范畴是技术经济、管理决策和科技预测。用于信息分析研究的数学法是多种多样的，如众多的文献计量法、回归分析法、时间序列分析预测法、聚类分析法、趋势外推法、模型模拟法、最优化法、层次分析法等。

8.4.6　否定法

否定法是一种专门用逻辑想象来推翻形式逻辑分析或数理计算所得结论的方法。它以否定形式的逻辑推理，另辟蹊径。否定法受辩证法指导，而不受形式逻辑约束。这种变换一个角度分析问题的方法，在许多情况下往往是十分必要的。

8.5　信息分析研究成果的撰写

8.5.1　信息分析研究成果的类型和表现形式

根据信息分析研究的任务以及使用对象，信息分析研究成果有以下几种类型和表现形式。

1. 综述性研究报告

综述性研究报告是对某一课题的大量有关资料进行归纳、整理、分析、综合而成的一种研究报告。它浓缩了大量原始文献的有关内容，使之集中化、系统化，以便掌握该课题的内容、现状和发展趋势。这类报告是对某学科或某课题研究成果作的全面系统的总结。属于这一类型的报告有"学科总结""年度进展""专题总结"和"人物简介"等。其特点是资料完整、归纳客观、叙述综合，基本上没有研究人员的评论、意见和建议。

2. 述评性研究报告

述评性报告是对某一学科、某一专业、其一课题有关方面的各种情况、数据、观点、方法进行综合叙述，并在对比、分析的基础上提出评价和建议的一种信息研究报告。它具有综述报告的基本特征，但又要对各方面的研究情况进行分析、对比，并提出作者自己的见解。其具体表现形式有"述评""评论""考察报告""专题报告"等。

3. 预测性研究报告

预测性研究报告是根据与课题有关的大量科学数据、现状调查、文献分析，运用严密的逻辑方法和科学的想象力，借助某种模型或计算工具，对课题的发展前景及可能产生的影响，进行分析、研究、推理、判断，作出预测的一种研究报告。属于这一类型的有"预测""展望"和"趋势"等。

4. 数据性报告

数据性报告是以研究课题的各种数据和统计资料为主要对象，经过分析、鉴定、归纳、整理、运算而成。这类成果以资料和数据的全面、综合、完善、准确为特点，有利于了解有关课题的基本情况、水平和动向，以及国内外、行业之间、单位、部门之间的差距等。

5. 学术论文

学术论文是信息搜集、整理、分析研究后的又一成果形式。具体地讲，它是某一学术课题在理论性、实验性或观测性方面新的科学研究成果、创新见解和知识的科学记录，或是将某种已知理论和技术应用于实际所取得的新进展的科学总结，或对国内外某一方面科技研究工作所作的评论。

6. 其他

信息分析研究还可以出其他成果。例如，在全面搜集、整理、分析和信息浓缩的基础上，编撰类书、手册、字典、辞典、年鉴、百科全书、名录，或专题文献通报，或组建各种信息系统等。

8.5.2　报告和论文的撰写

1. 报告和论文的结构格式

报告和论文的一般结构格式包括题目、署名、摘要、关键词、分类号、引言、正文、结论、致谢、参考文献和附录等项。

（1）题目。题目是论文和报告主题思想的概括。一篇文章的题目要用最少的文字表述文章的特定思想内容，反映研究的范围、深度、水平及价值，使读者一目了然，产生强烈的吸引力，引起读者的兴趣。因此，要选好文章题目可参考他人文章的题目，但选定的题目一定要与内容吻合，充分反映文章内容的主题思想、具体、新颖、有创意。题目经反复推敲后可暂定下来，当论文和报告写完后再对题目进行修改，以便最后确定。

（2）署名。论文和报告署名，既表示对作者的尊重与应有的贡献和荣誉的承认，又表示文责自负和文献标引的一个重要项目。一般署名写在题目下方，在括号内注明作者工作单位的全称。学位论文作者的署名惯例是学生名列前，导师名列后。

（3）摘要。摘要是论文中心的简介。虽然简短，但它应包含正文的主要内容。语言要高度浓缩，准确、完整，能简练地介绍论文和报告研究的目的、方法、结果和结论。中文摘要一般为200～300字，外文摘要应在250个实词内，特殊情况下字数可略多一些。

（4）关键词。关键词是从论文和报告中选取出来的，能表示全文主题内容的词或术语。一般选3～8个关键词。为了用词规范化，如有可能，尽可能使用专业主题词表中提供的词。

（5）分类号。在关键词项目下，要给出报告或论文的分类号，一般1～3个。在国内发表的论文或提交给国内使用的研究报告，先用《中图法》确定1～2个分类号，再用某学科国际通行的分类表确定1～2个分类号。

（6）引言。引言又称前言、绪论或序，一般应能简要说明研究的背景、目的、理由、范围、有关领域内前人的工作、水平、问题和知识空白；研究的理论基础、设想、意义、方法和实验设计、过程、结果等。语言精练，但不要与摘要雷同。

（7）正文。正文是论文和报告的主体部分，应占主要篇幅。正文可分为若干节。内容包括信息综合、数据分析、模型构建、分析与论证、结果与建议、实验装置、仪器设备、材料、实验方法、实验过程和结果、计算方法和编程原理、数据及图表等。并且，正文中应对实验结果进行讨论分析，并揭示出更加真实的规律性和事物的本质性。讨论的内容包括用已有的理论解释和证明实验结果，对同自己预期不一致的结果要作出合乎逻辑的解释，并将自己的实验结果及解释，同别人的实验结果及解释相比较，弄清哪些部分是相同的，哪些部分是不同的。

（8）结论。结论是论文和报告正文的逻辑发展，是最终的、总体的结果。写结论应深入推敲，结论一定要准确、完整、明确、精炼。在得不出明确的结论时，可经过必要的讨论，提出自己初步的看法、意见和尚待研究的问题。结论的内容应包括简述由分析、实验或讨论所得出的最后结果，说明结论适应的范围，说明研究成果的意义，并指出自己对公认的旧假说、理论或原理做了哪些改进，以及对该项研究工作发展的展望。

（9）致谢。感谢在课题研究中给予人力、物力、资金、技术指导，提供文献资料等帮助和作出贡献的单位和个人，名字按贡献大小排列。

（10）参考文献。论文和报告所引用和参考的全部或主要的文献，依文中出现的先后次序排列，也可以以作者姓名的文字顺序排列。

（11）附录。附录也是论文内容的组成部分，是正文的补充。主要内容有实验测得的重要原始数据、有代表性的计算实例、重要的公式推导、计算框图、主要设备的技术性能、建议阅读的参考文献题录以及不便于写入正文的有重要参考价值的材料等。

2. 论文和报告的写作步骤

论文和报告的写作步骤主要包括全文构思、拟写提纲、撰写初稿、修改定稿等。

1）全文构思

全文构思包括选定主题、拟定结构、层次和段落。

（1）选定主题。主题是论文和报告所需表达的中心思想，是全文思想内容的高度概括和集中表现。一篇论文或报告的材料取舍、结构安排、论点、论证、结论等都要服务于主题。

论文或报告主题应根据作者自己的科技成果或信息分析研究成果以及搜集的相关文献资料，经过反复思考、分析比较、提炼、推敲，从中找出内在的联系及规律而形成。主题应具有鲜明、集中、深刻、新颖、科学、有创意的特点。它贯穿于论文和报告的始终，并应用充分的例证、数据、结果及引用文献对主题进行明确、突出的论证和表达。

（2）拟定结构、层次和段落。论文和报告的结构是形成文章的框架，是论文和报告内在逻辑的体现。论文和报告的分段、分行、分句，形成文章的外部轮廓。结构的本质在于体现作者的写作思路和事物客观规律，即按照科学的逻辑规律对论文和报告的内容进行科学合理的组织安排；结构可分成若干部分，这样才层次分明、步步深入、逼近主题，最后得出令人满意的结论。例如，文章论点从什么地方说起才能最切题、最有吸引力；阐述、推理或反驳等论证的实质问题如何穿插、展开，才能全面、准确、简明、精辟地说明问题，而且最有说服力；文章各部分论述，用什么方式和语言最为适宜和最为圆满有力。

论文和报告结构中起重要作用的是层次。层次划分要按主题需要把材料分门别类，按轻重缓急、主次，有序地表达，而且前后呼应。

论文和报告要分成若干段落，每一段落表达一个完整的意思。虽然在形式上是相对独立的最小单元，但段落之间有着非常密切的逻辑关系。段落能体现作者思想发展中的间歇，又可使读者易于理解论文和报告的层次和各段的中心意思，从而理解全文的思想发展和完整的主题思想。

2）拟写提纲

论文和报告的提纲是作者对文章内容和结构所作的初步轮廓安排。提纲使作者的主题构思表达得更加明朗。按照文章主题思想和逻辑规律，作者应经过反复思考，由略到详，并进行多次补充、取舍、增删和调整，逐步修改，最后确定出提纲。

3）撰写初稿

撰写初稿，要紧紧围绕主题，按提纲的编排撰写。写初稿要纵观全局，如何开头、提出论点、展开讨论，如何恰如其分地使用论据、论证，层次之间如何衔接，段落之间如何前后呼应，如何得出结论，如何结尾等，都要周密思考，胸有成竹，并力争篇幅简短，段落、层次清晰，重点突出，论点明确，论据、论证充分而恰当，结论切题，语言流畅、简练，逻辑性强。

4）修改定稿

论文和报告经过多次修改，最后方能定稿。修改文稿应严肃认真、不厌其烦、精益求精，去掉那些冗长累赘或重复的部分，删去那些可有可无的叙述。修改过程中，还可请他人批评指正。经过多次修改，使文章达到论点明确、论据确凿、论证有力、逻辑性强、结构紧凑、词语搭配得当、语义清楚、文字简练流畅、文采出众，使读者易读、易理解、易吸收。

修改工作包括结构修改、内容修改、篇幅压缩、段落修改、句子修改、文字和标点符号修改、图表修改，以及引文、参考文献、疏误等检查核实等。

在多次修改过程中，前几次修改着重进行结构、内容、篇幅的修改，使必须表达的思想内容充分表达，将不要的内容全部删去，反复核实保留的内容，作必要的调整或增补，使其顺序、层次、段落的安排恰到好处。后一、二次的修改则着重于文体、文字方面，使论文的叙述、分析、综合、判断、推理、结论等有条不紊，顺理成章，语言精确、简练、清晰、平实、通顺流畅。

参 考 文 献

白宇,王裴岩,蔡东风,等.2010.专利信息检索技术.沈阳航空工业学院学报,(4):50~53.

陈氢,陈梅花.2012.信息检索与利用.北京:清华大学出版社:143~149.

陈英.2012.科技信息检索.5版.北京:科学出版社.

迟艺欣.2007.日本专利信息的检索.吉林化工学院学报,(5):4~8.

储节旺,郭春侠,吴昌合.2007.信息组织学.北京:清华大学出版社:23~24.

戴均良.2005.中国古今地名大词典.上海:上海辞书出版社.

澹泊.2001.中国名人志.北京:中国档案出版社.

《当代信息检索技术》编写组.2010.当代信息检索技术.北京:科学出版社.

冯向春.2011.关于文献课实习教材的调查分析.山东图书馆学刊,(3):72~74,81.

贺星.2000.缪天瑞谈《音乐百科词典》.人民音乐,11:2~4.

胡娟,李玉红,刘明丽.2010.免费专利信息检索平台的新发展.科技情报开发与经济,(2):158～160.

黄如花.2002.网络信息的检索与利用.武汉:武汉大学出版社.

黄如花.2004.网络信息组织与评价.评价与管理,(4):48~52.

黄如花.2012.信息检索.2版.武汉:武汉大学出版社.

黄志诚,李冉.2012.刍议标准信息检索.机械工业标准化与质量,(4):34~37.

靳文翰.1985.世界历史词典.上海:上海辞书出版社.

李健康,夏旭.2010.当前文献检索课教材普遍存在的问题剖析.图书馆杂志,(12):65~68,51.

李赛红.2002.解构英国国家语料库.外语教学与研究,32(4):308~312.

李万健,罗瑛.2009.历代史志书目丛刊.北京:国家图书馆出版社.

李晓艳.2003.网上专利信息的检索.科技文献信息管理,(2):27~28.

林铁森.1992.中国历史工具书指南.北京:北京出版社.

刘乃强.2007.因特网上专利信息的检索.大学图书情报学刊,(3):66~69.

刘伟成,张志清,孙吉红.2010.基于 KCCA 的跨语言专利信息检索研究.情报科学,(5):751～755.

陆莉.2008.高校文献检索课教材的现状及建设探析.现代情报,(10):197~198.

陆莉.2008.高校文献检索课立体化教材建设的探析.农业图书情报学刊,(12):123~126.

马宝珠.2007.20世纪中国史学名著提要.北京:北京师范大学出版社.

牛培源,邱均平.2009.网上学术信息组织方式评价.山东社会科学,(1):5~62,124.

任静,周凤飞,杨丰全,等.2008.国内外文献检索课教材的分析与思考[J].图书·情报·知识,(1):63~67.

邵献图,等.1990.西文工具书概论.北京:北京大学出版社.

沈固朝.2002.信息检索(多媒体)教程.北京:高等教育出版社.

沈固朝.2004.网络信息资源检索:工具·方法·实践.北京:高等教育出版社.

孙学雷.2004.地方志·书目文献丛刊.北京:北京图书馆出版社.

谭华.2004.体育文献检索.北京:高等教育出版社.

唐丽雅,王朝晖.2009.基于 ISI Web of Knowledge 新检索平台的 BIOSIS Previews（BP）数据库特色及其功能.现代情报,21(1):112~114.

汪受宽,赵梅春.2007.20 世纪中国史学论著要目.北京:北京师范大学出版社.

王冠,张爱芳,郑伟.2013.地方志人物传记资料丛刊.北京:国家图书馆出版社.

王秀兰.1991.英文工具书.武汉:武汉大学出版社.

谢巍.1992.中国历代人物年谱考录.北京:中华书局.

徐雄风,李玲.2002.Internet 标准信息检索.大学图书情报学刊,(3):52~55.

许征云.1989.写在《中国美术全集》全部出版之际.美术研究,4:49~50.

闫海新.2002.网上标准信息检索.辽宁商务职业学院学报,(3):92~93.

余向春.2009.化学化工信息检索与利用.3 版.大连:大连理工大学出版社:31~110.

詹巧宇.2007.新格罗夫音乐与音乐家辞典.武汉:武汉音乐学院.

张凤娥.2008.信息检索教学与教材协同性的探索与实践.情报探索,(1):38~39,117.

张撝之.1999.中国历代人名大辞典.上海:上海古籍出版社.

赵嘉朱.2013.中国社会科学院地方志联合目录.北京:中国社会科学出版社.

赵静.2012.现代信息查询与利用.3 版.北京:科学出版社.

郑天挺,吴泽,杨志玖.2010.中国历史大辞典.上海:上海辞书出版社.

《中国历史学年鉴》编辑部.2009.中国历史学年鉴.北京:三联书店.

中国社会科学院历史研究所.1980.中国史学论文索引.北京:中华书局.

周迅.1990.史学论文分类索引.北京:书目文献出版社.

周昀,雷国樑.2012.体育信息检索.北京:人民体育出版社.

朱庆华.2004.信息分析:基础、方法及应用.北京:科学出版社.

Dictionary of the Middle Ages. New York:Charles Scribner's Sons,1988.